易之極意

栃澤照覚

柄澤照覺述

易之極意

東京神誠館藏版

敘

易之道者博矣大矣彌綸天地曲成萬物無不到處無不在處是以日用彝倫之道由以序焉利用厚生之法由以成焉至矣盡矣天下何者加焉故曰聖人以通天下之志以定天下之業以斷天下之疑信矣言哉上下三千載用之不盡理之存處可以知也然坊間有易學小筌之書其說卦象簡而有要行於世久矣雖然膠柱鼓琴守株待兔豈易之本旨哉易乃不可無依時變易處謂之變通況日進月步不啻駟馬

今日予柄渾照覽有所見於此汎搜廣索編次一書名曰易之極意自八卦象意迄六十四卦大意發玄闡幽爲當世所不遑化陳爲新剖自可觀至若鼇頭揭以觀相要覽可謂亦用意周到也世之志易者苟由此書得諸其心以有所啓發則益人不少哉

香雲芳雪樓主人嘏稻綺道秀叙識

大正六年歲在丁巳秋九月

鴻蹤山房主人波上書

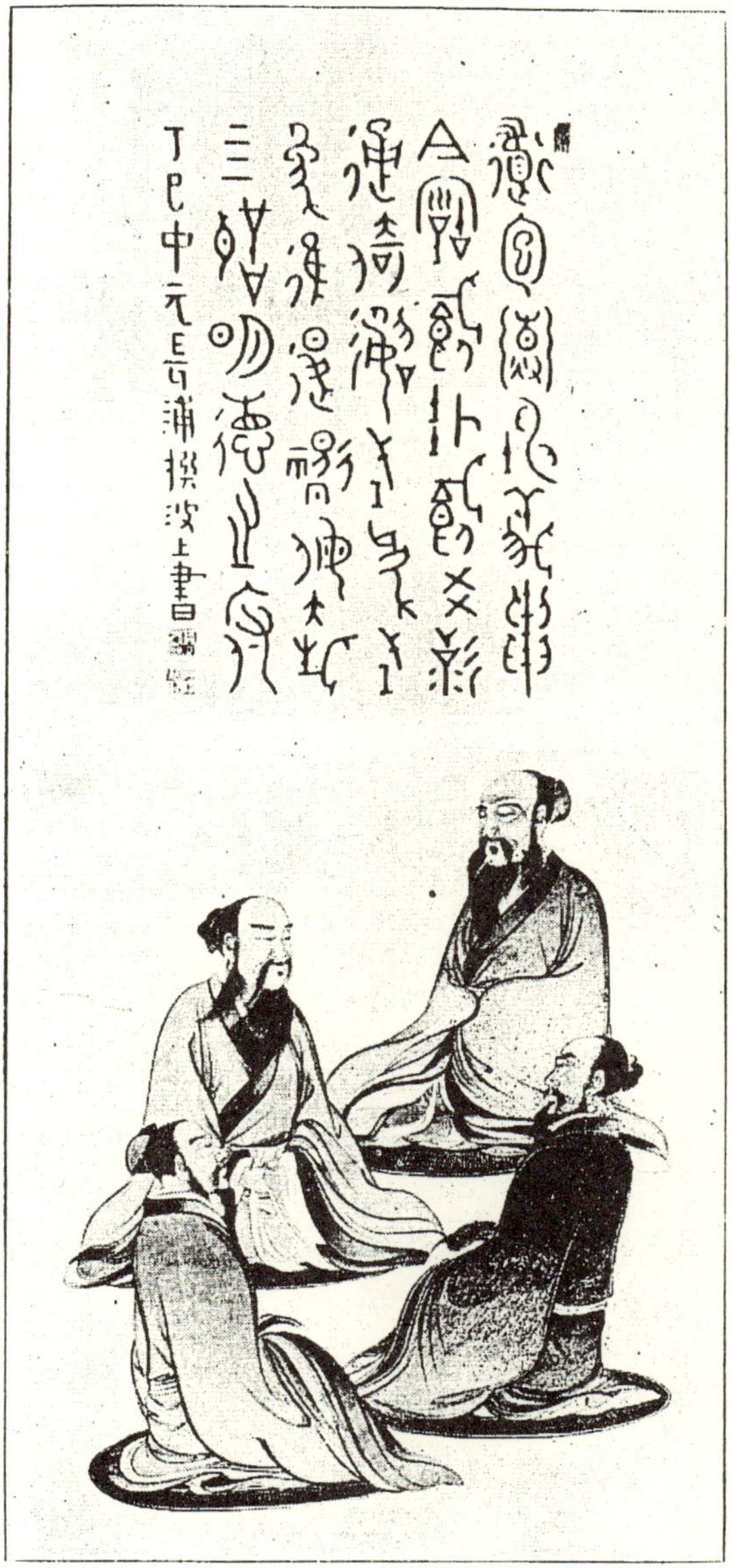

緒言

一筮を立て卦を求むるの書世甚多し今新に之を詳述するは蛇足に似たり依て此編は其轍を履ます専占考研鑽の資に供せんとす、

一八卦の象意は世の占者知悉すと雖も易學の根帯なるを以て之を掲げ其理義を附記したり是亦大に益する所あらん。

一諸占の質問範圍最も廣く毎事之を網羅する能はず因て六十四卦の大意を錄し、二三問題の可否を併記す。

一占筮は事物の吉凶を判斷する術なるを以て誠意正心神明に酬醋するを專一とす然るに術者に流派あり新井眞勢高松等數種の後學者にして各自其占法を誇稱せんとする輩あらば是聖人の道に背けるものなり其理義に於て適切なる斷案を下し世人の迷霧を掃ふこと術者の本分なるべし因て此編に錄する所は其流派の混同することあるも其効驗著大の種目のみなれば覽者幸に牆に鬩く勿れ。

一編の前半は以上の如し後半に至りて說く所の納甲生尅占斷法の要旨は卜筮正宗に則り增删卜易を應

用して其驗なき者を删り其効ある者を補ひ繁を省き簡に因りて占法及占例を採錄す是問筮者の首肯すべき斷案を下して活機の妙機あるを主眼とすればなり故に此占法は古易等とは其趣を異にして納甲生剋の外數種の占法を第一とし卦象爻象等に拘らず。

一術者の聖意を遵守して眞髓とするは至誠の道なり然りと雖も聖言は簡にして達し約にして大なれば事に當り類に觸れて其正鵠を誤らさらんとするは多年の術者と雖も決して容易の業と爲す能はざる

や必せり是此編の成る所以なり。

一上欄採錄する所の觀相及宅相等は世に珍とする所の數書より之を摘記して毫も私意を加へず是固より予の風鑑等の蘊奥を窺知するを得ざるに因る然りと雖も易占と相提挈して必要と思惟するを以てなり是或は識者の嗤笑を免れざるべし。

己酉九月

編者識

易の極意

目録

上欄の部

以上

易の極意目次終

○観相要覧

観相《くわんさう》の書世《しよよ》に多《おほ》し相工《さうこう》の研究《けんきう》に資《し》するもの充棟汗牛《じうとうかんぎう》なるに今又茲《いまゝたこゝ》に述《の》ぶるは舊套《きうとう》を逐《お》ふの愚《ぐ》を學《まな》ぶに似《に》たり依《よつ》て其經驗《そのけいけん》ある先人《せんじん》の傳書遺編中《でんしよゐへんちう》に付《つき》最《もつと》も解《かい》し易《やす》く記憶《きおく》の敏速《びんそく》を計《はか》るに足《た》るもの數種《すうしゆ》を掲《かゝ》げ少《すこ》しく文辭《ぶんじ》の誤脱《ごだつ》を訂正《ていせい》す、讀者《どくしや》宜《よろし》く研究《けんきう》して可《か》なり。

●第一命宮

命宮《めいきう》は兩眉《りやうび》の間《あひだ》に位《くらゐ》するなり心《しん》に屬《ぞく》して胸《むね》に配《はい》す是則《これすなは》ち氣《き》の集發《しふよつ》する所《ところ》にして神相全編《しんさうぜんぺん》にも命宮

易の極意

柄澤照覺述

○八卦《くわ》象《しやう》意《い》

○乾《けん》は健《けん》なり是《これ》を卦《くわ》の性情《せいじやう》と爲《な》す健《けん》は卦德《くわとく》なり是《これ》を正象《せいしやう》と云《い》ふ乃《すなはち》陽德《やうとく》健行《けんかう》して息《や》まず有《あ》るが如《ごと》く無《な》きが如《ごと》く神變靈妙《しんぺんれいめう》にして測《はか》り知《し》る可《べか》らず萬《ばん》事《じ》に發用《はつよう》すること皆《みな》此理《このり》に依《よ》りて解《かい》す可《べ》し。

〔天文〕天《てん》、日《ひ》、月《つき》、曉天《あかつき》、淸明《せいめい》、雪《ゆき》、霰《あられ》、雹《はく》、氷《こほり》、霜《しも》、烟霞《えんか》、風《かせ》、雲《くも》の類皆屬《ろゐみなぞく》す。

天《てん》は乾《けん》の定體《ていたい》なり高《たか》くして尊《たつと》し是遠《これとほ》く物《もの》に取《と》るの例《れい》なり其氣《そのき》昇《のぼ》り極《きはま》りて地《ち》に降《くだ》り復蒸《またじやう／＼》昇して雨《あめ》となり尙昇《なほのぼ》りて氷《こほり》、雹《はく》、霙《みぞれ》如し鏡學《ノ》問皆通《ナズ》とあり此處《このところ》胃《ゐ》の血《ち》の本《もと》なれば命宮《めいきう》と稱《せう》す然《しか》れば氣血《きけつ》の循環《じゆんくわん》喜憂《きいう》の開閉《かいへい》皆《みな》此《この》位《ゐ》に顯《あらは》る又《また》學堂《がくだう》ハ第《だい》一位《ゐ》にして光明《くわうめい》鏡《かゞみ》の如《ごと》くなれば學才《がくさい》あり不滿《へいまん》なるは福分《ふくぶん》あり士《し》は忠《ちう》孝《かう》を務《つと》め農《のう》は耕耘《かううん》を勵《はげ》みて各《おの〳〵》天福《てんぷく》を享有《きやういう》すべし商買《しやうこ》は産業《さんげふ》に達《たつ》し工人《こうじん》は職《しよく》に妙《めう》なり命宮《めいきう》は生涯《せうがい》の願望《ぐわんまう》を見《み》る處《ところ》なれば廣《ひろ》く豐《ゆたか》に明潤《めいじゆん》なるを上運《じやううん》發達《はつたつ》とす。

潤色《じゆんしよく》平滿《へいまん》分明《ぶんめい》なれば他《た》の相凶《さうきよう》なりとも運強《うんつよ》くして謀《はか》る事《こと》一旦《たん》成《な》るべし紋《もん》

となる是陽《これやう》の地《ち》に伏《ふ》して發生《はつせい》の氣《き》を含《ふく》むべき陰氣盛《いんきさかん》にして冰《へう》凍《とう》するの理《り》なり。

〔地理〕帝都《ていと》、名所《めいしよ》、繁華《はんくわ》の地《ち》陽の賑なるの義 山《やま》、嶺《みね》、高所《かうしよ》、險阻《けんそ》乾は高くして遙に隔つの義 海《うみ》、川《かは》、津《つ》、池《いけ》、瀑布《たき》、流水《りうする》の類水邊皆屬《るゐすゐへんみなぞく》す 水は萬物の根元目に見て手に取難し即萬物資始の意 神社《じんじや》陽氣地に降りて靈妙なるの義 官衙《くわんが》君の轉象 樓臺《ろうだい》、大廈《たいか》、高堂《かうだう》乾天の氣高く組立つるの意 驛舍《えきしや》陽氣躁しく賑なるの意

〔時令〕秋九十月《ぐわつ》の交《ころ》、戌亥《いぬゐ》の年月日《としつきひ》時《とき》、五金《きん》の年月日時又戊戌《としつきひのときまたつちのえいぬ》癸亥《みづのとゐ》の年月日《としつきひ》時《とき》乾の西北方より取る寒《かん》冰より取る

〔人倫〕天皇《てんわう》、君父《くんぷ》、尊長《そんちやう》、長者《ちやうじや》、師匠《ししやう》、英傑《えいけつ》、尊ふして高く及ばざるの義 學者《がくしや》力士《りきし》、名人《めいじん》、入夫《にふふ》、賣僧《まいす》、浪人《らうにん》、下人《げにん》、遊女《ゆうぢよ》、淫夫《いんぷ》、姦佞《かんねい》、乞丐《こじき》の類皆屬《るゐみなぞく》す。

〔身體〕首《くび》貴くして上に在るの義近く身に取るの例 面《めん》同上 骨《ほね》乾剛の義 肺《はい》乾金の義 大腸《だいちやう》、上焦《じやうせう》陽氣昇りて相過るの意 言《げん》

痣黒子《こんこくし》あれば之《これ》に反《はん》す。

黒子青點《こくしせいてん》は官難《くわんなん》あり。

狹《せま》くして肉薄《にくうす》きは諸願叶《しよぐわんかな》ひ難《がた》し。

肉陷《にくおちい》り又《また》は溝條《みぞすぢ》の如《ごと》きは兄弟妻子《けいていさいし》に宜《よろし》からず。

川《かは》の字《じ》の如《ごと》き紋理《もんり》あれば辛《しん》苦多《くおほ》くして諸願成就《しよぐわんじやうじゆ》せず。

亂理懸針《らんりけんしん》の類皆凶《るゐみなきよう》なり多《おほ》くは故郷《こきやう》を去《さ》るか滯運《たいうん》なり
薄紅色《うすべにいろ》にして潤《うるほ》ひあるは幸福《かうふく》ありとす吏員《りゐん》は昇進増俸《しやうしんぞうほう》の恩《おん》を受《う》け他《た》は長《ちやう》官の援引に逢《あ》ふ。

命宮《めいきう》に圖《はか》らざる負傷《けが》を爲《な》す

語《ご》聲は陽氣より出づるの義
〔飲食〕米《こめ》、食《しよく》、酒《さけ》、豆《まめ》、大豆《だいづ》、蒡牛《ごばう》品物流形の意 白味噌《しろみそ》、豆腐《とうふ》、油煠《あぶらげ》、
蒟蒻《こんにやく》の類《るゐ》渾沌を脫れざるの義 乾燥《かんさう》の物《もの》太陽能く乾くの義
〔服飾〕衣類《いるゐ》、帶《おび》、手帕《てぬぐひ》、茄袋《きんちやく》天能く物を覆ふの義 履物《はきもの》覆ふて歴するの義
〔器財〕珠玉《しゆぎよく》、鏡《かゞみ》圓くして貴き義 冠《かんむり》、帽子《ばうし》貴くして覆ふの義 椀《わん》、團扇《うちは》、乘物《のりもの》、網舟《あみぶね》、
珍奇物《ちんきぶつ》、金銀銅鐵《きんぎんどうてつ》の類皆屬《るゐみなぞく》す。
〔動物〕馬《うま》馬は陽物其氣勢健にして走るの義 天鵞《てんが》、鵠《こう》剛徳なるの意 龍《りう》陽徳を假りて君子に擬す 象《ぞう》、獅《し》天體大にして靈妙なるの義 鳳凰《ほうわう》靈妙の義 孔雀《くじやく》、鴫《しぎ》、鷺《さぎ》、鵲《かさゝぎ》、犬《いぬ》、猫《ねこ》、鼬《いたち》、鯉、鉛錘魚《かつを》、
肉《にく》の白《しろ》き貝類《かひるゐ》、脚《あし》なき生類等皆屬《しやうるゐとうみなぞく》す。
〔植物〕常磐木《ときはぎ》天は盡くるなく不易なり故に松杉扁柏《ひのき》竹の如き落葉せざるもの推て知るべし又葉の廣く垂るゝもの檍《あをき》楪《ゆづりは》の如きもの皆屬す
果實《くだもの》草木は果實より始る萬物資始の意なり
〔數色〕一乾の本數 四九乾の生成數 大赤《だいせき》太陽西に隔て遠く見るの意、白《しろ》乾金の性質 玄黃《げんくわう》、茶褐色《ちやかつしよく》。

ときは三七日間《にちかん》謹愼《きんしん》すべし然《しか》らざれば望事《のぞみごと》叶《かな》はず赤色《せきしよく》出《い》づるは爭《あらそ》ひあるか或《あるひ》は長上《ちやうじやう》に逆《さか》ふことあり。

此宮《このきう》平生《へいせい》惡《あし》き人《ひと》と雖《いくど》も血色《けつしよく》よく潤《うるほ》ひて光《くわう》明《めい》なるときは諸物《しよぶつ》に付帮《つきはう》助《じよ》ありとす。

此宮《このきう》に黑色《こくしよく》現《あらは》るれば盗難《とうなん》又《また》は身《み》を敗《やぶ》ることあり薄暗《うすくら》き氣《き》なれば滯運《たいうん》なり。

命宮肉色共《めいきうにくしよくとも》によくして眼靜《めしづか》に耳勢《みゝいきほ》ひあり顴骨《けんこつ》潤《うるほ》ひあり眉毛順光《びもうじゆんくわう》なるは極《きは》めて上運發達《じやううんはつたつ》とす是《これ》を五吉《きつ》五光《くわう》の傳《でん》と云《い》ふ。

〔人事〕勇武《ゆうぶ》乾剛に取る高名《かうめい》乾天の貴きに取る卑《ひ》賤《せん》陽極れば陰と爲る即是賤きの理多《た》動《どう》多《た》靜《せい》、言語《げんご》、果決《くわけつ》、謀成《ぼうせい》、損失《そんしつ》、哭涕《こくてい》の類《るゐ》皆《みな》屬《ぞく》す。

〔姓名〕商音《しやういん》、金傍《かねへん》を帶《お》ぶる姓氏《せいし》。

〔物理〕災難《さいなん》文王の方位乾に戰ふの義居《すは》り惡《あし》き物《もの》天象居《すは》りよき物《もの》太陽洽く照すの意音響《おんひゞき》乾の陽勢に取る輾轉《ころ〳〵》する物《もの》乾天の圓きに取る堅剛《けんがう》なる物《もの》乾剛の德に取る抑制《よくせい》乾天掩ふの義高《たか》く見《み》る物《もの》、重《おも》き物《もの》、平《ひら》つく理《り》、大《だい》なる物《もの》、廣遠《くわうゑん》、重《おも》き物《もの》、柔軟《じふなん》、包容《はうよう》する物《もの》、遠《とほ》く通《つう》ずる物《もの》、散亂《さんらん》、雜合《ざふがふ》、不《ぶ》格好《かくかう》なる物《もの》、氣味《きみ》惡《あし》き物《もの》、外《ほか》を用《もち》ひて内使《うちつか》ひ難《がた》き物《もの》等《かう》皆《みな》屬《ぞく》す。

○兌《だ》は說《えつ》なり是《これ》を卦《くわ》の性情《せいじやう》と爲《な》す說《えつ》は卦德《くわとく》なり是《これ》を正象《せいしやう》と云《い》ふ一陰《いん》二陽《やう》の上《かみ》に居《ゐ》て口《くち》を開《ひら》くの象《かたち》萬事《ばんじ》發用《はつよう》すること此理《このり》に依《よ》りて解《かい》す可《べ》し。

〔天文〕星《ほし》陰を暗とし陽を明とす二陽一陰の下に在りて掩はる乃星なり月《つき》一陰二陽を包む三日月の象なり雨《あめ》澤谷の氣昇りて雨となるの理

●第二財帛宮

財帛《ざいはく》は鼻《はな》なり一面《めん》の表儀《へうぎ》にして中央《ちうわう》に位《くらゐ》し五嶽《がく》六腑《ふ》の相朝《あひてう》する所《ところ》なり故《ゆゑ》に之《これ》を土星《どせい》と云《い》ふ。準《はなのさきみ》頭満ちて豊《ゆたか》なるは福《ふく》分《ぶん》あり準頭曲《はなのさきまが》りて下《した》へ抑《おさ》ゆるが如《ごと》きは不幸《ふかう》なり。鼻梁細《はなばしらほて》く痩《や》せて肉《にく》なく準頭尖《はなのさきとが》り金甲薄《こばなうす》く力《ちから》なきは滞運天貧《たいうんえうひん》なり。鼻梁《はなばしらみじか》短く肉薄《にくうす》きは不《ふ》運《うん》にして天《えう》なり短《みじか》くとも肉厚《にくあつ》きは幸福《かうふく》とす。鼻梁《はなばしら》の上両眼《うへりやうがん》の間《あひだ》を

陰《いん》一陰二陽を抑ゆるの意

〔地理〕澤《さは》、池《いけ》、井《ゐど》、水邊《するへん》金生水の意によるなり剛鹵《がうろ》の地《ち》兌の象は上柔にして破れ下剛にして石地なり即ち鹹濱を云ふ破損《はそん》の家屋《かをく》乾の上畫破れたる象西向《にしむき》の家《いへ》、牆壁《しやうへき》、門戸《もんこ》損《こん》ず。

〔時令〕秋《あき》八月《ぐわつ》酉年《とりどし》庚《かのえ》辛年《かのとどし》、日暮《ひぐれ》兌を西とするの意なり

〔人倫〕少女《せうぢよ》兌を少女とす義象妾《めかけ》愛す可きの意伶人《れいじん》、歌妓《かぎ》音律を以て人を悦ばしむるの意譯官《やくくわん》口頭を以て義理を紹介す巫女《みこ》言語を以て人を蠱惑するの意偸盗《ぬすびと》、淫婦《いんぷ》。

〔身體〕口《くち》、舌《した》、輔頬《はゝ》一陰二陽頬骨の高き象肺《はい》兌金肺の義咽喉《のど》兌口の象氣逆《きぎやく》、喘疾《せんしつ》、飲食不進《いんしよくふしん》皆肺の疼痛に因る肩《かた》の痛《いたみ》、面部《めんぶ》口中《こうちう》の病等《やまひとう》。

〔飲食〕皮薄《かはうす》く肉厚《にくあつ》き物《もの》、辛味《しんみ》乾卦も此理なり

〔服飾〕黄白《くわうはく》の模様《もやう》ある衣類《いるゐ》、貉 袖《そでなしばおり》の類《るゐ》。

〔器財〕樂器《がくき》音調を發する物皆屬す玩具《ぐわんぐ》、銅鐵具《どうてつぐ》鍛錬製作したる物佛具《ぶつぐ》兌西日終るの意感じて愁となる即佛縁の義

圓形《ゑんけい》の物《もの》、ツマミのある物《もの》俱に兌の象鏡《かゞみ》、扇《あふぎ》、權衡《はかり》、紙《かみ》、筆《ふで》、書《しよ》

山根《さんこん》と云《い》ふ高過《たかす》ぎず低《ひく》からず程《ほど》よきを上《じやう》とす。山根高《さんこんたか》きは上根《じやうこん》なり低《ひく》きは根氣薄《こんきうす》し。山根《さんこん》に横紋《わうもん》あれば妻子兄《さいしけい》弟《てい》を剋《こく》す。山根豐滿《さんこんほうまん》にして整《とゝの》ひたる者《もの》は妻縁《さいえん》よく兄弟《けいてい》も亦《また》よし。山根《さんこん》の下《した》を年上《ねんじやう》と云《い》ふ其下《そのした》を壽上《じゆじやう》と云《い》ふ即《すなは》ち準頭《はながしら》の上《うへ》なり此年上《このねんじやう》壽上《じゆじやう》の節骨《ふしぼね》高《たか》く起《おこ》りたる者《もの》は短命《たんめい》なり又此處《またこのところ》曲《まが》りて骨露《はねあらは》るゝ者《もの》は三十歳《さい》より五六年《ねん》の間《あひだ》凶《きよう》

物《もの》、器物《きぶつ》は蓋《ふた》の類《るゐ》。

〔動物〕羊《ひつじ》陰爻左右に分れ陽爻顯る角の象猿《さる》面部の異なるもの皆屬す雀《すゞめ》愛らしく能く囀るもの皆屬す又陽氣に向ひて聲を發する者推て知るべし肉冠《とさか》のある者《もの》角《つの》ある者《もの》。

〔植物〕杜鵑花《さつき》、海棠《かいどう》、黄楊《つげ》、燕子花《かきつばた》の類《るゐ》總て愛らしく花の開くもの葉の細かに密なるもの推て知るべし短小《たんせう》の灌木《くわんぼく》山吹の類推すべし濕草《しつさう》紅蓼又苔蘚の類

〔數色〕二兌の本數四九兌の生成數白《しろ》兌金の性質

〔人事〕口舌《こうせつ》、讒言《ざんげん》、媚諛《へつらひ》、辯舌《べんせつ》、爭論《さうろん》、喜悦《きえつ》、哭涕《なげく》、色情《しきじやう》、虚言《きよげん》、頭《かしら》の異《ことな》る象《かたち》、總《すべ》て和《くわ》を用《もち》ふるに宜《よろ》し强《きやう》を用《もち》ふるに宜《よろ》しからず。

〔姓名〕商音《しやういん》、金《かね》の字義《じぎ》を帶《お》ぶる姓氏《せいし》。

〔物理〕口《くち》ある物《もの》壺酒罐の如し凹《なかくぼ》なる物《もの》皿鉢の如し鈕《つまみ》のある物《もの》鼎鍋の類言語《げんご》に用《よう》ある物《もの》電話機の如し音響《おんきやう》ある物《もの》樂器の類愛《あい》らしき物《もの》、飲食《いんしよく》の用《よう》を爲《な》す物《もの》、

なり。
俗《ぞく》に猪鼻《しゝはな》と云《い》ふ孔仰《あなあふ》ぎて向《むか》ふより見《み》ゆるが如《ごと》きは賤相《せんさう》なり又散財《またさんざい》の相《さう》とす。
鼻孔《びこう》は圓《まる》きをよしとす指《ゆび》形《なり》なるを好《この》まず。
尖峰鼻《せんぽうび》は肉薄《にくうす》く鋭《するど》く尖《とが》りたるを云《い》ふ人《ひと》を害《そこな》ひ又《また》貧《ひん》にして夭《えう》なり。
小鼻《こばな》小《ちい》さく正面《しやうめん》より見《み》て無《な》きが如《ごと》きは賤《いやし》くして蓄《ちく》財《ざい》することを得《え》ず。
鼻《はな》に鈌陥《けつかん》ある者奸門《ものかんもん》悪《あし》きは男《をとこ》は妻《つま》を罵《のゝし》り女《をんな》は夫《をつと》を侮《あなど》る共《とも》に色難《しきなん》あり。
鼻《はな》に黒子《こくし》ある者《もの》は官難《くわんなん》に遭《あ》ふ朱點《しゆてん》なれば吉《きつ》。

興味《きやうみ》ある物《もの》、楔栓《くさびせん》のある物《もの》、中空虚《うちくうきよ》なる物等皆屬《ものとうみなぞく》す。
○離《り》は麗《り》なり一陰《いん》二陽《やう》の間《あひだ》に麗《つ》くの義《ぎ》なり大明《たいめい》天《てん》に麗《つ》くの象《かたち》なり是《これ》を卦《くわ》の性情《せいじやう》と爲《な》す蓋火《けだしひ》は燥《かは》けるに就《つ》きて能《よ》く萬物《ばんぶつ》を照明《せうめい》す是《これ》を正象《せいしやう》と云《い》ふ火《ひ》の燃《もゆ》るや陽《やう》にして喧噪《けんさう》なり其滅《そのめつ》するや陰《いん》にして寂寞《せきばく》たり此理《このり》萬事《ばんじ》に渉《わた》りて活用《くわつよう》す可《べ》し。
〔天文〕日《ひ》 火炎上して止るの義　電《いなづま》 同晴《はれ》陽明能く上照すの義　虹《にじ》 彩美の意より取る　霞《かすみ》 陽中一陰に暗く日を掩ふの意　月《つき》 二陽中陰に映じ輝くの意日の轉象
〔地理〕乾燥《かんさう》の地《ち》 火の性能く物を燥かす　森林《しんりん》 陽性繁く火炎上して下に息まず動て長ずる義　田地《でんち》 陽氣事を用ふるの意又火は耕すの義　宮社祠殿《きうしやしでん》 美景の像象　爐冶《ろや》の處《ところ》、庖厨《だいどころ》 火に由りて用をなす所　窓《まど》 明を開くの理
〔時令〕夏五月《なつごぐわつ》、午年《うまどし》、丙丁年《ひのえひのとどし》、丙午《ひのえうま》の月日《つきひ》、晝間《ひるま》。
〔人倫〕中女《ちうぢよ》 義象　文人《ぶんじん》 文明の義　大腹《だいふく》の人《ひと》 義象　眼明《がんめい》の人《ひと》 卦象　痴人《ちじん》 陰の柔怯より取る　戈兵《くわへい》 外剛中虚の意　虚妄《きよもう》の人《ひと》 陽火滅して形なきの意　刑罰《けつばつ》の人《ひと》 外陽明にして内陰悪を糺すの意　美貌《びばう》の人《ひと》 卦象に取る

鼻《はな》に青色《せいしよく》出《い》づれば無事《ぶじ》の人《ひと》と雖《いへど》も三七日《にち》の間《あひだ》に大病《たいびやう》を發《はつ》するか大難《だいなん》に遭《あ》ふて必死《ひつし》なるべし陰徳《いんとく》を施《ほどこ》し身《み》を愼《つゝし》めば其厄《そのやく》を免《まぬか》る。

山根凶《さんこんきよう》なりとも命宮《めいきう》よければ之《これ》を助《たす》けて吉《きつ》なり。

山根《さんこん》の傍《そば》に黒子《こくし》あるは連《れん》累《るゐ》の事《こと》に遭《あ》ふ官難《くわんなん》の連《れん》累《るゐ》とも云《い》ふ。

山根《さんこん》より年壽《ねんじゆ》までの黄《わう》色《しよく》は脾胃《ひゐ》の病《やまい》なり黄《わう》金色《ごんしよく》なれば財《ざい》を得《う》るとす此色《このいろ》の鑑別《かんべつ》は經驗《けいけん》にあらざれば分《わか》ち難《がた》し鼻削《はなけづ》るが如《ごと》く肉《にく》なき者《もの》平生《へいせい》血《けつ》色惡《しよくあし》ければ祖家《そか》を破《やぶ》る。

〔身體〕目《め》卦象心臟《しんざう》離火炎上の義疾病《しつぺい》亦《また》同《おな》じ時疫《じえき》心痛《しんつう》の類《るゐ》。

〔飲食〕脯肉《ひもの》乾燥の意燒炙物《やきもの》、炒物《いりもの》火氣を受くる物皆屬す曝《さら》したる物《もの》日光に乾したる物皆屬す殼《から》ある物《もの》豆類の如し

〔服飾〕絛紐《いとひも》の類《るゐ》、縫模樣《ぬひもやう》染模樣《そめもやう》の類《るゐ》、羽織袴《はおりはかま》の類《るゐ》。

〔器財〕文房具《ぶんばうぐ》硯、水滴筆洗の類文書《ぶんしよ》の類《るゐ》皆屬《みなぞく》す戈兵《くわへい》の類《るゐ》威明の義冠《かんむり》、烏帽《ゑぼし》外剛内柔なる物皆推すべし貴重品《きちゆうひん》、金銀銅貨《きんぎんどうくわ》、鐵網《かなあみ》の類《るゐ》、籃笊《かござる》、鐵串《かなぐし》、鐵瓶《てつびん》、藥罐《やくわん》、彩色《さいしき》ある物皆屬《ものみなぞく》す。

〔動物〕雉《きじ》卦象又羽毛の美なるに取る螢《ほたる》陰中明を發するの義蟹《かに》、龜《かめ》、蛤蜊《はまぐり》の類《るゐ》外剛内柔の卦象牝牛《めうし》卦德による四趾《し》小蟲《せうちう》、田《た》螺《にし》等《とう》皆屬《みなぞく》す。

〔植物〕花卉《くわき》花の美なるに取る紅葉《もみぢ》葉の美なるに取る槁木《かれき》火熱熾にして水分のなき意果實《くわじつ》剛皮柔肉を包むの義葛藟《つたかづら》幹木にまとひて生ずるもの皆屬す

〔數色〕三離の本數二七離の生成數赤《あか》、紅《べに》、紫《むらさき》。

鼻高《はなたか》くして面凹窪《おもてなかくぼ》なる者《もの》は我意《がい》強《つよ》くして親族《しんぞく》に不和《ふわ》なり慎《つゝし》まざれば祖家《そか》を破《やぶ》る。

鼻《はな》の兩側《りやうかは》に青筋出《あをすぢい》づれば訴訟《そしよう》官難《くわんなん》の連累《れんるゐ》に遭《あ》ふ。

鼻小《はなせう》にして面大《おもてだい》なるは生涯艱難《しやうがいかんなん》多《おほ》し。

鼻小《はなせう》にして眉毛散《びもうち》り粗《そ》なるは食祿《しよくろく》足《た》らず。

截筒鼻《せつとうび》は孔圓《あなまる》くして竹筒《ちくとう》を截《た》ちし小口《こぐち》の如《ご》きを云《い》ふ上運《じやううん》にして福分《ふくぶん》あり。

●第三兄弟宮

兄弟宮《けいていきう》は眉《まゆ》を云《い》ふなり眉《まゆ》は學問壽夭貴賤貧富上《がくもんじゆえうきせんひんぷじやう》運下運氣性《うんかうんきしやう》の善惡《ぜんあく》を見《み》る

[人事]音信《いんしん》、色情《しきじやう》一陰二陽につくの義 損失《そんしつ》、小事吉《せうじきつ》、大事凶《だいじきよう》、近《ちか》きに通《つう》じて遠《とほ》きに達《たつ》せず、長久《ちやうきう》の策《さく》に不利《ふり》なり、事《こと》を改《あらた》むるは平《たひら》。

[姓名]徴音《びいん》、火《ひ》に屬《ぞく》する姓氏《せいし》。

[物理]中虚《ちうきよ》の物《もの》卦象 透徹《とうてつ》する物《もの》卦の性情 遠《とほ》く通《つう》ずる者《もの》火高く上る義 美麗《びれい》なる物《もの》 装飾《さうしよく》ある物《もの》、閃々物《ひら〳〵どするもの》、尖《とが》る物《もの》火の形状 彩色模様《さいしきもやう》の美麗 穴《あな》ある者《もの》、浮《う》く理《り》、折疊《をりたゝみ》、接合《つぎあはせ》、接觸《ひたりとつく》。

○震《しん》は動《どう》なり一陽《やう》二陰《いん》の下《した》に動《うご》くなり時《とき》を待《まち》て震《ふる》ひ出《い》づるなり萬物《ばんぶつ》地下《ちか》に萠芽《はうが》するの義《ぎ》なり是《これ》を卦《くわ》の性情《せいじやう》と爲《な》す陽《やう》の地下《ちか》に動《うご》くときは地震《ちしん》とす脫出《だつしゆつ》するの意《い》あり以《もつ》て萬事《ばんじ》に活用《くわつよう》す可《べ》し。

[天文]雷《らい》上卦に在りて動く雷くもの即雷なり 浮雲《うきくも》陰氣上昇の意義

[地理]鬧市《としいち》震動の賑なる義 街道《かいだい》震を足とするの義より取る 竹林《ちくりん》震は東方繁盛の意 樹木《じゆもく》茂りて升るの義 大途《だいと》震の

處《ところ》なり色潔《いろきよ》く潤《うるほ》ひ眉骨《びこつ》を見《み》て眼《め》との間《あひだ》大《おほい》に廣《ひろ》く餘毛《よもう》あるを妙《めう》とす福壽《ふくじゆ》昇進名達《しやうしんめいたつ》なり。

眉《まゆ》は長《なが》くして眼《め》を過《す》ぐるを妙《めう》とす上運《じやううん》なり。

眉《まゆ》は眼《め》より高《たか》きこと一寸《すん》なれば百望心《ひやくばうこゝろ》に叶《かな》ふ。

眉骨高《びこつたか》きは異人道人《いじんだうじん》に吉《きつ》。

眉骨落《びこつお》ちたるは兄弟又《けいていまた》一類《るゐ》と心協《こゝろかな》なず。

眉中長毛生《びちうちやうもうしやう》ずるは吉《きつ》なり右《みぎ》に在《あ》れば土地《とち》に名《な》を成《な》し左《ひだり》に在《あ》れば遠方《ゑんぱう》に名高《なたか》し。

左右《さいう》の眉《まゆ》に高低《かうてい》あるは異父《いふ》又《また》は異母《いぼ》の兄弟《けいてい》あるべし。

卦義流水《りうすゐ》動きて止まざるの義樓閣《ろうかく》卦象門扉《もんぴ》動くの義

〔時令〕春《はる》三月《ぐわつ》、卯《う》の年月日時《としつきひとき》、乙卯《きのとう》の月日《つきひ》、東北《とうほく》の間《あひだ》先天萬物開發の意

晙《あたゝか》先天の配位

〔人倫〕長男《ちやうなん》義象醫《い》草根木皮の薬品を用ふるに取る高貴《かうき》の人《ひと》帝は震に出づるの義戀艶《れんゑん》の人《ひと》、輕卒《けいそつ》の人《ひと》、舟人《しうじん》、謠曲師《えうきよくし》、落語家《らくごか》の類《るゐ》。

〔身體〕髪《かみ》震木茂るの義肝臓《かんざう》肝は木に屬す足《あし》卦象聲音《こゑ》震雷の義に取る筋《すぢ》義象孕胎《はらむ》。

〔飲食〕菜蔬《さいそ》、鷄腸菜《よめな》、菠薐菜《はうれんさう》、野蜀葵《みつばせう》繁盛の意より取る鮮肉《せんにく》、麴《かうじ》、茶《ちや》、總《すべ》て蒸《む》すもの酸味《さんみ》あるもの皆屬《みなぞく》す。

〔服飾〕衣類《いるゐ》、絲紐《いとひも》の類《るゐ》。

〔器財〕貴重品《きちやうひん》義象鼓《つゞみ》震雷の義總て音響のある物皆推すべし笛《ふえ》震を竹とするの義皮革類《かはるゐ》二陰一陽を包みかぬるの義角《つの》類《るゐ》陰交開けて陽交顯るゝ象書簡《しよかん》、紙類等《かみるゐとう》。

〔動物〕龍《りう》、蛇《へび》潜み屈して時を待つの義長《なが》き蟲類《むしるゐ》飛回るもの善く鳴くもの皆屬す馬《うま》類の白きもの善く駈るもの嘶くもの鵠《こう》

眉散亂《まゆさんらん》して左右齊《さいうひと》しからざるは何事《なにごと》も遂《と》げぬ人《ひと》なり

眉逆吊《まゆさかつ》るは天理《てんり》に乖《そむ》きて滞運《たいうん》なり。

長子《ちやうし》は眉毛薄《びもううす》くして眉頭《びとう》に逆毛《ぎやくもう》なし。

次子《じし》は眉毛厚《びもうあつ》くして眉頭《びとう》に逆毛《ぎやくもう》あり。

眉上《びじやう》に眉《まゆ》の如《ごと》き紋《もん》あれば業《げふ》を替《かへ》るか或《あるひ》は業《げふ》を増《ま》すことあり。

眉毛薄《びもううす》く満《み》ちたる者《もの》は義友《ぎいう》兄弟《けいてい》あるべし。

眉中《びちう》の黒子《こくし》は水難《するなん》あり又遊《またいう》樂《らく》を好《この》む。

〔飛ぶこと早きもの〕飛鳥《ひてう》、走獸總《さうじうすべ》て趾健《あしすこやか》にして爪《つめ》の壯《さかん》なる動物皆推《どうぶつみなお》すべし。

〔植物〕竹《たけ》、木《き》、葦《あし》、荻《おぎ》、萩《はぎ》、鼠尾草《みそはぎ》、薄《すゝき》以上叢生して茂るもの丶類 燕子花《かきつばた》震木立昇る義花始《はなはじめ》て開《ひら》くもの、花葉共《くわえうとも》に散《ち》り易《やす》きもの雷聲後なきの意零餘子《むかご》、落《らく》花生《くわしやう》實落ちて又芽を出すもの

〔數色〕四震の本數三八震の生成數青《あを》、碧《あを》、緑色《りよくしよく》、玄黄《げんくわう》即ち栗色

〔人事〕心中安《しんちうやす》からず、新《あらた》に事《こと》を始《はじむ》る意《い》、泣號《きうがう》、驚噪《きやうさう》、住居障《ぢうきよさはり》あり流行小唄《はやりこうた》の類《るゐ》。

〔姓名〕角音《かくいん》、木《き》を帯《お》ぶる姓氏《せいし》。

〔物理〕重層物《かさなるもの》卦象勇《いさ》む震雷の意義音響《おんきやう》あり、勢力《せいりよく》あり、平坦《へいたん》の物《もの》、又《また》ある物《もの》、下《した》の動《うご》く意《い》、ザワと〳〵鳴《な》る意《い》、毎戸用《まいこもち》ひざる物《もの》、馬《うま》に乗《の》るか舟《ふね》に乗《の》るか橋《はし》を渡《わた》るかすべて踏《ふ》みたるもの廣《ひろ》く推《お》す

白毛《はくもう》と茶色《ちやしよく》の毛《け》と黒色《こくしよく》との三種《しゆ》の眉《まゆ》は上運《じやううん》なり。茶色《ちやしよく》の毛《け》三四本生《はんしやう》ずるは其年《そのとし》の不吉《ふきつ》にして妻子《さいし》に丁《あた》り又《また》六箇月内《かげつない》に災禍《わざはひ》あり考人《らうじん》は免《ゆる》すべし是《これ》白毛《はくもう》になる前《まへ》は皆茶色《みなちやしよく》となるものなればなり。

●第四田宅宮

田宅宮《でんたくきう》は兩眼《りやうがん》を云《い》ふ面《めん》部中最《ぶちうもつと》も肝要《かんえう》の宮《きう》なり人《じん》心《しん》の善惡正邪賢愚《せんあくせいじやけんぐ》は皆《みな》眼中《がんちう》に顯《あらは》る眼《め》と眉《まゆ》の間《あひだ》廣《ひろ》きこと一寸《すん》なるは福宅《ふくたく》あるなり。

べし。

○巽《そん》は入《にふ》なり一陰《いん》二陽《やう》の下《した》に入《い》るなり是《これ》を卦《くわ》の性情《せいじやう》と爲《な》す陰《いん》は虚《きよ》にして能《よ》く受入《うけい》り陽《やう》は實《じつ》にして能《よ》く入《いり》わたるの義《ぎ》廣《ひろ》く推《お》す可《べ》し。

〔天文〕風《かせ》卦象 月《つき》利陽虧けたる象十八日頃の月 雨《あめ》陰陽交りて雨降る命令の義 靄《かすみ》風の轉象

〔地理〕花園《はなぞの》巽木茂るの意 名所《めいしよ》繁盛の意 海《うみ》、川《かは》静なると噪がしきとの意風の轉象 寺樓《じろう》巽木組立つるの象

〔時令〕春夏《はるなつ》の交《ころ》、辰巳午未《たつみうまひつじ》の年月日時《としつきひとき》、四月《ぐわつ》、戊辰《つちのえたつ》、丁巳《ひのとみ》の月《つき》日《ひ》、暖《あたゝか》。

〔人倫〕長女《ちやうぢよ》義象 秀士《しうし》茂り長ずるの義 術者《じゆつしや》兌口を倒にしたる象 僧侶《そうりよ》、尼《あま》寡髪より取る 博識《はくしき》巽風入わたる 歌舞音曲師《かぶおんぎよくし》風の聲ありて物を吹回すの義 修業者《しうげふしや》、薄情者《はくじやうもの》、淫慾者《いんよくしや》、魔術者《まじゆつしや》、柔懦者《なまけもの》、我意強《がいつよ》き者《もの》の類《るゐ》。

〔身體〕肱《ひぢ》風の進退屈伸の意 股《もゝ》卦象 氣《き》風の義 肝臓《かんざう》肝は木に屬す 疾病《やまひ》亦同《またおな》じ中風《ちうふう》、感冒《かんばう》、積《しやく》、

眼細《めほそ》く長《なが》きは心《こゝろ》に情《じやう》ありて子孫吉《しそんきつ》なり又《また》よき妻《さい》を得《う》るとす。

常《つね》は異狀《いじやう》なく時《とき》として不《ふ》圖《ど》三白《ぱく》になる眼《め》あり睛上《ひとみうへ》に寄《よ》れば氣性《きしやう》あり外《ほか》に助《たす》くる相《さう》あれば立身《りつしん》して勢力《せいりよく》あり睛下《ひとみした》に寄《よ》るは氣《き》性低《しやうひく》く立身《りつしん》することなし

斜《なゝめ》に見又横目尻目《みまたよこめしりめ》に窺《うかゞ》ひ見《み》る者《もの》は口《くち》に是《ぜ》を言《い》ふも心《こゝろ》大《おほい》に非《ひ》なり。

眼露《めあらは》れて大《だい》なるは天相《てんさう》なり。

左眼大《さがんだい》なるは妻《さい》を叱《しか》る右眼《うがん》大《だい》なるは妻《さい》を畏《おそ》る。

痞《つかえ》の類《るゐ》。

〔飲食〕蔬果《そくわ》柔順より取る菌類山林《きのこるゐさんりん》の味皆屬《あぢみなぞく》す、大角豆《くろまめ》、小豆《あづき》の類《るゐ》、酸《さん》味《み》ある者皆屬《ものみなぞく》す。

〔服飾〕衣類《いるゐ》、絲紐《いとひも》の類《るゐ》。

〔器財〕舟《ふね》卦象竹木《ちくぼく》の器《うつは》、巧妙《かうめう》の器具《きぐ》、扇《あふぎ》、團扇《うちは》、紙類《かみるゐ》輕くしてふは〱するもの柄《え》のある物《もの》巽木風に撓むの義巻物《まきもの》、塗物《ぬりもの》、吹物《ふきもの》、鏡《かゞみ》の類《るゐ》、楊枝《やうじ》、錐《きり》、釘《くぎ》の類尖《るゐとが》りたる物皆《ものみな》推すべし。

〔動物〕雞《にはとり》卦象山林《さんりん》の禽蟲《きんちう》、鹿《しか》、兎《うさぎ》風行きて輕きの意總《すべ》て身輕《みがる》き動物《どうぶつ》、蛇《へび》巽木長きの意蜈蚣《むかで》の類《るゐ》、羽毛《うもう》ある動物《どうぶつ》。

〔植物〕楊柳《やなぎ》高く立升るの義竹《たけ》、木《き》、高《たか》く茂《しげ》る草即《くさすなは》ち麻《あさ》の如《ごと》きもの、栗《くり》二陽刺の立つ意浮萍《うきくさ》ふは〱と動きておちつかぬもの

〔數色〕五巽の本數三八巽の生成數青《あを》、綠《みどり》、潔白《けつぱく》。

眼中《がんちう》に白點《はくてん》ある者《もの》は眼《め》を動《うご》かす時《とき》にひら〳〵ときらつくものなり是《これ》大《おほい》に發達《はつたつ》するの相《さう》なり。

兩眼《りやうがん》の間《あひだ》狹《せま》きは凶《きやう》兩《りやう》眼密接《がんみつせつ》するは八九十の難《なん》といひて二十八歳《さい》より三十歳《さい》まで三十八歳《さい》より四十歳《さい》まで四十八歳《さい》より五十歳《さい》まで難《なん》に遭《あ》ふなり。

眼《め》露《あらは》れ出《い》づるは凶《きやう》とす落窪《おちくぼ》みたるは孤《こ》にして多《おほ》く貧《ひん》なり。

眼中《がんちう》に赤《あか》く星《はし》の如《ごと》き小點《せうてん》現《あらは》るれば凶事《きやうじ》あり愼《つゝし》むべし。

〔人事〕命令《めいれい》、柔和《にふわ》、進退果《しんたいはた》さず、利欲《りよく》、疑《うたがひ》を受《う》く、埒《らち》あかず、住居安《ぢうきよやす》からず、鼓舞《こぶ》の類《るゐ》。

〔姓名〕角音《かくいん》、草木扁旁《さうもくへんつくり》の姓氏《せいし》。

〔物理〕尖《とが》る物《もの》巽木の長き義遠《とほ》く通《つう》ずる物《もの》風より取る輕《かろ》き物《もの》同上往來《わうらい》する物《もの》同上浮《ふは》々物《くするもの》同上締括《しめくゝり》、細工《さいく》ありて按排《あんばい》よき物《もの》、柄《え》のある物《もの》、底《そこ》の凹《くぼ》む物《もの》、細《こま》かにする物《もの》、上下《じやうか》する物《もの》、奇麗《きれい》なる物《もの》、脚《あし》ある物等《ものとう》廣《ひろ》く推《お》すべし。

〇坎《かん》は陷《かん》なり一陽《やう》二陰《いん》の間《あひだ》に陷《おちい》るなり是《これ》を卦《くわ》の性情《せいじやう》と爲《な》す内《うち》剛《がう》にして外《ほか》柔《じふ》なり遠《とほ》く物《もの》に取《と》るの例《れい》なり近《ちか》く身《み》に取《と》るの例《れい》は耳《みゝ》の輪廓陰《りんくわくいん》にして一陽《やう》の孔内《こうない》に在《あ》るなり又《また》水《みづ》の重《おも》さを載《の》せて萬里《ばんり》に通《つう》ず此理《このり》推《お》して知《し》る可《べ》し。

〔天文〕雨《あめ》、雪《ゆき》、霜《しも》、露《つゆ》共に陰氣凝結するの義月《つき》卦象睛黒塗《ひとみくろぬり》の如《ごと》きは臥蠶人《ぐわさんじん》中惡《ちうあし》くとも兒子《じし》あるべし眼《め》をしばたゝく人《ひと》は生涯《しやうがい》辛苦多《しんくおほ》し又妻子《またさいし》の緣薄《えんうす》し。近眼《きんがん》は祖親《そしん》の惠《めぐみ》ありと云《い》ふ又根氣《またこんき》よき者《もの》なり又《また》心《こゝろ》の剛《かう》なるものあり又奸《またかん》曲《ぎよく》なるあり事《こと》を遂《と》ぐる人《ひと》もあり。眼《め》の周圍黑《しうゐくろ》きは心毒《しんどく》あり又《また》吝嗇《りんしよく》の人《ひと》とす。物言《ものい》ふとき眼《め》を張《は》り眼《め》を嗔《いか》らするは器量《きりやう》の人《ひと》あり粗忽《そこつ》の人《ひと》あり又散財女難《またさんざいぢよなん》ありとす。

附 睫毛

〔地理〕江《え》、湖《みづうみ》、池《いけ》、沼《ぬま》、井泉《せいせん》、溪澗《たに》、溝渠《かうきよ》總《すべ》て水邊《するへん》、卑隰《ひしつ》の地《ち》以上卦象像象 宮《みや》中實尊きの義 棟《むね》卦象 寢所《ねどころ》、隱者《ゐんじや》の居所《きよしよ》一陽二陰の間に伏し隱るゝの義 酒鋪《さかや》、茶肆《ちやみせ》の類《るゐ》

〔時令〕冬《ふゆ》十一月《ぐわつ》、子《ね》の年月日時《としつきひとき》、壬子《みづのえね》の月日《つきひ》、夜《よる》、寒《さむし》。

〔人倫〕中男《ちうだん》義象 舟人《しうじん》坎水の義 流浪者《るらうもの》水の流れて止まらざる義 乘車《じやうしや》の人《ひと》中陽貴きの意 陰惡《いんあく》の者《もの》、盜賊《とうぞく》陽の陰中に潛るゝ義 囚人《しうじん》陷りて苦むの義 長袖《ながそで》、憂《うれひ》ある者《もの》、妄語《まうご》の人《ひと》、自己《じこ》一分《ぶん》を守《まも》る者《もの》の類《るゐ》、血《ち》坎を血とす

〔身體〕腎《じん》坎水の義 耳《みゝ》腎と通脈するもの 膀胱《ほうくわう》坎水の義 聲《こゑ》耳の義に因る 病《やまひ》亦同《またおな》じ或《あるひ》は寒冷瀉《かんれいしやする》水の類《るゐ》。

〔飲食〕酒《さけ》坎水の義 醬油《しやうゆ》同上 酢《す》同上 鹽《しほ》同上 冷物《つめたきもの》極陰寒泉の義 宿食《よひごしのもの》夜の義に因る 魚類《ぎよるゐ》、骨多《ほねおほ》き物《もの》陽剛中に在るの義 核《さね》ある物《もの》中實の意 海產水中《かいさんすゐちう》の物皆屬《ものみなぞく》す、鹹味《かんみ》、又澁《またしぶ》き味《あぢ》。

〔服飾〕袴《はかま》紐を以て締括るゝ義 股引《もゝひき》、脚半《きやはん》の類《るゐ》。

睫針《まつげはり》の如《ごと》く硬《こう》くなるは夭《えう》なり忽《たちま》ちにして折斷《せつだん》するに目前《もくぜん》の難生《なんしやう》ず。睫毛《まつげ》多《おほ》く濃《こ》くして眼《め》を匍《は》ふが如《ごと》きは色難《しきなん》あり。睫毛《まつげ》俄然《にはかに》針《はり》の如《ごと》くなるは劍難《けんなん》とす。睫毛潤澤《まつげじゆんたく》なれは妊娠《にんしん》としるべし。

●第五男女宮

男女宮《なんによきう》一名《めい》涙堂《るいだう》と云《い》ふ鼻《はな》の兩側《りやうかは》にして眼頭《めがしら》の下《した》に位《ゐ》す兒子《じし》の有無《うむ》を知《し》る所《ところ》なり。涙堂肉《るいだうにく》滿《み》ちて潤澤《じゆんたく》なれ

〔器財〕瑪瑙《めのう》、水晶《すゐしやう》、大理石《だいりせき》の類皆屬《るゐみなぞく》す以上一陽の陰中に光を發する義念珠《ねんじゆ》折たゝみて曲り回るもの皆屬す刀劍《たうけん》、弓《ゆみ》反りのあるもの皆屬す桎梏《くびかせてかせ》刑具なり陰中に陷るの義鎖鑰《じやうかぎ》二陰の間一陽の差こみあり蝶番《てふつがひ》折たゝみて工合よき物紙類《かみるゐ》外柔にして折たゝむの義鍔《つば》ある物《もの》、鈕《つまみ》ある物《もの》、繩《なは》、輪《わ》、珊瑚《さんご》、夜光貝《やくわうがひ》の類《るゐ》水中《すゐちう》に在《あ》りて光明《くわうめう》ある物皆推《ものみなお》すべし。

〔動物〕豕《ぶた》內剛外柔即ち遠く取る物の例なり狐《きつね》義象馬《うま》ひづめの薄き馬美脊なる馬なり魚《うを》水中に棲息するもの羽翼《つばさ》卦を横にしたる象なり龜《かめ》、泥龜《すつぽん》像象蜘蛛《くも》足多きもの

〔植物〕蒺藜《はまびし》、荊棘《いばら》中陽立並びたる象の類《るゐ》、刺《はり》のある物皆推《ものみなお》すべし、堅《かた》くして心多《しんおほ》き木《き》、柊《ひらぎ》の類《るゐ》、鋸齒《きよし》ある葉《は》像象松《まつ》、杉《すぎ》の類總《るゐすべ》て葉《は》の尖《とが》りたるもの皆推《みなお》すべし。

〔數色〕六坎の本數一六坎の生成數黒《くろ》、赤《あか》血より取る

〔人事〕憂苦《いうく》あり陷るの義漂泊《へうはく》坎水の義不定《ふてい》の意《い》同上險難《けんなん》、隱匿《ゐんとく》、色情《しきじやう》、失財《しつざい》、稀《まれ》に實《じつ》ある人《ひと》。

ば子孫《しそん》榮《さか》えて福祿《ふくろく》あり。
涙堂《るいだう》低《ひく》きは貧賤《ひんせん》なり。
涙堂《るいだう》に黑子《こくし》あれば老年《らうねん》に至《いた》りて苦勞《くらう》多《おほ》し。
涙堂《るいだう》篦《へら》にて殺ぎたるが如《ごと》きは不孝《ふかう》にして兄弟《けいてい》に緣《えん》薄《うす》し平《たひら》なるは事叶《ことかな》ふべし。
眼頭《めがしら》の下《した》より眼尾《めじり》に至《いた》るを臥蠶《ぐわさん》と云《い》ふ肉滿《にくみ》ちて蠶《かひこ》の如《ごと》きは子孫《しそん》よし。
臥蠶肉《ぐわさんにく》なきは子《こ》の緣薄《えんうす》し若《もし》俄《にはか》に潤《うるほ》ひなく涸渇《こかつ》するは子孫《しそん》の災厄《わざはひ》あり。
臥蠶《ぐわさん》陷《おちい》りて少《すこ》し黑氣《こくき》ある女《をんな》は子《こ》ありとも生育《せいいく》せ

〔姓名〕羽音水旁《ういんすゐはう》を點《てん》ずる姓氏《せいし》。

〔物理〕照徹《すきとほる》中陽明なるの義 挿嵌理《さしこむり》一陽陰中に挾まる象 疊層物《たゝみかさぬるもの》、蝶番《てふつがひ》、縱横用《たてよこよう》を爲《な》す物《もの》、斑文《はんもん》小紋の如きもの皆屬す 長《なが》き物《もの》水の流るゝ義 彎曳物《ひつぱるもの》同上 遮隔《へだて》ある物《もの》中陽隔つるの義 貼付《はりつ》くる物《もの》の類《るゐ》。
○艮《ごん》は止《し》なり一陽《やう》二陰《いん》の上《うへ》に止《とゞま》るなり是《これ》を卦《くわ》の性情《せいじやう》と爲《な》す又艮《またごん》を手《て》とす手《て》は萬物《ばんぶつ》を押《おさ》へ止《とゞ》む近《ちか》く身《み》に取《と》るの例《れい》なり又艮《またごん》を山《やま》とす阻滯《とゞこほる》の象《かたち》にして靜《しづか》なるの意《い》あり遠《とほ》く物《もの》に取《と》るの例《れい》なり萬事《ばんじ》此《この》理《り》を推《お》す可《べ》し。
〔天文〕雲《くも》、霧《きり》、嵐氣《らんき》艮山の義 陰《くもる》二陰一陽の下に在るの義
〔地理〕山《やま》卦象 谿路《たにみち》二陰高く開きて一陽間道の義をなす 石巖《いはほ》陽剛上に顯るゝの義 丘陵《をか》、墳墓《ふんぼ》像象 門闕《もんけつ》一陽屋根

若生育《もしせいいく》すれば邪見《じやけん》なり。眼下《がんか》の亂紋《らんもん》針紋《しんもん》は滞運《たいうん》にして妻子《さいし》の縁凶《えんきやう》なり。眼下俄《がんかにはか》に肉凹《にくくぼ》みて黒氣《こくき》あれば大病《たいびやう》の發《はつ》する兆《てう》なり眼下《がんか》に細《ほそ》き小理《こすぢ》あるは養子《やうし》に宜《よろ》しく實子《じつし》に凶《きやう》なり。眼下《がんか》の黒子針紋亂理《こくししんもんらんり》は晩《ばん》年《ねん》に子孫《しそん》を喪《うしな》ふべし。臥蠶《ぐわさん》に水氣《するき》ある婦人《ふじん》は大《たい》抵姙娠《ていにんしん》なり。眼下紅潤《がんかこうじゆん》にして肉起《にくおこ》り豐《ほう》滿《まん》なるは子孫《しそん》に喜《よろこ》びあり眼下《がんか》の黒子左右《こくしさいう》に對《たい》するは官難《くわんなん》あり圖《づ》の如《ごと》し但《たゞ》し色《いろ》

の象二義杜の象（闕《けつ》は門《もん》の通路《つうろ》なり）土石《させき》、川《かは》艮を止とす陸の止り川は川なり海なり義象

〔時令〕冬春《ふゆはる》の交《あはひ》、十二月《ぐわつ》、丑寅《うしとら》の年月日《としつきひ》時《とき》、戊《つちのえ》　己《つちのと》の年月日《としつきひ》時《とき》、四季《き》土《ど》用《よう》、月夜《つきよ》。

〔人倫〕少男《せうだん》義象童幼《どうえう》轉象閽寺《こんじ》門を守る者艮を門とするの義　樵夫《きこり》艮山の義　閑居《かんきよ》の人《ひと》止り居むの義　山僧《さんそう》艮山の義　社家《しやけ》、修驗者《しゆけんじや》、道士《だうし》の類《るゐ》廣《ひろ》く推《お》すべし婚女《よめ》止め治むるの義　囚人《しうじん》の類《るゐ》。

〔身體〕手《て》上に止りて動くの義　骨《ほね》土石より取る　鼻《はな》面中の山なり　背《せ》其背に止るの義　胸《むね》人心の止る處　脾胃《ひゐ》艮土の義　腰《こし》、陰莖《いんけい》、病《やまひ》亦《また》同《おな》じ、疵《きづ》、痛《いたみ》、涎《よだれ》。

〔飲食〕筍《たけのこ》、菌《きのこ》、蕃薯《さつまいも》、落花生《らくくわせい》土中の物皆屬す　葱《ねぎ》、蕎葱《らつきやう》根の白きもの皆屬す　野菜類《やさいるゐ》皆《みな》推《お》すべし、甘味《かんみ》、香《かうばし》。

〔服飾〕帽子《ばうし》、衿卷《えりまき》、頭巾《づきん》一陽上に止るの義　柳葉縞《たてじま》の布帛《ふはく》。

〔器財〕蓋《ふた》のある物《もの》、鈕《つまみ》のある物《もの》、鉉《つる》のある物《もの》、鐶《くわん》のある物《もの》共に像象

よきは却《かへつ》て吉とす。

●第六奴僕宮

奴僕宮《ぬぼくきう》は頤《あご》の兩側《りやうかは》なり住《ぢう》所《しよ》の吉凶婢僕《ひぼく》の可否《かひ》に關《くわん》する所《ところ》なり此宮《このきう》一に稱《しよう》して地閣《ちかく》と云《い》ふ晩年《ばんねん》の一體《たい》を見《み》る所《ところ》なり故《ゆゑ》に肉滿《にくみ》ちて光澤《くわうたく》あるは住所滿足《ぢうしよまんぞく》し金銀多《きん〳〵おほ》くして婢僕《ひぼく》を養《やしな》ひ且長命《かつちやうめい》なりとす頤《をとがひ》圓《まる》く豐《ゆたか》なるは晩年《ばんねん》に宜《よろし》く肉少《にくすくな》くして尖《とが》りたるが如《ごと》きものは晩年衰《ばんねんおとろ》ふべし。

地閣《ちかく》に繩《なは》の如《ご》き紋《もん》あるは槪《がい》

傘《からかさ》一陽上に掩ふの義衣紋竿《いもんざを》同上壺《つぼ》、俵《たはら》の類《るゐ》。

〔動物〕狗《いぬ》象義虎《とら》、鼠《ねずみ》、狐《きつね》齒牙猛利のもの皆屬す鹿《しか》、狼《おはかみ》、鶴《つる》、鷺《さぎ》、鷸《しぎ》趾の長き鳥類皆屬す翡《かは》翠《せみ》、啄木鳥《きつゝき》の類《るゐ》嘴《はし》の長《なが》き鳥類《てうるゐ》、蟷螂《かまきり》、螽斯《ばつた》の類《るゐ》跳肢《とびあし》長《なが》き蟲類《むしるひ》。

〔植物〕藤《ふぢ》、瓠《ふくべ》、絲瓜《へちま》の類蔓《るゐつる》のある物《もの》、下《しも》に蔓延《まんえん》する物《もの》、葛《くず》、蔦《つた》の類《るゐ》同上芝栖《きのこ》類《るゐ》山に生ずる義による筍《たけのこ》根深く下すもの象義欅《けやき》、朴樹《ほのき》の類節多《るゐふしおほ》きもの皆《みな》屬《ぞく》す止るの義果實《くわじつ》の類蔓生《るゐまんせい》の物皆《ものみな》推すへし、罌粟《けし》、蓮《はす》の類《るゐ》上に一陽の實を結ぶもの皆知るべし

〔數色〕七艮の本數五十艮の成數艮の生黄《き》。

〔人事〕沮滯《そたい》艮止の義大事《だいじ》成《な》り難《かた》く小事《せうじ》亦妨《またさまた》げあり同上背《そむ》き隔《へだ》つ艮を背とするの義實《じつ》ありて時《とき》に塞《ふさが》るの義推《ぎお》すべし。

〔姓名〕宮音土《きういんつち》を帶《お》ぶる姓氏《せいし》。

〔物理〕抑《おさ》ゆる意《い》、沮滯《そたい》、蓋《ふた》ある物《もの》共に一陽上にあるの義手《て》に狎《な》るゝ物《もの》艮手の義上《うは》

して水難《すゐなん》あり又《また》三絞横《もんよこ》に
逐《お》ふが如《ごと》きも
水難《すゐなん》とす圖《づ》の
如《ごと》し。

腮骨耳根《さいこつみゝのね》より後《うしろ》に張出《はりい》づる者《もの》は恩《おん》を仇《あた》にて報《むく》ゆ是《これ》を反逆骨《はんぎやくこつ》と云《い》ふ不忠不孝《ふちうふかう》の人《ひと》なるべし婦人《ふじん》にして顔面滿月《がんめんまんげつ》の如《ごと》く地閣豐滿《ちかくほうまん》なれば富貴《ふうき》量《はか》りなしとす。

地閣腮骨《ちかくさいこつ》の肌理《きめ》潤《うるほ》ひて血色《けつしよく》よきは奴僕忠實《どぼくちうじつ》にして金融《きんゆう》大《おほい》に宜《よろ》し。

頤《おとがひ》の色《いろ》何《なに》となく黄《き》なるは下人牛馬《げにんぎうば》に宜《よろ》し。

邊平坦《べたひら》の物《もの》一陽上に横はるの象義靜《しづか》なる意《い》止るの意中虚《ちうきよ》の物《もの》二陰下に在るの象重量《ちやうりやう》の物《もの》一陽上に重きの意一方《ばう》を搖《うご》かせば兩端《りやうたん》動《うご》くの理《り》、引立《ひきた》つる物等《ものとう》皆《みな》推《お》すべし。

○坤《こん》は順《じゆん》なり陰《いん》は陽《やう》に從《したが》ひ萬物《ばんぶつ》を載《の》せて能《よ》く受《うけ》入《い》るゝなり是《これ》を卦《くわ》の性情《せいじやう》と爲《な》す積陰《せきいん》下《しも》に在《あ》りて腹《はら》廣《ひろ》く容《い》るゝの象義《しやうぎ》あり是《これ》を卦徳《くわとく》と云《い》ふ萬事《ばんじ》此《この》理《り》を推《お》す可《べ》し。

〔天文〕曇《くもる》純陰夜の象による霧《きり》義象

〔地理〕田野《でんや》義象平地《ひらち》、村舍《そんしや》、郷里《きやうり》同上地の定位又親しき義坤地の徳性古跡《こせき》。

〔時令〕四季土用《きどよう》、溫《あたゝか》、冷《ひやゝか》内暖にして外冷るの義

〔人倫〕后《きさき》、母《はゝ》坤徳萬物を生ずるの義老女《らうぢよ》母の轉象農人《のうにん》、衆人《しゆうじん》、伶人《れいじん》、吝嗇《りんしよく》の人《ひと》女子小人の情による僧尼《そうに》柔順の義懦夫《だふ》陰嗽の義即ち意象文書《ぶんしよ》の人《ひと》、醫者《いしや》、法主《はふす》、藝能《げいのう》ある人《ひと》、

顋《おとがひ》の色《いろ》青白《あをじろ》く又《また》青黑《あをくろ》く粟起《ぞくき》するは住所《ぢうしよ》に障《さはり》あり。

●第七妻妾宮

妻妾宮《さいせうきう》一名奸門《めいかんもん》と云《い》ふ左右《さいう》の眼尾《めじり》より耳《みゝ》に至《いた》る五六分程《ぶほど》の處《ところ》なり其紋理《そのもんり》の魚《うを》の尾《を》に似《に》たるを以《もつ》て又《また》魚尾《ぎよび》とも稱《しよう》す光澤《くわうたく》ありてうるはしきは富貴《ふうき》にして命《いのち》長《なが》し殊《こと》に夫妻和睦《ふさいわぼく》す現《げん》在單身《ざいたんしん》なりとも良夫良婦《りやうふ〱》を得《え》て吉《きつ》なり。此宮光潤豐滿《このきうくわうじゆんほうまん》にして黑子傷痕又缺陷《ほくろきずまたけつかん》なければ賢《けん》

畫工《ぐわこう》師に従ふの義に取る大腹《たいふく》の人《ひと》坤は萬物を受入るゝの義強情《がうじやう》の人《ひと》。

〔身體〕腹《はら》、脾胃《ひゐ》土に屬す肉《にく》、病亦同《やまひまたおな》じ不消化《ふせうくわ》の類《るゐ》。

〔飲食〕五穀《ごく》坤德萬物を養ふの義薯蕷《いも》、筍《たけのこ》總《すべ》て土中《どちう》の物《もの》、醬油《しやうゆ》、鹽辛《しほから》の類《るゐ》、野生《やせい》の物《もの》至陰の義

〔服飾〕裳《も》坤德の義布帛《ふはく》、綿絲類《めんしるゐ》、荷袋《きんちやく》、嚢《ふくろ》の類《るゐ》。

〔器財〕輿《こし》、車《くるま》萬物を受入るゝの義刀劍《たうけんすべ》總て身《み》を受載《うけの》せて使《つか》ふ物《もの》、刄《は》物《もの》の類《るゐ》皆推《みなお》すべし、鍋《なべ》、釜《かま》、鉢《はち》の類《るゐ》、中虚《うちきよ》にして受入《うけい》るゝ物皆屬《ものみなぞく》す、筆《ふで》、扇《あふぎ》の類《るゐ》柄の下に在りて上に物を受くるの義瓦器《ぐわき》、陶器《たうき》、紙類《かみるゐ》、形方《かたちけた》なる物《もの》、柔《やはらか》なる物皆屬《ものみなぞく》す。

〔動物〕牛《うし》、牝馬《めうま》至順にして能く子を乳するもの雁《がん》、小鳥《ことり》の類《るゐ》群聚するもの杜鵑《ほとゝぎす》、木兎《づく》、梟《ふく》鴟《ろう》の類《るゐ》陰暗に飛行し又夜鳴くもの百獸《ひやくじう》群聚の義蟻《あり》、蠅《はい》同上

〔植物〕米《こめ》、麥《むぎ》、豆類《まめるゐ》至柔にして能く養ふの義家山藥《ながいも》、馬鈴薯《じやがたらいも》の類總《るゐすべ》て土中《どちう》の

妻《さい》を得《う》べし。
亂紋《らんもん》又十字《じ》の理《すぢ》あれば妻《さい》を妨《さまた》ぐ。
針紋《しんもん》ある者《もの》一紋《もん》は一夫《ぷ》を剋《こく》し二紋《もん》は二妻《さい》を剋《こく》す。
陷《おちい》る者《もの》は妻縁凶《さいえんきよう》なり。
奸門悪《かんもんあし》くして鼻《はな》に肉《にく》なく尖《とが》る者《もの》は中年《ちうねん》の女難色《ぢよなんしき》難《なん》とす。
魚尾《ぎよび》の紋上《もんうへ》を掃《はら》ふが如《ごと》き者《もの》は妻妾《さいせう》に酷《こく》なり。
魚尾《ぎよび》の紋下《もんした》を掃《はら》ふが如《ごと》き者《もの》は妻妾《さいせう》の意《い》に服従《ふくじゆう》する氣味《きみ》あり。
奸門紅色《かんもんこうしよく》あれば婚姻《こんいん》の吉事《きつじ》とす。

物《もの》、薺《なづな》、莧《ひゆ》の類總《るゐすべ》て葉《は》の滑《なめらか》なる菜蔬《さいそ》、苔《こけ》、腐草《ふさう》至陰の義 瓢《ふくべ》の類垣《るゐかき》に纒《まと》ふもの皆推《みなお》すべし。

〔數色〕八坤の本數 五十坤の生成數 玄黃《げんくわう》。

〔人事〕住所安穩《ぢうしよあんおん》、迷《まよ》ふとし迷《まよ》はずとす、疑《うたがひ》あり、吝《やぶさか》の意《い》、損《そん》あり益《えき》あり、信賴《しんらい》する事援助《ことたすけ》あり、親《したしみ》ありて通《つう》ず、柔懦《じふだ》、文章《ぶんしやう》あり、善惡共《ぜんあくとも》に黨類《たうるゐ》あり。

〔姓名〕宮音土《きういんつち》を帶《お》ぶる姓氏《せいし》。

〔物理〕養《やしな》ふ理《り》、廣《ひろ》き理《り》、平《たひら》なる物《もの》、動《うご》かざる理《り》以上形象義象 積重《つみかさ》ぬる物《もの》像象並行《へいかう》の物《もの》坤德柔順の義 重量《ぢゆうりやう》の物《もの》、膨脹《ぼうちやう》する物《もの》、磋磨模樣《すりみがきもやう》ある物《もの》、飛白《かすり》紋《もん》、中虛《うちきよ》にして上下《うへした》に通《つう》ずる物《もの》、居《すは》りよき物《もの》、細末《さいまつ》なる物《もの》、堅《かた》きに似《に》て柔《やはらか》なる物《もの》。

奸門黄色《かんもんきいろ》なるは智惡深《ちゑふか》く淫欲《いんよく》も亦深《またふか》し又夫妻《またふさい》の病《びやう》氣子《きこ》の病氣等《びやうきとう》とす。奸門《かんもん》に不圖《ふと》毛を生《しやう》ずれば妻妾住所《さいせうぢうしよ》の難《なん》あり。奸門《かんもん》の赤色《せきしよく》は男女《なんによ》の口《く》舌爭論又住所《せつさうろんまたぢうしよ》の勞《らう》あり奸門平滿《かんもんへいまん》なれば晩年幸《ばんねんかう》福《ふく》なるべし。奸門常《かんもんつね》に青色《せいしよく》ある人《ひと》は妻縁度々替《さいえんたび〲かは》るべし。奸門白色《かんもんはくしよく》なれば妻妾《さいせう》に付愁事《つきうれいごと》あり。

●第八疾厄宮

疾厄宮《しつやくきう》は兩眼《りやうがん》の間《あひだ》の

○六十四卦大意

☰☰ 乾《けん》爲《ゐ》天《てん》

乾《けん》は天《てん》なり健《けん》なり至尊《しそん》の極至誠《きよくしせい》の極《きよく》にして萬物資《ばんぶつとつ》て始《はじ》むるの象《しやう》なり故《ゆゑ》に聖人君子《せいじんくんし》は吉常人《きつじやうじん》は其位《そのゐ》に當《あた》らざるを以《もつ》て凶《きよう》とす但《たゞ》し大義正道《たいぎせいだう》の事《こと》は成《な》るべし之《これ》に反《はん》する者《もの》は病災水火盜難破《びやうさいすゐくわとうなんは》財等意外《ざいとういぐわい》の厄《やく》あり依《よつ》て百事進《ひやくじすゝ》むに利《り》あらず退《しりぞ》くに害《がい》なし若已《もしや》み難《がた》き事《こと》あらば速《すみやか》に爲《な》すべし遲疑《ちぎ》すれば時機《じき》を失《うしな》ふ大抵此卦《たいていこのくわ》を得《う》る者或《ものあるひ》は貴《たつと》き事《こと》を望《のぞ》み奢侈《しやし》を思《おも》ふて憚《はゞか》ることなし故《ゆゑ》に後《のち》必《かならず》禍害《わざはひ》の至《いた》るあり宜《よろし》く謹戒謙《きんかいけん》して其厄《そのやく》を免《まぬか》るべし。

●婚姻《こんいん》よろしからず●胎産安《たいさんやす》からず●居所安《きよしよやす》からず●旅行《りよかう》穩《をだやか》ならず●求財得難《きうざいえがた》し●待人來《まちびときた》らず●官途品位方正《くわんとひんゐはうせい》なる者《もの》

低《ひく》き所《ところ》即《すなは》ち命宮《めいきう》の下《した》を云《い》ふ病《やまひ》の有無其他《うむそのた》の事《こと》に關《くわん》する所《ところ》なり豐《ゆたか》にして光《ひかり》あるは命長《いのちなが》く福大《ふくおほい》なり平《たひら》にして光《ひかり》あるは福《ふく》あれども親《おや》の縁薄《えんうす》し。疾厄宮低《しつやくきうひく》く山根絶《さんこんた》えて無《な》きが如《ごと》き者《もの》は兩親《りやうしん》に早《はや》く離《はな》れ夫妻《ふさい》の縁意《えんい》に適《てき》せず

●第九遷移宮

遷移宮《せいいきう》は左右《さいう》の眉尾《まゆじり》の上《うは》角を云《い》ふ住居《ぢうきよ》の善惡《ぜんあく》を看《み》る所《ところ》なり紅色《こうしよく》にして光《くわう》澤《たく》あるは福《ふく》を得《え》て喜《よろこ》びありとす。

は吉《きつ》●相塲始高《さうばはじめたか》く後安《のちやす》し●天時大抵晴多《てんじたいていはれおほ》し●遺失出難《ゐしつでがた》し●疾《やま》病《ひ》凶《きよう》●訴訟凶《そしようきよう》。

☷☷ 坤《こん》爲《ゐ》地《ち》

坤《こん》は地《ち》なり順《じゆん》なり至柔《しじふ》の極《きよく》なり故《ゆゑ》に柔順《じふじゆん》なる者仁慈《ものじんじ》ある者《もの》は百事吉剛強《ひやくじきつがうきやう》なる者《もの》は甚凶《はなはだけう》なり總《すべ》て成《な》らんとする兆《てう》あれども急《きふ》なることを欲《ほつ》すれば勞《らう》して功《こう》なし此卦《このくわ》を得《う》る者大抵氣力薄弱《ものたいていきりよくはくじやく》にして住居《ぢうきよ》の勞《らう》あり事吉凶《ことききつきよう》の二途《と》に跨《また》がるなるべし總《すべ》て先《さき》には迷《まよ》ふて道《みち》を失《うしな》ひ後《のち》には順《したが》ふて常《つね》を得《う》るなり依《よつ》て何事《なにごと》も性急《せいきふ》ならずして時《とき》を待《ま》つによろし。

●婚姻平《こんいんたひら》●胎産平《たいさんたひら》●居所安《きよしよやす》し●旅行好伴《りよかうよきつれ》を得《う》れば吉《きつ》●求財急《きうざいきふ》ならざれば得《う》る●待人遲《まちびとおそ》し●官途發達急《くわんとはつたつきふ》ならざれども吉《きつ》●相《さう》塲《ば》始下《はじめさが》りて後上《のちあが》るべし●天時陰暗又《てんじいんあんまた》は霖雨《りんう》●遺失出難《ゐしつでがた》し●疾《やま》

此宮《このきう》平《たひら》なるは年老《としおい》て親《しん》族《ぞく》の後《のち》を嗣《つ》ぐ。此宮《このきう》豐滿《ほうまん》潤光《じゆんくわう》なれば百事《ひやくじ》心《こゝろ》に叶《かな》ふ。此宮《このきう》肉厚《にくあつ》く鈌陷《けつかん》黑子《こくし》傷《き》痕《ず》等《どう》なければ住所旅行《ぢうしよりよかう》妻緣《さいえん》に吉但《たゞ》し其時《そのとき》の血《けつ》色《しよく》によるべし。此宮頁《このきうよ》くして地閣《ちかく》も亦頁《またよ》ければ昇進發達《しやうしんはつたつ》す。此宮《このきう》に瘤《こぶ》ある者《もの》當分《たうぶん》は凶なれども晩年《ばんねん》吉なり。此宮《このきう》に青筋立《あをすぢた》つときは短《たん》慮《りよ》によりて生涯《しやうがい》の敗《やぶれ》を招《まね》く。青點《せいてん》あれば驚《おどろ》きあり。赤色《せきしよく》は爭《あらそ》ひか或《あるひ》は火《くわ》

病《ひ》重《おも》し治《ぢ》するとも長《なが》し●訴訟《そしよう》速《すみやか》に决《けつ》せず凶《きよう》なり。

䷂ 水《すゐ》雷《らい》屯《ちゆん》

屯《ちゆん》は剛柔《がうじふ》始《はじめ》て交《まじは》りて難生《なんしやう》ずるの象《しやう》なり蓋坎《けだしかん》を水《みづ》とし震《しん》を葦《あし》とす是水中《これすゐちう》に萠芽《ほうが》したる葦未《あしいまだ》水上《すゐじやう》に發生《はつせい》するを得《え》ず乃屯難《すなはちちゆんなん》の時《とき》なり故《ゆゑ》に人事《じんじ》に於《おい》て其兆《そのてう》あれども効果《かうくわ》を得《う》ること遠《とほ》く百《ひやく》事急《じきふ》にするは害《がい》あり宜《よろし》く時《とき》を待《ま》つに若《し》かず艱難《かんなん》を耐《こら》へて後榮《こうえい》を計《はか》るべし此卦《このくわ》を得《う》る者大抵事《ものたいていじ》物《ぶつ》を改《あらた》めんとする意《い》あり居所《きよしよ》の難《なん》あり總《すべ》て協議《けふぎ》締結《ていけつ》なし身命占《しんめいせん》に於《おい》ては運拙《うんつたな》きか或《あるひ》は稀《まれ》に人《ひと》の長《ちやう》たることあるべし。

●婚姻不利《こんいんふり》なり●胎産少《たいさんすこ》し難《なやみ》あり●居所《きよしよ》苦勞《くらう》多《おほ》し●旅行障得《りよかうさはり》あり舟《ふね》は殊《こと》に凶《きよう》●求財意《きうざいい》に任《まか》せず●待人遲《まちびとおそ》し●官途艱苦《くわんとかんく》多《おほ》し或《あるひ》は時節至《じせついた》らず●相場《さうば》上《あが》る氣《き》ありて動《うご》き難《がた》し●天時《てんじ》陰雨《いんう》夏秋《なつあき》

難《なん》あり。黄氣《くわうき》は病《やまひ》を發《はつ》すべし。紅氣黄金色《こうきわうごんしよく》は福祥吉《ふくしやうきつ》瑞《ずゐ》なり。

●第十官祿宮

官祿宮《くわんろくきう》は額《ひたひ》の正中《まなか》を云《い》ふ面中最も大切《たいせつ》の處《ところ》なり豐滿光潤《ほうまんくわうじゆん》にして薄紅《うすあか》きは富貴《ふうき》にして心正《こころただ》し圓《まる》くして玉《たま》の如《ごと》く左《ひだり》に寄《よ》りて黒子《こくし》あるは命長《いのちなが》くして福多《ふくおほ》し。此宮陷《このきうおちい》りたる者《もの》は心毒《しんどく》ありて百望叶《ひやくばうかな》はず。此宮高《このきうたか》くして角《つの》を頂《いただ》きたるが如《ごと》きは貧賤《ひんせん》なり。此宮平坦《このきうへいたん》にして創りたる

は雷鳴《らいめい》あるべし●遺失尋《ゐしつたづ》ね難《がた》し●疾病《やまひ》長《なが》し●訴訟利《そしようり》あらず。

䷃　山《さん》水《する》蒙《もう》

蒙《まう》は山下《さんか》に險阻《けんそ》あるの象《しやう》なり故《ゆゑ》に疑惑憂愁《ぎわくいうしう》して百事決《じけつ》せず思慮定《しりよさだ》まらざるなり煩勞辛苦《はんらうしんく》多《おほ》し依《よつ》て明智《めいち》の人《ひと》に從《したが》へば援助《たすけ》を得《う》べし獨立《どくりつ》するは害《がい》あり朋友《ほういう》の交際《かうさい》を擇《えら》ぶべし最《もつと》も他《た》の侮慢《あなどり》を防《ふせ》ぐことを要《えう》す。

●婚姻成《こんいんな》らず●胎産平《たいさんたひら》●居所《きよしよ》意《い》に任《まか》せず●旅行凶《りよかうきよう》●求財妨《きうざいさまたげ》あり●待人來《まちびときた》らず小兒《せうに》なれば來《きた》ることあり●官途發達《くわんとはつたつ》せず●相場安《さうばやす》し久《ひさ》しく保合《もちあひ》なれば後高《のちたか》かるべし●天時《てんじ》雨急《あめきふ》に霽《は》れず●遺失《ゐしつ》出でず●疾病《やまひ》長《なが》し●訴訟利《そしようり》あらず。

䷄　水《する》天《てん》需《じゆ》

需《じゆ》は時《とき》を待《ま》つなり坎險前《かんけんまへ》に在《あ》り內剛健《うちがうけん》にして陷《おちい》らず故《ゆゑ》に萬事《ばんじ》

が如《ごと》きは男女《なんによ》共《とも》に災難《さいなん》に遭《あ》ふ信心強《しん〴〵つよ》ければ免《まぬか》るべし。

此宮色青《このきういろあを》きは憂《うれひ》あり赤《あか》きは口舌《くぜつ》あり白色《はくしよく》生《しやう》ずれば人《ひと》と争《あらそ》ふに似《に》て實《じつ》は損失《そんしつ》あり暗黒《あんこく》の氣《き》あれば損《そん》失《しつ》を招《まね》く潤紅《じゆんこう》又《また》黄《わう》金《でん》色《しよく》あれば大《おほい》に發達《はつたつ》すべし。

此宮《このきう》の肉起《にくおこ》れば圖《はか》らざるに長上《めうへ》の推薦《ひきたて》あり。

此宮《このきう》の肉陥《にくおちい》る者《もの》は生《しやう》涯滞運《がいたいうん》なり心相《しんさう》の改善《かいぜん》を爲《な》せば昇進《しやうしん》すべし。

此宮《このきう》の黒子青點《こくしせいてん》は官難《くわんなん》あり。

此宮《このきう》の針紋亂紋《しんもんらんもん》は官《くわん》

機會《きくわい》の至《いた》るを期《き》して後《のち》に成《な》るべし急《きふ》なれば害《がい》あり人《ひと》と共同《きやうどう》する事《こと》は齟《そ》齬《ご》多《おほ》し質素篤實《しつそとくじつ》なる者《もの》は後吉《のちきつ》なれども世《せ》人《じん》多《おほ》くは之《これ》に反《はん》して辯《べん》を弄《ろう》し腕力《わんりよく》に頼《よ》ることあり一旦成功《たんせいこう》するとも永遠《えいゑん》の策《さく》にあらず。

●婚姻成《こんいんな》らず●胎産平《たいさんたひら》●居所安《きよしよやす》からず●旅行不利《りよかうふり》なり●求財《きうざい》少《すこ》し得《う》べし●待人時過《まちびとときす》ぎて來《きた》ることあり●官途大抵上長《くわんとたいていじやうちやう》の意《い》に合《あ》はず●相場上《さうばあが》るべし●天時《てんじ》連日《れんじつ》の雨《あめ》となるべし冬《ふゆ》は霜《さう》氣強《きつよ》く或《あるひ》は雪降《ゆきふ》るべし●遺《ゐ》失急《しつきふ》に得難《えがた》し●疾病《やまひ》治《ち》すれども長《なが》し●訴訟利《そしようり》あらず。

䷅ 天《てん》水《する》訟《しよう》

訟《しよう》は天《てん》と水《みづ》と違行《たがひゆ》くなり即《すなは》ち水《みづ》は東《ひがし》に流《なが》れ日《ひ》は西《にし》に傾《かたむ》くの象《しやう》故《ゆゑ》に人心相背《じんしんあひそむ》きて親交《したしみ》を絶《た》つの時《とき》なり常《つね》に憂懼《いうく》多《おほ》く苦勞《くらう》あり

祿《ろく》を妨《さまた》ぐるなり。此宮平正豐滿《このきうへいせいほうまん》なれば學《がく》問成《もんな》る血色《けつしよく》よければ其名《そのな》大《おほい》に顯《あらは》るべし。此宮潤色光澤《このきうじゆんしよくくわうたく》ありて天庭《てんてい》一面大《めんおほい》に見《み》ゆれば幸福《かうふく》ありて群《ぐん》に秀《ひい》づべし。此宮血色《このきうけつしよく》あしき時《とき》は文《ぶん》書證文《しよしようもん》に付紛紜《つきふんうん》を生《しやう》す。

●第十一福德宮

福德宮《ふくとくきう》は眉《まゆ》の上《うへ》の側《わき》の方《かた》を云《い》ふ肉滿《にくみ》ちたるは幸福《かうふく》あり肉起《にくおこ》りたるは職務《しよくむ》を勵《はげ》むとす。福德宮《ふくとくきう》に眉毛《まゆげ》の生《は》えよりたるは富貴《ふうき》なり。

細事《さいじ》と雖《いへど》も輕卒《けいそつ》なれば敗《やぶれ》あり此卦《このくわ》を得《う》る者多《ものおほ》くは自己《じこ》の智能《ちのう》を盾《たて》として短慮《たんりよ》を顧《かへりみ》ず冒險《ぼうけん》を行《おこな》ひ其事成《そのことな》らずして遂《つひ》に鬱々快《うつくわう》々娯《たのし》まざることあり。

●婚姻凶《こんいんきよう》●胎產平《たいさんたひら》●居所安《きよしよやす》からず●旅行《りよかう》よろしからず●求財《きうざい》辛《から》うじて得《う》ることあり●待人來《まちびときた》るなれども逢《あ》はざることあり●官途上長《くわんとじやうちやう》の意《い》に添《そ》はざることあり●相場高低往來《さうばかうていわうらい》あり●天時曇《てんじくも》る冬《ふゆ》は微雪《びせつ》あるべし●遺失《ゐしつ》能《よ》く尋《たづ》ぬれば得《う》ることあり●疾病大抵治《やまひたいていぢ》すべし●訴訟己正《そしようおのれただ》しければ吉然《きつしか》らざれば凶《きよう》。

䷆ 地《ち》水《すゐ》師《し》

師《し》は衆《しゆう》なり貞正《ていせい》なり人《ひと》の長《ちやう》たる才德《さいとく》ある卦《くわ》なり乃《すなはち》大事《だいじ》を企《くはだ》つる者能《ものよ》く艱苦《かんく》に耐《た》へて後《のち》に成就《じやうじゆ》すべし然《しか》れども常人《じやうじん》は其器《そのき》に當《あた》らず多《おほ》くは尊大《そんだい》にして高倘《かうしやう》に走《はし》り口舌爭論《くぜつさうろん》あり人《ひと》に欺《あざむ》か

福德宮《ふくとくきう》の色《いろ》薄紅《うすべに》なるは殊《こと》に上吉《じやうきち》なり。此宮《このきう》の凹《くぼ》み甚《はなはだ》しき者《もの》は極《きは》めて貧賤《ひんせん》なり。此宮《このきう》青筋《あをすぢ》ある者《もの》は愚《ぐ》にして病《やまひ》絶《た》えず。福德宮《ふくとくきう》の眉《まゆ》より高《たか》く見《み》ゆるは短氣《たんき》なり又惡心《まこあくしん》の者《もの》あり若福人《も・ふくじん》にして此《こ》の如《ごと》き者《もの》あれば虛忘《きよもう》にして婢《ひ》僕《ぼく》に緣《えん》なしとす。

●第十二相貌宮

相貌宮《さうばうきう》は面部《めんぶ》の總稱《そうしやう》にして耳目口鼻眉額頤《じもくこうびびがくおとがひ》のよく適合《てきがふ》し色澤《しよくたく》の良否《りやうひ》に關《くわん》し此宮《このきう》一體《たい》の相貌《さうばう》を云《い》ふなり。

れ人《ひと》を欺《あざむ》くことあり愼《つゝし》まざれば害《かい》あり又不意《またふい》の幸福《かうふく》あらば子《し》細《さい》に考《かんが》ふべし利欲《りよく》に投《とう》ずれば後《のち》の禍根《わざはひ》となる和順《くわじゆん》にして爭《あらそ》ふ心《こゝろ》なければ人《ひと》の親《したし》みを受《う》けて吉なり。

●婚姻《こんいん》凶●胎産安《たいさんやす》からず●居所安《きよしよやす》からず●旅行不利《りよかうふり》●求財得《きうさいえ》難《がた》し●待人來《まちびときた》る●官途大《くわんとおほい》に信任《しんにん》を得《う》ることあり●相場高《さうばたか》く見《み》えて後下《のちさが》るべし然《しか》れども甚《はなはだ》安《やす》ければ上《あが》るべし●天時《てんじ》雨《あめ》●遺《ゐ》失得難《しつえがた》し●疾病《やまひ》危急《ききふ》なり●訴訟我黨多《そしようわがたうおは》ければ平《たひら》なるべし。

䷇ 水《する》地《ち》比《ひ》

比《ひ》は輔《ほ》なり下順從《しもじゆんじゆう》するなり諸非親和《しよひしんくわ》の意《い》なり故《ゆゑ》に正道《せいだう》なる事《こと》は急《きふ》に行《おこな》ふべし若疑惑《もしぎわく》を懷《いた》きて進《すゝ》まざれは事《こと》を破《やぶ》る總《すべ》て剛《かう》氣《き》に宜《よろ》しからず柔順《じふじゆん》に利《よろ》し常人《じやうにん》は大禍《たいくわ》なしと雖《いへど》も功《こう》を立《た》つること少《すくな》し故《ゆゑ》に人《ひと》の親《したし》みを得《う》れども十分《ぶん》の効果《かうくわ》なし且漫《かつみだり》に人《ひと》に

以下《いか》得るに從《したが》ひて其要《そのえう》を摘記《てきし》す順序《じゆんじよ》を爲《な》さずと雖《いへど》も是亦《これまた》主眼《しゆがん》とすべきこと多《おほ》し。

●命門

命門《めいもん》は耳孔《みゝのあな》の前《まへ》なり因《よつ》て又耳《またみゝ》一體《たい》に關《くわん》するなり。

耳至《みゝいたつ》て大《だい》なるは異相《いさう》にて福壽《ふくじゆ》なり然《しか》れども薄《うす》きは利《り》あらず。

耳《みゝ》は血色《けつしよく》を第《だい》一とす面《めん》に對《たい》して見《み》えざるが如《ごと》く聳《そび》ゆるは富貴名達《ふうきめいたつ》なり。

耳《みゝ》は眼《め》より高《たか》きこと一寸《すん》にして引上《ひきあが》る如《ごと》くなるは上《じやう》運發達《うんはつたつ》とす。

耳《みゝ》は面《めん》より白《しろ》くして潤《うるは》ひ

親《したし》むときは害《がい》となることあり若《もしは》破財損失《さいそんしつ》すれば舊《きう》に復《ふく》し難《かた》し何事《なにごと》も是《ぜ》なりと決《けつ》するあらば怠《おこた》らず進行《しんかう》してよし。

●婚姻平吉《こんいんへいきつ》●胎產平《たいさんたひら》●居所平安《きよしよへいあん》●旅行《りよかう》吉●求財《きうざい》得《う》べし●待人《まちびと》來《きた》るべし●官途《くわんと》吉●相場《さうば》大抵《たいてい》下《さが》る方《かた》なり●天時《てんじ》微雨《びう》●遺失減《ゐしつげん》少《せう》するとも出《い》づべし●疾病《やまひ》長《なが》くして治《ち》し難《がた》かるべし●訴訟或《そしようあるひ》は和解《わかい》となるべし強《しゐ》て我意《がい》を主張《しゆちやう》すれば不利《ふり》となる。

䷈ 風天小畜《ふうてんせうちく》

小畜《せうちく》は密雲雨降《みつうんあめふ》らざるの象《しやう》なれば人《ひと》も意中思想《いちうしさう》ありて未言語《いまだげんご》に發《はつ》せざるの時《とき》なり故《ゆゑ》に萬事《ばんじ》澁滯《にふたい》して達《たつ》せざるべし假令《たとひ》大才《たいさい》大德《たいとく》ある者《もの》と雖《いへど》も意志《こゝろざし》を遂《と》げず鬱悶《うつもん》することあり徐《しづか》に時《とき》を待《ま》つに若《し》かず常人《じやうじん》は何事《なにごと》も大抵目《たいていめ》に見《み》て手《て》に取難《とりがた》き意《い》あり又半《またなかが》は親《したし》み半《なかば》は疎《うと》んずる意《い》あり注意《ちうい》すべし。

あるは高名《かうめい》富貴《ふうき》なり。耳廓《じくわく》の耳輪《じりん》より外《そと》に出《い》づるは養子《やうし》か分家《ぶんけ》か又《また》は弟《をとゝ》にして兄《あに》の位《ゐ》を占《し》むるか或《あるひ》は順養子《じゆんやうし》の類《るゐ》なり。耳《みゝ》の輪廓《りんくわく》分明《ぶんめう》なるは上《じやう》

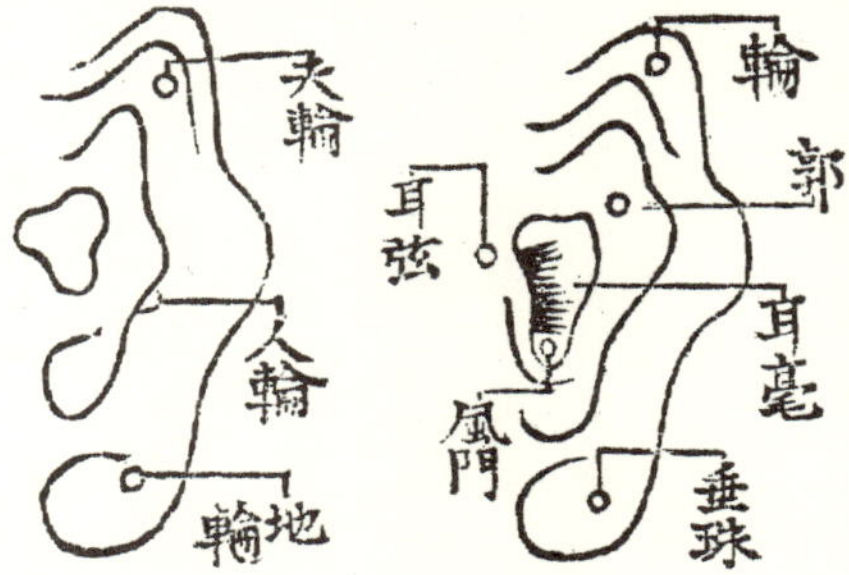

●婚姻《こんいん》調《とゝの》ふとも和合《わがふ》せざるべし●胎産《たいさん》安《やす》からず●居所《きよしよ》改《あらた》むるは可《か》なり●旅行《りよかう》得《さはり》あり●求財《きうざい》碍《さはり》多《おほ》し●待人《まちびと》來《きた》らず●官途《くわんと》意《い》を遂《と》げず●相場《さうば》高《たか》き模様《もやう》にて大抵《たいてい》下《さが》る●天時《てんじ》陰《くも》る●遺失《ゐしつ》見《み》え難《がた》し●疾病《やまひ》重《おも》からず●訴訟《そしよう》正《たゞ》しければ吉。

䷉ 天《てん》澤《たく》履《り》

履《り》は柔剛《じふがう》を履《ふ》むなり禮義《れいぎ》作法《さはふ》の謂《いひ》なり故《ゆゑ》に溫厚篤實《おんこうとくじつ》なる者《もの》は吉暴虐《ばうぎやく》なれば凶なり事正《ことたゞ》しければ始《はじめ》安《やす》からずとも終《つひ》に安《やす》し百《ひやく》事《じ》進《すゝ》むに利《よろ》しと雖《いへど》も人《ひと》の先《さき》に立《た》つは不利《ふり》なり人《ひと》の後《あと》に在《あ》りて進《すゝ》むべし大抵此卦《たいていこのくわ》を得《う》る者大望《ものだいまう》を懐《いだ》きて分限《ぶんげん》を顧《かへりみ》ざるにより薄氷《はくひやう》を履《ふ》むの虞《おそれ》あり愼《つゝし》むべし。

●婚姻和《こんいんわ》合《がふ》せざることあり●胎産平《たいさんたひら》●居所平《きよしよたひら》●旅行注意《りよかうちうい》せざれば碍《さはり》あり●求財《きうざい》得べし●待人來《まちびときた》る●官途平急進《くわんとたひらきふしん》を欲《ほつ》すれば

運《うん》なり分明《ぶんみやう》ならざるは夭相《えうさう》にして貧《ひん》なり然《しか》れども他《た》に上相《じやうさう》あれば幼年《えうねん》の病《びやう》身《しん》又《また》は不幸《ふかう》なり。耳厚《みゝあつ》きは子孫《しそん》の縁厚《えんあつ》し上運《じやううん》なり。垂珠《すゐじゆ》の肉厚《にくあつ》く豊満《ほうまん》なるは福分多《ふくぶんおほ》し。垂珠《すゐじゆ》なきは貧《ひん》にして夭《えう》なり垂珠《すいじゆ》に力弱《ちからよわ》きは萬事取《ばんじとり》締《しまり》なく散財多《さんざいおほ》し。耳孔大《みゝのあなだい》なるは長命《ちやうめい》なり。風門大《ふうもんだい》なるは吉なれども大指《おほゆび》の節《ふし》まで入《い》るゝが如《ごと》きは遽然《にはか》に發病《はつびやう》することあり。耳肩《みゝかた》を押《お》すが如《ごと》きは大富《だいふ》

凶●相場《さうば》下落《げらく》の時《とき》なれば高《たか》くなるべし●天時《てんじ》陰雨《いんう》●遺失《ゐしつ》知れ難《かた》し●疾病《やまひ》大抵治《たいていち》す●訴訟我《そしようわれ》より起《おこ》すは凶なり。

䷊ 地《ち》天《てん》泰《たい》

泰《たい》は上下交《じやうかまじ》りて其志《そのこゝろざし》同《おな》じきなり然《しか》れども盛大《せいだい》にして安逸《あんいつ》を謀《はか》り樂《たのし》み極《きはま》りて哀《かなし》み生《しやう》ずるの時《とき》なり故《ゆゑ》に大人《たいじん》は吉なれども小人《せうじん》は禍害《わざはひ》を招《まね》くべし百事通達《ひやくじつうだつ》の意《い》あるも怠慢《たいまん》にして害《がい》を招《まね》くことあり新《あらた》に事業《じげふ》を起《おこ》すは終《つひ》に大敗《たいはい》を來《きた》すべし總《すべ》て減少《げんせう》するに利《よろ》しく増益《ぞうえき》するによろしからず。●婚姻平吉《こんいんへいきつ》●胎産平《たいさんたひら》●居所改《きよしよあらた》むるによろし●旅行《りよかう》吉●求財《きうざい》得《う》べし●待人來《まちびときた》る●官途《くわんと》吉●相場《さうば》高《たか》し●天時《てんじ》陰《いん》又雨《またあめ》●遺失《ゐしつ》或《あるひ》は置忘《おきわす》れたるならん●疾病《やまひ》治《ち》すべし●訴訟《そしよう》大凶和順《わじゆん》によろし。

䷋ 天《てん》地《ち》否《ひ》

上相《じやうさう》なり。

耳《みゝ》に黒子《こくし》あるは吉朱點《しゆてん》も吉青點《せいてん》は凶天輪《てんりん》の黒子《こくし》は忠《ちう》孝《かう》なり人輪《じんりん》の黒子《こくし》は家門《かもん》和睦《わぼく》地輪《ちりん》の黒子《こくし》は福分《ふくぶん》の助《たすけ》になる耳弦《じげん》の黒子《こくし》は發明《はつめい》才智《さいち》なりと云《い》ふ。

輪郭《りんくわく》薄《うす》く缺破《かけやぶ》るゝの耳《みゝ》又弱《よわ》く力《ちから》なき耳《みゝ》は皆夭《みなえう》相貧賤《さうひんせん》なり又至《またいたつ》て小《せう》なる耳《みゝ》は凶なれども強《つよ》く硬《かた》ければ上相《じやうさう》とす。

耳《みゝ》に垢《あか》の著《つ》く如《ごと》く黒《くろ》くなるは不幸《ふかう》の始《はじめ》なり。

耳赤黒《みゝあかくろ》なるときは怒氣《どき》を發《はつ》することあり。

耳潤《みゝうるほ》ひなく白《しら》けて見《み》ゆるは病相《びやうさう》又一門死喪《もんしさう》の兆《てう》

否《ひ》は天地交《てんちまじは》らずして萬物通《ばんぶつつう》ぜざるなり故《ゆゑ》に萬事《ばんじ》後《こう》吉の兆《てう》あれども即事《そくじ》の占《せん》は總《すべ》て滯《とゞこほ》りて成《な》らず又同志《またどうし》の援助《たすけ》ありと雖《いへど》も頼《たの》むに足《た》らず大才徳《だいさいとく》ある者《もの》は吉とすべからず然《しか》れども君子《くんし》小人《せうじん》共《とも》に大禍《たいくわ》あることなし通常身命《つうじやうしんめい》の占《せん》に於《おい》ては現在運拙《げんざいうんつたな》きも後《のち》に達《たつ》することあるべし。
●婚姻平《こんいんたひら》●胎産平《たいさんたひら》●居所平《きよしよたひら》●旅行利《りよかうよろ》しからず●求財遂《きうざいつひ》に得《う》べし●待人來《まちびときた》らず●官途滯《くわんとゞこほ》る或《あるひ》は他《た》の妨害《さまたげ》あり●相場保合《さうばもちあひ》にして高直《たかね》を萌《きざ》す●天時陰《てんじくも》りて雨《あめ》なし五爻動《かうご》けば晴《はれ》●遺失《ゐしつ》知れ難《がた》し●疾病長《やまひなが》し●訴訟長《そしようなが》けれども終《つひ》に平《たひら》。

䷌ 天火同人《てんくわどうじん》

同人《どうじん》は柔位《にふゐ》を得《う》るなり故《ゆゑ》に正直《しやうぢき》の事《こと》は順《じゆん》にして成《な》るべし邪曲《じやきよく》の事《こと》は逆《ぎやく》にして就《な》らず立身發達《りつしんはつたつ》の兆《てう》あり譬《たと》へば暗夜《あんや》に燈火《ともしび》を

とす。

耳《みゝ》の形《かたち》全《まつた》からざる者《もの》は十四歳《さい》までの流年《りうねん》によりて考《かんが》ふべし。

耳《みゝ》に塵《ちり》を生《しやう》ずる如《ごと》く暗氣《あんき》懸《かゝ》らば速《はや》く陰德《いんとく》を施《ほどこ》して災禍《わざはひ》を避《さ》くべし。

耳《みゝ》の背《うしろ》に赤色《せきしよく》ありて又《また》首筋《くびすぢ》に赤暗《せきあん》の氣《き》を生《しやう》ずれば我居所《わがきよしよ》より後《うしろ》に難《なん》を生《しやう》ず。

耳《みゝ》に青色《せいしよく》の滯氣《たいき》あれば不《ふ》圖《と》驚《おどろ》きを聞《き》くことあり。

命門《めいもん》の肉落《にくお》ちて惡色《あくしよく》出《い》づるは死相《しさう》なり。

命門《めいもん》俄《にはか》に肉起《にくおこ》るは病《びやう》人《にん》は快復《くわいふく》し病《やまひ》なき者《もの》は吉事來《きちじきた》る。

點《てん》ずるの義《ぎ》なり然《しか》れども常人《じやうじん》は其機《そのき》に會《あ》ふこと希《まれ》なるべし溫《おん》厚《こう》なる者《もの》は援助《たすけ》を得《え》て功《こう》を立《た》つれども私利《しり》を營《いとな》みて他《た》を顧《かへりみ》ざる者《もの》は大《おほい》に敗《やぶ》るべし大體此卦《だいたいこのくわ》は憂慮解散事理《いうりよかいさんじり》明白《めいはく》の時《とき》なるも其緒《そのちよ》に就《つ》くの始《はじめ》なれば少《すこ》しの碍《さはり》あるを免《まぬか》れず。

●婚姻《こんいん》吉●胎産平《たいさんたひら》●居所平《きよしよたひら》●旅行《りよかう》吉●求財《きうざい》得べし●待人來《まちびときた》る●官途《くわんと》大吉●相場《さうば》大《おほい》に高《たか》し●天時《てんじ》晴明《せいめい》●遺失《ゐしつ》知れ難《がた》し●疾病《やまひ》最《もつと》も凶●訴訟大抵《そしようたいてい》凶。

䷍ 火《くわ》天《てん》大《たい》有《いう》

大有《たいいう》は惡《あく》を遏《とど》め善《ぜん》を揚《あ》ぐるの卦《くわ》なり總《すべ》て時《とき》を得《え》て寛大豐滿《くわんだいほうまん》なるの意《い》なれば大德《たいとく》ある者《もの》は吉なれども常人《じやうじん》は位負《くらゐまけ》のすることあり大抵是迄《たいていこれまで》は富有《ふいう》にして人《ひと》の尊重《そんちやう》を受《う》くれども多《おほ》くは一身《しん》修《をさま》らず放蕩《はうたう》にして家業《かげふ》を疎《うと》んずる者《もの》あるが如《ごと》し又他人《またたにん》の爲《ため》に

命門《めいもん》に赤色《せきしよく》ありて姙娠《にんしん》の人《ひと》なれば難事《なんじ》あり。命門《めいもん》に惡色《あくしよく》なく肉全《にくまつた》き中《うち》は大病人《たいびやうにん》たりとも命《いのち》を保《たも》つべし。命門《めいもん》の肌理《きめ》あれて涸《か》るゝは死相《しさう》の前《まへ》なり。命門《めいもん》は産婦《さんぷ》を看《み》るに最《もつと》も肝要《かんえう》の宮《きう》なり宜《よろし》く血色《けつしよく》斑痕《はんこん》等《とう》を考察《かうさつ》すべし。

●口唇齒舌

髭鬚髯

口《くち》は口角《こうかくたゞ》正しく上《うへ》に向《むか》ひ天《てん》に朝《てう》するを上相《じやうさう》とす。仰月口《ぎやうげつこう》なる者《もの》は上運《じやううん》なり晩年百事成就壽福《ばんねんひやくじじやうじゆじゆふく》全《まつた》し仰月口《ぎやうげつこう》とは口角《こうかく》

損失《そんしつ》あるべし一時《じ》幸福《かうふく》の端緒《たんちよ》ありと雖《いへど》も方正《はうせい》ならざれば珍器《ちんき》奇什《きじふ》の陳列場《ちんれつぢやう》を觀《み》て空《むなし》く歸《かへ》るが如《ごと》し是離《これり》火光明《くわくわうめい》なるも久《ひさ》しく天上《てんじやう》に止《とゞま》るものにあらざれば宜《よろ》しく身《み》を省《かへり》みて可《か》なり。

●婚姻《こんいん》大抵《たいてい》平《たひら》●胎産《たいさん》平《たひら》●居所《きよしよ》平《たひら》●旅行《りよかう》平安《へいあん》●求財《きうざい》得《う》べし●待《まち》人來《ひときた》る●官途《くわんと》發達《はつたつ》すべし●相場《さうば》高直《たかね》の極點《きよくてん》なるべし下落《げらく》の時《とき》なれば大《おほい》に高《たか》くなるべし●天時《てんじ》晴明《せいめい》●遺失《ゐしつ》知《し》れ易《やす》くして得難《えがた》きことあり●疾病《やまひ》大凶●訴訟《そしよう》不利《ふり》なり示談《じだん》によろし。

䷎ 地《ち》山《さん》謙《けん》

謙《けん》は謙遜《けんそん》なり身《み》を卑《ひく》うして禮法《れいはふ》を守《まも》るなり萬事《ばんじ》先《さき》には屈《かゞ》み後《のち》には伸《のぶ》るの兆《てう》にして眼前《がんぜん》に迫《せま》れる事《こと》は成《な》らず總《すべ》て心《こゝろ》に滿足《まんぞく》せず殘念《ざんねん》に思《おも》ふ事《こと》あるべしと雖《いへど》も人《ひと》に從《したが》ふて事《こと》を爲《な》せば後《のち》宜《よろ》し獨立《どくりふ》は多《おほ》く遂《と》げざるべし依《よつ》て何事《なにごと》も一時《じ》の窮屈《きうくつ》を忍《しの》ぶにしか

吊上《つりあが》りたる形状《けいじやう》を云《い》ふ。口角《こうかく》力《ちから》なく軟弱《なんじやく》なるを鮎魚口《てんぎよこう》と云《い》ふ不幸孤貧《ふかうこひん》なり。口《くち》の偏斜《へんしや》なる者《もの》は晩年疾《ばんねんやま》病《ひ》あり口常《くちつね》に縮《しぼ》り開《ひら》くとき拳《こぶし》を入《い》るゝが如《ご》きは大《おほい》に昇進《しやうしん》す。口《くち》の邊《ほとり》に下圖《かづ》の如《ごと》き紋理《もんり》あるは產地《さんち》を去《さ》る孤《こ》貧《ひん》なり唇《くちびる》に紋《もん》理《り》あるも亦同《またおな》じ。

口角《こうかく》の邊《へん》に黑色黑滯《こくしよくこくたい》の氣《き》あれば水難水滯《すゐなんすゐたい》の病《やまひ》を發《はつ》す。口角《こうかく》の邊《へん》に暗氣又青暗《あんきまたせいあん》色《しよく》あれば下部《かぶ》の病《やまひ》を發《はつ》

ず。●婚姻平《こんいんたひら》●胎產平《たいさんたひら》●居所意《きよしよい》に任《まか》せず●旅行見合《りよかうみあは》すべし●求財《きうざい》他《た》の援助《たすけ》によりて得《う》べし●待人來《まちびときた》るとも遲《おそ》し●官途發達《くわんとはつたつ》せず●相場《さうば》今《いま》は下《さが》るべし●天時《てんじ》陰《くも》る●遺失《ゐしつ》容易《ようい》に見《み》えず●疾病《やまひ》終《つひ》に重《おも》し●訴訟不利《そしようふり》。

䷏ 雷《らい》地《ち》豫《よ》

豫《よ》は說《えつ》なり又怠《またおこた》るなり故《ゆゑ》に正《たゞ》しき人《ひと》は吉常人《じやうじん》は怠惰《たいだ》の傾《かたむ》きあり雷地《らいち》を出《い》でゝ奮《ふる》ふの卦《くわ》なれば才德《さいとく》ありて久《ひさ》しく鬱滯《うつたい》する者《もの》は名《な》を發《はつ》することあり小人《せうじん》は家鄉《かきやう》を去《さ》りて爲《な》すことなかるべし總《すべ》て人《ひと》の誘導《いうだう》に注意《ちうい》すべし游蕩《いうたう》を戒《いまし》むべし偶《たま〳〵》喜《よろこ》ぶことあれば忽《たちま》ち憂《うれい》となる考《かんが》ふべし新規《しんき》に組立《くみた》つる事《こと》は徐々《ちよく〳〵》に進《すゝ》みてよし怠《おこた》れば害《がい》あり。

す。

口角《こうかく》の左右《さいう》に白氣強《はくきつよ》きは劍難《けんなん》とす下圖《かづ》○點《てん》のある所《ところ》なり。

口中《こうちう》に舌《した》を回《まは》して後《のち》言語《げんご》を爲《な》すは不幸《ふかう》なり。

上唇出《じやうしんい》で丶反《そ》るは母《はゝ》を剋《こく》す。

下唇出《かしんい》で丶反《そ》るは父《ちゝ》を剋《こく》す

唇《くちびる》に黑子《こくし》あれば衣食足《いしよくた》りて財《ざい》は積《つ》み難《がた》し。

唇《くちびる》は蚌蛤《はまぐり》の合《あ》ふが如《ごと》く正《たゞ》しきを吉とす不同《ふどう》あるは父《ふ》母《ぼ》を剋《こく》するなり。

唇《くちびる》に朱點《しゆてん》あるは吉青點《せいてん》あるは驚《おどろ》きあり。

唇《くちびる》薄《うす》き者《もの》は多辯《たべん》にして虚僞《きよぎ》あり厚《あつ》き者《もの》は言語《げんご》少《すくな》

●婚姻平《こんいんたひら》●胎産無事《たいさんぶじ》●居所穩《きよしよおだやか》ならず●旅行先平《りよかうまづたひら》●求財遽《きうざいにゝか》には得難《えがた》し●待人來《まちびときた》る又音信《またいんしん》あり●官途發達《くわんとはつたつ》すべし●相場高《さうばたか》し●天時晴夏《てんじはれなつ》は雷鳴《らいめい》●遺失得難《ゐしつえがた》し●疾病《やまひ》凶●訴訟案外平《そしようあんぐわいだひら》に治《をさ》まることあり。

䷐ 澤《たく》雷《らい》隨《ずゐ》

隨《ずゐ》は時《とき》に隨《したが》ふなり我動《われうご》きて彼説《かれよろこ》ぶの義《ぎ》なれば先輩者《せんぱいしや》を凌《しの》ぎ長者《ちやうじや》の先《さき》に立《た》たんとし或《あるひ》は不正《ふせい》なる行爲《かうゐ》あれば災禍《わざはひ》を招《まね》くべし住居《ぢうきよ》を移《うつ》し職業《しよくげふ》を易《か》へ或《あるひ》は退隱《たいゐん》する者《もの》は障《さはり》なし詐欺《さぎ》を防《ふせ》ぐべし少男少女《せうだんせうぢよ》にして此卦《このくわ》を得《う》るときは色情《しきじやう》の誹《そしり》を免《まぬか》れざることあり愼《つゝし》むべし。

●婚姻《こんいん》吉或《あるひ》は夜合《やがふ》なるか●胎産平《たいさんたひら》●居所安《きよしよやす》からず●旅行《りよかう》吉●求財《きうざいう》得べし●待人來《まちびときた》る若來《もしきた》らざれば信《しん》あり●官途調《くわんとゝとの》ふべし●

けれども實義《じつぎ》あり。

脣《くちびる》俄然《にはか》に色惡《いろあし》くなるは病《やまひ》を發《はつ》するの兆《てう》なり。大病中《たいびやうちう》に脣《くちびる》の色變《いろかは》らざるも亦凶《またあし》し難治《なんち》の症《しやう》とす色惡《いろあし》く黑滯《こくたい》なるは死相《しさう》なり。

笑《わら》ふとき語《かた》るときに脣《くちびる》を絞《しぼ》り齦《はぐき》を露《あらは》すは色難《しきなん》あり。

脣《くちびる》の邊《へん》に皺紋《しは》あるは極《きは》めて孤貧《こひん》なり。

脣《くちびる》を舐《ねぶ》りて後《のち》に言語《げんご》する者《もの》は不幸《ふかう》なり。

脣《くちびる》に疣《いぼ》ある者《もの》は子孫《しそん》の緣《えん》惡《あし》く又破財《またはざい》の相《さう》となる但《たゞ》し他《た》の相《さう》と參照《さんせう》して斷《だん》ずべし
脣《くちびる》俄然《にはか》に黑色暗濛《こくしよくあんもう》を

相場《さうば》上《あが》る氣味《きみ》にて保合《もちあひ》なり●天時《てんじ》雨《あめ》●遺失《ゐしつ》得難《えがた》し●疾病《やまひ》凶●訴訟《そしよう》平《たらひ》。

䷑ 山《さん》風《ぷう》蠱《こ》

蠱《こ》は敗《はい》なり山下《さんか》の風猛《かぜまう》にして吹起《ふきおこ》らんとするの象《しやう》なるにより自《みづか》ら災禍《わざはひ》を釀《かも》すことあるべし又《また》三蟲皿《ちうさら》に食《は》むの字形《じけい》なれば一家《か》內其心《ないそのこゝろ》を同《おな》じうせず常《つね》に爭論《さうろん》あるの卦《くわ》なり故《ゆゑ》に萬事《ばんじ》敗《やぶ》れて損《そん》失多《しつおほ》し然《しか》れども度々《たび〳〵》失敗《しつぱい》を重《かさ》ねたる者《もの》にして才德《さいとく》あれば凶轉《てん》じて吉となることあり常人《じやうじん》は親《した》しき人《ひと》に遠《とほ》さかりて大抵《たいてい》凶に終《をは》るべく辛苦甚多《しんくはなはだおほ》し愼《つゝし》むべし。
●婚姻大《こんいんだい》凶●胎產安《たいさんやす》からず●居所《きよしよ》凶●旅行不利《りよかうふり》●求財得《きうざいえ》ず●待人大抵來《まちびとたいていきた》らず●官途親密《くわんとしんみつ》ならず凶●相場《さうば》高《たか》し●天時《てんじ》大風《たいふう》か大雨《おほあめ》なるべし●遺《ゐ》失或《しつあるひ》は屋內《をくない》に在《あ》り●病治《やまひち》し難《がた》し●訴訟《そしよう》速《すみやか》

生《しやう》じ舌顫《したふる》ひて口角眞青《こうかくしんせい》の色《いろ》を發《はつ》するは毒殺《どくさつ》に遭《あ》ふ前兆《ぜんてう》なり。

脣《くちびる》の皮硬《かはこは》くなるに胃熱《ゐねつ》なければ災難《さいなん》あり。

當門《まへは》缺けたる人《ひと》は親《おや》と同《どう》居成難《きよなりがた》し。

當門《たうもん》捻《ねぢ》れ歪《ゆが》みたる者《もの》は父兄《ふけい》と氣性《きしやうこと》異なり又惡意《またあくい》なしと雖《いへど》も言《い》へば鋭《するど》く言語《ごんご》によりて身《み》を過《あやま》ることあり又協議《またけふぎ》すること調《とゝの》ひ難《がた》し。

當門《たうもんひたりか》左缺くれば父《ちゝ》に早《はや》く別《わか》る右《みぎ》は母《はゝ》なり。

上齒二三枚重《じやうしまいかさ》なりたるは天相《えうさう》なり。

に決《けつ》せず不利《ふり》なり。

☷☱ 地《ち》澤《たく》臨《りん》

臨《りん》は此《これ》より彼《かれ》に臨《のぞ》むの意《い》にして百事漸々《ひやくじやうくな》成らんとするの兆《てう》なるにより急速《きふそく》に爲《な》すこと又《また》は剛強《がうきやう》なるに利《よろ》しからず又横合《またよこあひ》より妨《さまた》げらるゝことあれば注意《ちうい》すべし大抵此卦《たいていこのくわ》を得《う》る者輕卒《ものけいそつ》の質《たち》にして大事《だいじ》を企《くわた》て思《おも》ひ失敗《しつぱい》すること多《おほ》し品行方正《ひんかうはうせい》なれば他《た》の援助《たすけ》を得《え》て大《おほい》に吉なり。

●婚姻平《こんいんたひら》●胎産平《たいさんたひら》●居所害《きよしよがい》なし旅行平《りよかうたひら》●求財人《きうざいひと》に託《たく》すれば得《う》るあり●官途和順《くわんとわじゆん》なれば吉●相場大抵下《さうばたいていさが》る人氣《にんき》よければ上《あが》る●天晴雨夏《てんせいうなつ》は大雷《だいらい》あり●遺失多《ゐしつおほ》くの人《ひと》の手《て》を經《へ》て尋《たづ》ね難《かた》し●疾病《やまひ》漸々重《ぜんぜんおも》し●訴訟順正《そしようじゆんせい》なれば吉にして害《がい》なし。

☴☷ 風《ふう》地《ち》觀《くわん》

當門上《たうもんうへ》より下《した》まで罅隙《すきま》あるは他國《たこく》に出《い》づるなり。當門《たうもん》の間《あひだ》に小《ちいさ》き齒《は》あるは我意《がい》強《つよ》し又《また》詐《いつは》りを言《い》ふあり養子《やうし》の相《さう》にして他《た》に出《い》づるもあり此《かく》の如《ごと》き齒《は》あるも篤行《とくかう》にして虚言《きよげん》なき者《もの》あり他《ほか》と照合《てりあ》はすべし。齒矢筈《はやはづ》の如《ごと》き者《もの》は奸曲《かんきよく》なり老人《らうじん》は害《がい》なし是年老《これとしおゆ》れ

ば自然《しぜん》此《かく》の如《ごと》くなればなり露齒《そつぱ》は破財《はざい》なり又露齒《またそつぱ》にても榮《さか》ふる人《ひと》あり他《ほか》と照合《てりあは》するを要《えう》す但《たゞ》し僧侶醫師學者等《そうりよいしがくしやとう》は管《くわん》せず。齒《は》小《ちいさ》く奇麗《きれい》に揃《そろ》ひて細《こまか》きは剣難《けんなん》あり細《こまか》くとも齒《は》

觀《くわん》は風地上《かせちじやう》を行《ゆ》くの象《しやう》なり總《すべ》て人《ひと》に觀《み》らるゝ意《い》なるにより高《かう》徳殊能《とくしゆのう》の者學藝《ものがくげい》を以《もつ》て世《よ》に處《しよ》する者又《ものまた》は俳優等《はいいうとう》には吉其他《そのた》の人《ひと》は萬事《ばんじ》安靜《あんせい》ならず不意《ふい》の勞苦《らうく》あり一家内和合《かないわがふ》せず或《あるひ》は虚榮《きよえい》心《しん》に驅《か》られて外觀《ぐわいくわん》を裝《よそほ》ひ漫遊遍歴等《まんいうへんれきとう》を希望《きばう》して名聞《めうもん》を好《この》むの癖《くせ》あり大凡此卦《おほよそこのくわ》を得《う》る者《もの》は目《め》に見《み》て手《て》に取難《とりがた》き事多《ことおほ》く或《あるひ》は豫《よ》期《き》せざる事件《じけん》に遇《あ》ふて散財《さんざい》あるべし愼《つゝし》みて可《か》なり。

●婚姻不利《こんいんふり》●胎産平《たいさんたひら》●居所安《きよしよやす》からず●旅行同伴者《りよかうどうはんしや》あればよし●求財人《きうざいひと》と共《とも》にするによし自己《じこ》の爲《ため》なれば凶●待人來《まちびとまた》らんとして果《はた》さず●官途平《くわんとたひら》なれども誹謗《ひはう》を防《ふせ》ぐべし●相塲大《さうばおほい》に高《たか》し●天時陰又風《てんじくもりまたかぜ》●遺失《ゐしつ》或《あるひ》は散逸《さんいつ》す●疾病《やまひ》凶●訴訟利《そしようり》あらず。

䷔ 火雷《くわらい》噬嗑《せいかう》

噬嗑《せいかう》は頤中《ゐちう》に物《もの》あるの象《しやう》なれば百事彼我《ひやくじひが》の間《あひだ》に隔《へだて》ありて圓滑《ゑんくわつ》

並《なみ》悪《あし》きか不同《ふどう》あれば難《なん》を免《まぬか》るべし。

齒内《はうち》の方《かた》に曲《まが》りて入《い》りたるは吝嗇《りんしよく》なり。

當門《たうもん》に圖《づ》の如《ごと》く肉《にく》の垂《た》れかゝるは色難《しきなん》女難《ぢよなん》又《また》妻縁《さいえん》に係《かゝ》るなり

此《かく》の如《ごと》き齒《は》は發明《はつめい》なれども親《おや》に別《わか》るゝこと早《はや》しとす。

此《かく》の如《ごと》き齒《は》のある者《もの》は不實《ふじつ》にして虚言《きよげん》あり。

左《さ》に圖《づ》するが如《ごと》き齒《は》ある者《もの》は惡相《あくさう》にして肉縁《にくえん》を剋《こく》し女《をんな》は

ならずと雖《いへど》も後《のち》に通《つう》ずる意《い》あり然《しか》れば何事《なにごと》も艱苦《かんく》して他日《たじつ》の無事《ぶじ》を待《ま》つべし大抵此卦《たいていこのくわ》を得《う》る者夫妻《ものふさい》の間親睦《あひだしんぼく》せず親戚知人《しんせきちじん》にも氣質協《きしつかな》はざることあり事情《じじやう》を開陳《かいちん》して隔意《かくい》を除《のぞ》かば融解《ゆうかい》して安堵《あんど》すべし又常《またつね》に利欲《りよく》の爲《ため》に災禍《さいくわ》を受《う》くることあれば注《ちう》意《い》肝要《かんえう》なり。

●婚姻不和《こんいんふわ》●胎産安《たいさんやす》からず●居所安《きよしよやす》からず或《あるひ》は變《へん》ず●旅行《りよかう》吉●求財《きうざい》妨《さまたげ》あれども得《う》べし●待人來《まちびときた》る●官途大《くわんとおほい》に發達《はつたつ》すと雖《いへど》も他《た》に妨《さまた》げらるゝことあり●相場上下變動《さうばじやうかへんどう》あり●天時俄《てんじにはか》に晴《は》るゝか夏《なつ》は俄《にはか》に雷雨《らいう》あり●遺《ゐ》失《しつ》速《すみやか》に尋《たづ》ぬべし●疾病《やまひ》劇症《げきしやう》は治《ち》することあり慢性《まんせい》は長《なが》くして治《ち》せざるべし●訴訟正《そしようたゞ》しければ吉。

䷕ 山《さん》火《くわ》賁《ひ》

夫《おつと》を殺《ころ》すと云《い》ふ。

又妻子《またさいし》を剋《こく》して晩《ばん》年《れん》凶なるものは下《しも》の圖《づ》の如《ごと》し。

舌長《したなが》く厚《あつ》きは實《じつ》ありて富《と》む厚《あつ》きに過《す》ぎ長《なが》きに過《す》ぐるは凶なり程《ほど》よくして色《いろ》よきを上相《じやうさう》とす。

舌《した》の硬《こは》るは滯運《たいうん》なり。

舌《した》の乾燥《かんさう》するも亦滯運《またたいうん》或《あるひ》は病氣《びやうき》なり。

舌《した》の形《かたち》竹葉《たけのは》の如《ごと》く或《あるひ》は舟《ふね》の如《ごと》きは孤貧《こひん》なり。

舌長《したなが》くして鼻《はな》を舐《ねぶ》るが如《ごと》き者《もの》は孤獨貧相《こどくひんさう》なり。

短舌《たんぜつ》は滯運《たいうん》尖舌《せんぜつ》は邪見《じやけん》
斜舌《しやぜつ》曲舌《きよくぜつ》は孤貧《こひん》なり。

舌《した》の裏《うら》に青紫紋《せいしもん》多《おほ》きは大《おほい》

賁《ひ》は文飾《ぶんしよく》なり山下《さんか》に火《ひ》を揚《あ》げて光明通泰《くわうめいつうたい》するの象《しやう》なり故《ゆゑ》に文《ぶん》學《がく》の事《こと》は吉但《たゞ》し其名《そのな》遠《とほ》く及《およ》ぼし難《がた》し常人《じやうじん》は多《おほ》く短氣《たんき》にして事《こと》を破《やぶ》り是《せ》を非《ひ》とし無《む》を有《う》として心《こゝろ》に服《ふく》せざる事《こと》も面《おもて》に從《したが》ふ意《い》あり居室裝飾《きよしつさうしよく》の美《び》を爲《な》すは害《がい》なしと雖《いへど》も言語《げんご》を飾《かざ》るときは不《ふ》利益《りえき》にして損失《そんしつ》あり注意《ちうい》すべし通常大事《つうじやうだいじ》成《な》らず小事《せうじ》就《な》るべし又眼前支障《またがんぜんししやう》あることは他日《たじつ》必《かならず》通《つう》ずべし。
●婚姻外《こんいんぐわい》觀《くわん》に反《はん》して内心不和《ないしんふわ》なるべし●胎産少《たいさんすこ》し難《なや》みあり●居所後平《きよしよのちたひら》●旅行《りよかう》吉●求財短氣《きうざいたんき》なれば敗《やぶ》る●待人來《まちびときた》る又音信《またいんしん》あり●官途發達《くわんとはつたつ》すべし●相場《さうば》上《あが》るなれども甚《はなはだ》高《たか》からず●天《てん》時先《じさき》に晴後《はれのち》に陰《くも》る●遺《ゐ》失《しつ》能《よ》く尋《たづ》ぬべし近《ちか》きに在《あ》り●疾病《やまひ》最《もつと》も重《おも》し●訴訟決《そしようけつ》せず。

䷖ 山《さん》地《ち》剝《はく》

に富《と》む其紋横《そのもんよこ》に生《しやう》ずるは横財《わうざいえ》を得る。厚《あつ》く長《なが》く朱紅《しゆこう》の三種整《しゆとゝの》へば福祿《ふくろく》あり總《すべ》て立紋《りつもん》は吉一紋《もん》にても多《おほ》きを上吉《じやうきつ》とす以上《いじやう》二項祕中《かうひちう》の祕《ひ》と朝德《てうとく》齋《さい》は言《い》へり。

髭《ひげ》は上《うは》ひげにして唇《くちびる》の邊《へん》にあるものを云《い》ふ一面《めん》に分《わか》ち生《しやう》ずれば下賤《げせん》の相《さう》なり。

髭軟《ひげやはらか》なれば心《こゝろ》も柔和《にふわ》なり硬《こは》ければ性剛《せいがう》なり。髭《ひげ》も髪《かみ》も共《とも》に軟《やはらか》く濕潤《うるほひ》ありて香《かうばし》き氣味《きみ》あるは立身《りつしん》の兆《てう》とす。鬚《ひげ》は腮《あご》ひげにして硬軟亦《かうなんまた》髭《ひげ》に同《おな》じく吉凶あり。

剝《はく》は落《らく》なり陰道旺相《いんだうわうさう》して陽道衰弱《やうだうすいじやく》の卦即《くわすなはち》群陰剝盡《ぐんいんはぎつく》すの意《い》なり故《ゆゑ》に人《ひと》も高《たか》きより落《お》ちたるが如《ごと》し何事《なにごと》も心《こゝろ》に任《まか》せず苦境《くきやう》に陥《おちい》るの狀態《じやうたい》なれば安靜《あんせい》にして時《とき》を待《ま》つべきなり舊《きう》を改《あらた》め新《しん》に就《つ》くの意《い》ありと雖《いへど》も愼《つゝし》みて妄動《もうどう》せざれば終《つひ》に安《やす》かるべし大凡《おほよそ》此卦《このくわ》に遇《あ》ふ者《もの》は一身《しん》一家《か》に付腫物《つきはれもの》に觸《ふ》るゝの思《おもひ》あり人《ひと》に妨《さまた》げらるゝこと多《おほ》し又女難盜難《またぢよなんとうなん》を戒《いまし》むべし。

●婚姻《こんいん》凶●胎産《たいさん》凶●居所安《きよしよやす》からず●旅行《りよかう》凶●求財得難《きうざいえがた》し●待《まち》人來《びときた》る●官途危《くわんとあやふ》し或《あるひ》は讒《ざん》に遇《あ》ふ●相場安《さうばやす》し但《たゞ》し下《げ》落極點《らくきよくてん》なれば高《たか》くなるべし●天時《てんじ》雨《あめ》●遺《ゐ》失時過《しつときす》ぎて得《う》ることあり●疾病《やまひ》大凶●訴訟決《そしようけつ》せず或《あるひ》は訟《しよう》に至《いた》らざるべし。

䷗ 地《ち》雷《らい》復《ふく》

復《ふく》は反《はん》なり出入災《しゆつにふさい》なき卦《くわ》なり是《これ》まで困難悲境《こんなんひきやう》に在《あ》りしも回復《くわいふく》

鬚《ひげ》は頰《はゝ》ひげにして硬軟《かうなん》亦《また》髭《ひげ》に同《おなじ》く清秀濕潤《せいしうしつじゆん》なるを要《えう》す。鬚毿《ひげな》きて髮《かみ》も亦捲《またま》くは貧賤《ひんせん》なり仕官《しくわん》の人《ひと》は戰死《せんし》することあり。地閣《ちかく》の鬚《ひげ》ありて人中《じんちう》の髭《ひげ》なきは貧《ひん》なり。人中《じんちう》の髭《ひげ》を祿《ろく》とし地閣《ちかく》の鬚《ひげ》を官《くわん》とす官祿共《くわんろくども》に鬚髭《ひげ》の整《そろ》はぬは凶なり。

●人中

人中《じんちう》は鼻《はな》の下《した》の溝《みぞ》渠なり竹《たけ》を割《わり》し如《ごと》く深《ふか》きは子孫《しそん》ありて金銀《きん／＼》の融通圓滑《ゆうつうゑんくわつ》なり又交際《またかうさい》廣《ひろ》く壽《じゆ》あり。人中平滿《じんちうへいまん》にして無《な》きが如《ごと》

の期《き》に至《いた》れるなり然《しか》れども舊《きう》に曳《ひ》かれて未安心《いまだあんしん》ならず漸々《せん／＼》に成立《せいりつ》するの兆《てう》獨立《どくりふ》するか再興《さいこう》の意《い》あれども輕卒《けいそつ》に急進《きふしん》すれば却《かへつ》て事《こゝ》を破《やぶ》るべし又《また》一度《ど》にて成難《なりがた》き事《こと》は再《さい》三にして就《な》るべし故《ゆゑ》に一回意《くわいい》を得《え》ずとも放棄《はうき》するは不利益《ふりえき》なり其身《そのみ》方正《はうせい》なる者《もの》は圖《はか》らざる幸福《かうふく》あり。

●婚姻平《こんいんたひら》●胎產妊娠《たいさんにんしん》四五箇月《かつき》は注意《ちうい》すべし●居所安《きよしよやす》からざれども終《つひ》に吉●旅行《りよかう》吉●求財遲《きうさいおそ》くとも得《う》べし●待人來《まちびときた》る●官途《くわんと》吉●相場《さうば》是《これ》より高《たか》し●天時《てんじ》晴雨《せいう》反覆《はんぷく》あり●遺《ゐ》失《しつ》得べし●疾病《やまひ》重《おも》し治《ち》するとも再發《さいはつ》す●訴訟平《そしようたひら》但《たゞ》し表裏《へうり》反覆《はんぷく》を防《ふせ》ぐべし。

䷘ 天雷无妄《てんらいむばう》

无妄《むばう》は雷震轟《らいしんとゞろ》くの卦《くわ》なり故《ゆゑ》に卒然驚《そつせんおどろ》くことあるべし又石中玉《またせきちうたま》を蘊《つゝ》むの象《しやう》なれば何事《なにごと》も時至《ときいた》らず吉は吉なりと雖《いへど》も未《いまだ》手《て》に取《とり》

きは前《まへ》に反《はん》して凶なり又他《またた》の疑《うたがひ》を受《う》く。

人中《じんちう》歪《ゆが》む者《もの》は一門不和《もんふわ》にして肉縁《にくえん》凶なり。

人中《じんちう》に立紋《りつもん》一條《でう》ある者《もの》は一子《し》を養《やしな》ふ二條《でう》ある者《もの》は父子同居《ふしどうきよ》なり難《がた》し。

人中《じんちう》浅《あさ》くとも髭《ひげ》あれば人《じん》和厚《くわあつ》くして子孫《しそん》よし。

人中《じんちう》の上《うへ》浅《あさ》く下《した》深《ふか》ければ早出《さうしゆつ》の子《こ》は喪《うしな》ふも晩出《ばんしゆつ》の子《こ》はよろし。

人中《じんちう》は上《うへ》狭《せま》く下《した》廣《ひろ》きを吉とす。

人中《じんちう》に横紋《わうもん》あれば親族《しんぞく》の爲《ため》に勞煩《らうはん》し女《をんな》は生家《せいか》の爲《ため》

難《がた》し神官沙門《しんくわんしやもん》には吉常人《じやうじん》は然《しか》らざれども神佛《しんぶつ》を祭祀《さいし》し又《また》は忠《ちう》孝《かう》に關《くわん》する事《こと》は吉なり大抵百事成《たいていひやくじな》らず不意《ふい》の災禍《わざはい》あり一點《てん》の利《り》己《こ》主義《しゆぎ》なければ平《へい》吉又盜火病難《またどうくわびやうなん》を愼《つゝし》むべし。

●婚姻《こんいん》凶●胎産害《たいさんがい》なし●居所安《きよしよやす》からず●旅行《りよかう》吉●求財私利《きうざいしり》にあらざれば得《う》べし●待人《まちびと》待《ま》つ時《とき》に來《きた》らず待《ま》たざる時《とき》に來《きた》る●官途《くわんと》凶長官《ちやうくわん》の意《い》に協《かな》はず●相場《さうば》大《おほい》に高《たか》かるべし●天時俄《てんじにはか》に風起《かぜおこ》るか夏《なつ》は雷鳴《らいめい》●遺《ゐ》失《しつ》思《おも》はぬ所《ところ》に伏在《ふくざい》す●疾病危《やまひあやふ》けれども卒然治《そつぜんち》することあり●訴訟《そしよう》大凶。

䷙ 山天大畜《さんてんたいちく》

大畜《たいちく》は小《せう》を積《つみ》て大《だい》を成《な》すの意《い》なり故《ゆゑ》に方正《はうせい》にして久《ひさ》しく修練《しゆれん》する者《もの》は發達《はつたつ》すべく才能《さいのう》ある者《もの》は官祿《くわんろく》の慶《よろこび》あり常人《じやうじん》は百事《ひやくじ》滞《とゞこは》りて忿怒《ふんど》に堪《た》へざることあり總《すべ》て安堵《あんど》ならず艱苦辛勞《かんくしんらう》し

に心勞《しんらう》す。人中《じんちう》廣《ひろ》きは心《こゝろ》も濶《ひろ》く家《か》門《もん》多《おほ》くして世《よ》に處《しよ》するなり。人中《じんちう》狹《せま》きは心《こゝろ》も窄《せま》く族《ぞく》類《るゐ》少《すく》なくして世《よ》に處《しよ》するの道《みち》亦《また》狹《せま》し但《たゞ》し法令《はふれい》と參《さん》照《せう》すべし。人中《じんちう》に滯氣暗氣《たいきあんき》あれば人《ひと》の交際《かうさい》を失《うしな》ふ。人中《じんちう》の黑色《こくしよく》は子孫《しそん》に關《くわん》係《けい》す水難《すゐなん》あり。人中《じんちう》の赤色《せきしよく》は爭《あらそ》ひあり朱《しゆ》の如《ごと》きは大《だい》吉なり。人中《じんちう》に靑色《せいしよく》あるは世《よ》を遁《のが》れたき思想《しさう》あるべし僧侶道《そうりよだう》人等《じんとう》は妨《さまた》げなしと雖《いへど》も仕官《しくわん》の徒《と》には好《この》まざるな

て時機《じき》の至《いた》るを待《ま》つときは後《のち》必《かならず》達《たつ》すべし然《しか》れども大抵《たいてい》意《い》の如《ごと》くならざるを以《もつ》て物《もの》に忌嫌《いみきらひ》あり鬱々《うつく》として時《とき》に或《あるひ》は性急《せいきふ》なる行爲《かうゐ》あるべし是《これ》甚《はなはだ》不利益《ふりえき》なり。

●婚姻不利《こんいんふり》●胎產平《たいさんたひら》●居所安《きよしよやす》からず●旅行《りよかう》大凶●求財得《きうざいえ》ず●待人來《まちびときた》らず●官途上長《くわんとじやうちやう》の意《い》に協《かな》はず●相場高《さうばたか》し●天時《てんじ》陰《くも》る●遺失時《ゐしつとき》を經《へ》て得《う》ることあり●疾病《やまひ》長《なが》し●訴訟《そしよう》大凶。

䷚ 山雷頤《さんらいゐ》

頤《ゐ》は養《やう》なり艮《ごん》の上顎止《じやうがくとゞ》まり震《しん》の下顎《かがく》動《うご》くの象《しやう》にして調定《てうてい》するの義《ぎ》あり又善《またぜん》に近《ちか》づき惡《あく》に遠《とほ》ざかるの意《い》なり故《ゆゑ》に地位《ちゐ》ある者《もの》は人《ひと》を養《やしな》ひ品位《ひんゐ》卑《ひく》き者《もの》は人《ひと》に養《やしな》はるとす大抵此卦《たいていこのくわ》を得《う》る者自《ものじ》己《こ》の意見《いけん》を說述《せつじゆつ》する能《あた》はずして人《ひと》を慕《した》ふの行爲《かうゐ》なるべし爲《ため》に口舌爭論《くぜつさうろん》を免《まぬか》れず然《しか》れども是迄隔意《これまでかくい》せし事理《ことわけ》は氷解《ひやうかい》して稍安《やゝあん》

り。

人中《じんちう》俄《にはか》に攣張《ひきは》り歪《ゆが》むことあるとき其歪《そのゆが》みし方《かた》に身《み》も曳《ひ》かれて凶なり是《これ》は人中《じんちう》と準頭《せつとう》と結喉《けつこう》との三箇所《かしよ》を見《み》合《あ》はせ右《みぎ》に歪《ゆが》めば右《みぎ》の方《かた》半身不隨《はんしんふずゐ》と爲《な》り左《ひだり》に歪《ゆが》めば左《ひだり》の方半身不隨《かたはんしんふずゐ》と爲《な》る中風症《ちうふうしやう》の發《はつ》すること百發《はつ》百中《ちう》なり。

人中《じんちう》の正中《せいちう》に黒子《こくし》ある者《もの》は子《こ》の縁《えん》よろし其色《そのいろ》善《よ》からざれば凶とす。

人中《じんちう》に黒子《こくし》二點《てん》ある者《もの》は雙兒《ふたご》を産《さん》すと云《い》ふ然《しか》れども一體《たい》に此《かく》の如《ごと》くならざることあり他《ほか》と照合《てりあ》はすべし。

●法令地庫

堵《ど》の思《おもひ》あり只意《たゞい》の欲《ほつ》するに任《まか》せ飲食《いんしよく》に程度《ていど》なくして病《やまひ》を醸《かも》さゞる樣注意《やうちうい》すべし。
●婚姻平和《こんいんふわ》●胎産難《たいさんなやみ》あり●居所安《きよしよやす》からず雜居《ざつきよ》なれば平《たひら》●旅行《りよかう》不利《ふり》舟行《しうかう》は平《たひら》●求財遲《きうざいおそ》ければ得《う》る●待人來《まちびときた》らず●官途貧《くわんとひん》を支《さゝ》ふる爲《ため》なれば平《たひら》●相塲高《さうばたか》しとす●天時或《てんじあるひ》は陰《いん》にして後晴《のちはれ》●遺《ゐ》失所在散亂或《しつしよざいさんらんあるひ》は知《し》れ難《がた》し●疾病治《やまひち》せず●訴訟決《そしようけつ》し難《がた》し。

䷛ 澤風大過《たくふうたいくわ》

大過《たいくわ》は棟撓《むなぎたは》むの卦本末倶《くわはんまつとも》に弱《よわ》き象《しやう》にして萬事《ばんじ》重荷《おもに》を負《お》ひ堪難《たへがた》きの意《い》なり後悔《こうくわい》することあり又家《またいへ》を失《うしな》ひ身《み》を亡《ほろ》ぼすに至《いた》ることあり是《これ》まで爲《な》したる事《こと》は朽果《くちは》てて分別定《ふんべつさだ》まらず用《よう》に立《た》ち難《がた》き意《い》あれば言行《げんかう》を愼《つゝし》みて進《すゝ》むに不可《ふか》なり又少壯《またせうさう》の男女《なんによ》は色情《しきじやう》の難《なん》あるべし總《すべ》て分《ぶん》に過《す》ぐることを思《おも》はずして人《ひと》の力《ちから》を得《う》る

法令《はふれい》は鼻《はな》の兩側《りやうわき》の紋《もん》なり長《なが》くして深《ふか》く正《たゞ》しきを吉とす。

法令天《はふれいてん》に朝《てう》すと云《い》ひて紋《もん》の末上《すゑあが》りて魚鉤《つりばり》の如《ごと》き狀《さま》を爲《な》す者《もの》は勢力《せいりよく》ありて壽《じゆ》福全《ふくまつた》し。

法令長《はふれいなが》くして地閣《ちかく》に至《いた》る者《もの》も亦壽福全《またじゆふくまつた》し。

法令左右《はふれいさいう》に廣《ひろ》きは大量《たいりやう》にして榮《さか》ふべし。

法令狹《はふれいせま》きは心小《こゝろせう》にして世《よ》に處《しよ》すること亦狹《またせま》し。

法令左《はふれいひだり》の方廣《かたひろ》きは土地《とち》に名《な》あり右《みぎ》の方廣《かたひろ》きは遠《ゑん》方《ぱう》に名《な》あり。

法令《はふれい》に餘紋《よりん》ある者《もの》は業《げふ》を助《たす》けて壽長《じゆなが》し。

によろし久《ひさ》しく沈滯《ちんたい》する者《もの》は後《のち》に達《たつ》することあり但《たゞ》し大事《だいじ》は成《な》り難《かた》し。

●婚姻不利《こんいんふり》●胎産流産《たいさんりうさん》を防《ふせ》ぐべし●居所安《きよしよやす》からず●旅行不利《りよかうふり》●求財得《きうざいえ》ず●待人後《まちびとおく》れて來《きた》ることあり●官途成就《くわんとじやうじゆ》せず●相場《さうば》久《ひさ》しく下《さが》るものは不意《ふい》に上《あが》ることあり●天時霖雨《てんじりんう》又《また》は大雨《たいう》●遺失《ゐしつ》得るとも用《よう》を爲《な》さず●疾病《やまひ》凶●訴訟决《そしようけつ》せず。

䷜ 坎《かん》爲《ゐ》水《すゐ》

坎《かん》は陷《かん》にして一陽二陰中《やういんちう》に陷《おちい》るなり乃人《すなはちひと》の井中《せいちう》に落《お》ちたる象《かたち》とす故《ゆゑ》に艱難不吉《かんなんふきつ》の兆憂苦止《てういうくや》むときなく病難盜難水難《びやうなんとうなんすゐなん》あり又《また》二人水《にんみづ》に溺《おぼ》るゝの象《しやう》なれば共同《きやうどう》して事《こと》を爲《な》すは不利《ふり》なり靜《しづか》にして守《まも》るときは自然開通《しせんかいつう》の時《とき》あるべし但《たゞ》し郷里《きやうり》を去《さ》りて遠《とほ》き地方《ちはう》に行《ゆ》くはよしと雖《いへど》も途中其他《とちうそのた》に付最《つきもつと》も注意《ちうい》すべし。

法令《はふれい》の内《うち》に黒子《こくし》あれば晩《ばん》年《ねん》の幸福《かうふく》あり隅《すみ》の外《そと》に在《あ》るは吉ならず。
法令《はふれい》深《ふか》くして二十歳《さい》に滿《み》たざる者《もの》は夭相《えうさう》なり。
法令《はふれい》深《ふか》からざるに四十歳《さい》後《ご》大《おほい》に深《ふか》くなるは長壽《ちやうじゆ》なり。
法令《はふれい》常《つね》に赤色《せきしよく》あるは人《ひと》と爭《あらそ》ふことあり。
法令《はふれい》の青又黄《せいまたくわう》色《しよく》は連《れん》累《るゐ》の厄《やく》あるか業務《げふむ》に付《つき》驚《おどろ》くことあり白色《はくしよく》も同《おな》じ又《また》死喪《しさう》の氣《き》となる。
法令《はふれい》の黒色《こくしよく》暗氣《あんき》は災禍《わざはひ》あり。
法令紅黄《はふれいこうくわう》にして潤《うるほ》ひあれば幸福《かうふく》を得《う》べし。

●婚姻《こんいん》大凶老人《らうじん》はよし●胎産《たいさん》凶●居所《きよしよ》凶●旅行《りよかう》凶●求財《きうざい》得《え》難《かた》し●待人《まちびと》來《きた》らず●官途《くわんと》凶●相場《さうば》下《げ》落《らく》すべし●天時《てんじ》霖《りん》雨《う》の兆《てう》●遺《ゐ》失《しつ》能《よ》く尋《たづ》ぬれば得《う》ることあり●疾病《やまひ》大凶●訴訟《そしよう》大凶或《あるひ》は刑《けい》に處《しよ》せらるゝことあり。

䷝ 離《り》爲《ゐ》火《くわ》

離《り》は麗《り》なり大明天《たいめいてん》に冲《あた》るなり故《ゆゑ》に文學殊能《ぶんがくしゆのう》の者《もの》は發達《はつたつ》すべし常人《じやうじん》は然《しか》らず又此《またこゝ》に離《はな》れて彼《かれ》に麗《つ》く義《ぎ》あれば何事《なにごと》も急《きふ》に爲《な》すによし遲《おそ》ければ變《へん》ず永久《えいきう》の事《こと》は半途《はんと》にして破《やぶ》る又時《またとき》に從《したが》ひて常《つね》を守《まも》らざるをよしとす通常衰微《つうじやうすゐび》の始《はじめ》なれば剛強姦巧《がうきやうかんこう》なる者《もの》は災禍《わざはひ》を招《まね》くべし柔順貞實《じふじゆんていじつ》なれば他《た》の援助《たすけ》を得《え》て吉とす。
●婚姻《こんいん》凶●胎産平《たいさんたひら》●居所《きよしよ》凶●旅行平《りよかうたひら》●求財《きうざい》得《え》難《かた》し●待人《まちびと》速《すみやか》に來《く》る或《あるひ》は信《しん》あり●官途職《くわんとしよく》を轉《てん》ずるか或《あるひ》は讒《ざん》に遇《あ》ふことあり

法令《はふれい》善く地庫《ちこ》豐滿《ほうまん》なれば初《しよ》年不運《ねんふうん》なりとも晩年福《ばんねんふく》あり。
地庫《ちこ》は法令《はふれい》の末《すゑ》にして耳《みゝ》に寄《よ》りたる處《ところ》なり肉豐《にくゆたか》に厚《あつ》ければ福《ふく》ありて財《ざい》を保《たも》つべし。
地庫《ちこ》の肉落《にくお》ちて肌理《きめ》粗《そ》なるは大《おほい》に散財《さんざい》するか或《あるひ》は賊難《ぞくなん》あり。
地庫《ちこ》削《けづ》るが如《ごと》きは常《つね》に散《さん》財絶《ざいた》えず。
地庫《ちこ》と天倉《てんさう》とに赤色《せきしよく》あれば火難免《くわなんまぬか》れがたし。
地庫白色《ちこはくしよく》なれば親友《しんゆう》の死《し》することあるか愁《うれひ》あり。
地庫《ちこ》の黑子色《こくしいろ》よきは福《ふく》あり色惡《いろあし》ければ不吉朱點《ふきつしゆてん》は宜《よろ》

●相場《さうば》高《たか》くして忽下《たちまちさか》ることあり●天時《てんじ》晴《はれ》●遺《ゐ》失《しつ》速《すみやか》に尋《たづ》ぬれば得《う》ることあり●疾病劇症《やまひげきしよう》は治《ち》することあり久病《きうびやう》は死《し》に至《いた》る●訴訟平《そしようたひら》。

䷞ 澤《たく》山《さん》咸《かん》

咸《かん》は山澤氣《さんたくき》を通《つう》ず感通感發感歎《かんつうかんぱつかんたん》の意《い》なり故《ゆゑ》に思《おも》はざるに他《た》の援引《ひゐき》ありて宜《よろし》きに向《むか》ふべし善惡共《ぜんあくとも》に勇《いさ》み進《すゝ》む意《い》あれば何人《なにびと》も是《これ》より滿足《まんぞく》すべし少壯《せうさう》の人《ひと》は華燭《くわしよく》の慶《よろこ》びあり老人《らうじん》は目下《めした》の者《もの》に縁談《えんだん》あり總《すべ》て辯佞《べんねい》の人《ひと》を漫《みだり》に信《しん》ずべからず後必害《のちかならずがい》あり。
●婚姻《こんいん》大吉再縁《さいえん》は殊《こと》に吉●胎産安《たいさんやす》し●居所《きよしよ》吉●旅行《りよかう》吉●求財《きうざい》得《う》べし●待人來《まちびときた》る●官途《くわんと》吉●相場《さうば》秋《あき》は上《あが》るべし●天時《てんじ》雨《あめ》●遺《ゐ》失得《しつう》べし●疾病《やまひ》凶●訴訟平《そしようたひら》。

䷟ 雷《らい》風《ふう》恆《ごう》

し青點《せいてん》俄《にはか》に生《しやう》ずるは賊《ぞく》難《なん》あり。

●顴骨

顴骨《はゝほね》の肉《にく》鷄卵《けいらん》の如《ごと》く起《おこ》りて常《つね》に紅黄《こうくわう》の潤色《じゆんしよく》あるは自然威《しぜんる》ありて發達《はつたつ》す

總《すべ》て顴骨力《けんこつちから》なく色惡《いろあし》きは物《もの》に勝《か》つこと能《あた》はず。

顴骨鬢《けんこつびん》に入《い》るは長壽《ちやうじゆ》なり。

顴骨高《けんこつたか》く肉《にく》なくして尖《するど》く起《おこ》るは我意強《がいつよ》くして身《み》を害《そこな》ひ又官難《またくわんなん》あり。

顴骨立起《けんこつたちおこ》りて眉尾奸門《びゞかんもん》に進《すゝ》むは奸計《かんけい》あり。

顴骨《けんこつ》に高低《かうてい》あるは片親《かたおや》を剋《こく》し又異父異母《またいふいぼ》の兄弟《けいてい》あり

恆《ごう》は久《きう》なり安靜不動《あんせいふどう》の卦《くわ》にして貞實方正《ていじつはうせい》の義《ぎ》なり又雷風《またらいふう》二物《ぶつ》相與《あひくみ》すれば忽《たちまち》聚《あつま》り忽《たちまち》散《さん》ずる意《い》あり故《ゆゑ》に輕卒《けいそつ》なる者《もの》は萬事《ばんじ》反覆《はんぷく》すべし只舊《たゞきう》を守《まも》るに宜《よろ》し住居《ちうきよ》に付辛勞《つきしんらう》あるべし總《すべ》て自分《じぶん》一己《こ》の能力《のうりよく》を發展《はつてん》せんとするは不利益《ふりえき》なり人《ひと》の扱助《たすけ》を假《か》るにあらざれば目途《もくと》の立《た》たざること多《おほ》し。

●婚姻平《こんいんたひら》●胎產少《たいさんすこ》し難《なやみ》あり●居所安《きよしよやす》からず●旅行平《りよかうたひら》●求財大抵《きうざいたいてい》得《え》ず●待人來《まちびときた》る●官途常務《くわんとじやうむ》を守《まも》るべし新《あらた》に請願《せいぐわん》するは決《けつ》せず●相場保合《さうばもちあひ》にして上《あが》る氣味《きみ》あり●天時大抵晴夏《てんじたいていはれなつ》は雷雨《らいう》●遺《る》失得難《しつえがた》し●疾病重症《やまひちうしやう》なるべし凶●訴訟示談《そしようじだん》するに宜《よろ》し。

䷠ 天《てん》山《さん》遯《とん》

遯《とん》は退《たい》なり遁《とん》なり陽道衰《やうだうおとろ》へ惡事起《あくじおこ》るの卦《くわ》にして君子山《くんしやま》に隱《かく》れ小人野《せうじんや》に在《あ》るの象《しやう》なり故《ゆゑ》に才德《さいとく》なる者《もの》は凶にして常人《じやうじん》も亦退《またしりぞ》

顴骨《けんこつ》俄《にはか》に青色《せいしよく》の出《い》づるは二箇月内《かげつない》に大災厄《だいさいやく》あり。

顴骨《けんこつ》善《よ》くとも鼻《はな》に高《たか》くすぐれて進《すゝ》むは產地《さんち》を離《はな》るべし

顴骨《けんこつ》の肌理《きめ》粗《あら》びて皮硬《かはこは》きは不幸滯運《ふかうたいうん》なり。

顴骨美《けんこつび》なるのみにて力《ちから》なきは貧樂《ひんらく》なり。

顴骨《けんこつ》の朱點《しゆてん》は吉なり。

顴骨善《けんこつよ》くとも印堂明潤《いんだうめいじゆん》ならざれば志願《しぐわん》調《とゝの》ひ難《がた》し。

顴骨力《けんこつちから》ありて潤光《うるほひ》なるときは訴訟《そしよう》商賣《しやうばひ》等《とう》に利《り》あり。

●三停

くに宜《よろし》く進《すゝ》むに不利《ふり》なり久《ひさ》しく沈滯《ちんたい》したる者《もの》は世《よ》に出《い》でんとする考慮《かうりよ》あるべきも其機《そのき》に逢《あ》はざるなり萬事《ばんじ》差異《さい》あるの時《とき》なれば一已《こ》の考案《かうあん》を出《い》だして後悔《こうくわい》すべからず。

●婚姻《こんいん》凶●胎產《たいさん》凶●居所安《きよしよやす》からず●旅行《りよかう》凶官《くわん》に在《あ》る者退隱《ものたいいん》するは平《たひら》●求財《きうざい》得《え》ず●待人來《まちびときた》らず●官途《くわんと》凶新《あらた》に志願《しぐわん》する者《もの》は成《な》らず●相場大《さうばおほい》に下《さが》るべし●天時陰又大風《てんじくもりまたたいふう》●遺失《ゐしつ》知《し》れ難《がた》し●疾病《やまひ》大凶●訴訟不利《そしようふり》。

䷡ 雷天大壯《らいてんたいさう》

大壯《たいさう》は陽剛進《やうがうすゝ》みて壯《さかん》なるなり故《ゆゑ》に萬事《ばんじ》平和《へいわ》ならず騷擾《さうぜう》の事《こと》あり前後《ぜんご》を忘《わす》れて進《すゝ》むときは後悔多《こうくわいおほ》し總《すべ》て目《め》に見《み》て手《て》に取難《とりがた》き意《い》なれば人《ひと》の親和《しんくわ》を失《うしな》ふべし又人《またひと》に怒《いか》られ自《みづか》ら怒《いか》ることあり謙遜和順《けんそんくわじゆん》の者《もの》は平《へい》吉。

三停《てい》とは髪際《はいぎは》より山根《さんこん》に至《いた》るを上停《じやうてい》とし初年《しよねん》を主《つかさど》る山根《さんこん》より準頭《せつとう》に至《いた》るを中停《ちうてい》とし中年《ちうねん》を主《つかさど》る人中《じんちう》より頤《をとがひ》に至《いた》るを下停《かてい》とし晩年《ばんねん》を主《つかさど》る其《その》吉凶は相書《さうしよ》に載《の》せざるものなし依《よつ》て茲《こゝ》に贅言《ぜいげん》せず。此他《このた》種々《しゆ〻》の部位《ぶゐ》ありて關《くわん》係《けい》する所《ところ》多《おほ》しと雖《いへど》も他《た》の事項《じかう》に引證《いんしよう》することあるを以《もつ》て茲《こゝ》に之《これ》を省《はぶ》く。

●婦人相格

婦人《ふじん》の相《さう》も血色《けつしよく》氣色《きしよく》を本《もと》とすれども脂粉《しふん》の爲《ため》に蔽《おほ》はれて辨別《べんべつ》し難《がた》し故《ゆゑ》に髮《はつ》際《さい》額上《がくじやう》を以《もつ》て專要《せんえう》とす

●婚姻《こんいん》凶●胎産《たいさん》安《やす》からず●居所《きよしよ》安《やす》からず●旅行《りよかう》大抵《たいてい》無事《ぶじ》●求《きう》財《さい》手《て》に取《とり》難《がた》し●待人《まちびと》來《きた》らず●官途《くわんと》意外《いぐわい》の出身《しゆつしん》あり但《たゞ》し長上《ちやうじやう》の怒《いかり》に逢《あ》ふことあり愼《つゝし》むべし●相場《さうば》高《たか》くなれども見込《みこみ》程《ほど》にあらず●天時《てんじ》晴《はれ》夏《なつ》は雷雨《らいう》あるべし●遺失《ゐしつ》得《え》難《がた》し●疾病《やまひ》凶熱度《ねつど》高《たか》し●訴訟《そしよう》凶。

䷢ 火《くわ》地《ち》晋《しん》

晋《しん》は明地上《めいちじやう》に出《い》づるの卦《くわ》にして人《ひと》も立身發達《りつしんはつたつ》の兆《てう》なり萬事《ばんじ》平《へい》吉慶福《けいふく》あり然《しか》れども實義《じつぎ》の事《こと》に非《あら》ざれば凶なり總《すべ》て是迄《これまで》とは異《こと》なりて吉に向《むか》ふべし蓋太陽《けだしたいやう》の中天《ちうてん》に輝《かゞや》くも時至《ときいた》れば西《にし》に沒《ぼつ》するなり故《ゆゑ》に傲慢《がうまん》の心《こゝろ》あれば孤城落日《こじやうらくじつ》の歎《たん》なるべし。

●婚姻《こんいん》吉●胎産平《たいさんたひら》●居所《きよしよ》安《やす》からず●旅行《りよかう》吉●求財《きうざい》得《う》べし●待《まち》人《びと》來《きた》る●官途《くわんと》大吉●相場《さうば》大《おほい》に上《あが》るべし●天時《てんじ》晴《はれ》●遺失《ゐしつ》或《あるひ》は得《う》

べし。

額上《かくじやう》髪際《はつさい》の根《ね》黄潤《くわうじゆん》にして光《ひかり》ある者《もの》は貴夫《きふ》に嫁《か》す。

天中印堂《てんちういんだう》に黄氣發《くわうきはつ》して年上壽上《ねんじやうじゆじやう》に及《およ》ぼす婦人《ふじん》は大《おほい》に驚《おどろ》くことあり產婦《さんぷ》なれば死相《しさう》とす天中《てんちう》とは髪際《はつさい》の下《した》なり。

天中天庭《てんちうてんてい》に平生青氣《へいせいせいき》あるは凶此氣臨時《このきりんじ》に發《はつ》すれば四十日內《にちない》に凶事《じ》ありとす天《てん》庭《てん》は天中《てんちう》の下《した》なり。

天中天庭《てんちうてんてい》に赤黑氣《せきこくき》あれば横死《わうし》の厄《やく》あり。

輔角《ほかく》に赤黑色《せきこくしよく》を發《はつ》し神《しん》光《くわう》を貫《つらぬ》くは產死《さんし》す此血《このけつ》色《しよく》不姙婦《ふにんぷ》に在《あ》りても產《さん》すべし●疾病《やまひ》大凶●訴訟《そしよう》平《たひら》。

䷣ 地火明夷《ちくわめいい》

明夷《めいい》は明地中《めいちちう》に入《い》るの卦《くわ》にして暗夜《あんや》に道《みち》を失《うしな》ふ意《い》なり故《ゆゑ》に才《さい》徳《とく》ある者《もの》も智惠《ちゑ》を晦《くら》まして天明《てんめい》に至《いた》るの期《き》を待《ま》つに利《よろ》し常人《じやうじん》は大抵不慮《たいていふりよ》の災厄《わざはひ》に遭《あ》ひ住居《ちうきよ》の勞《らう》あるべし是亦忍耐《これまたにんたい》して時期《じき》を待《ま》つにしかず蓋太陽《けだしたいやう》の地下《ちか》に沒《ぼつ》するも晨《あした》に至《いた》れば東天《とうてん》に輝《かゞや》くものなれば一時《じ》の困難苦境《こんなんくきやう》と思惟《しゐ》して身《み》を愼《つゝし》むこと肝要《かんえう》なり。

●婚姻《こんいん》凶●胎產《たいさん》凶●居所《きよしよ》凶●旅行《りよかう》大凶●求財《きうざい》久《ひさ》しくして得《う》ることあり●待人《まちびと》或《あるひ》は遲《おそ》く來《きた》る●官途《くわんと》凶●相塲《さうば》大《おほい》に下《さが》る●天時《てんじ》陰雨《いんう》●遺失《ゐしつ》得《え》ず●疾病《やまひ》大凶●訴訟《そしよう》大凶黑白《こくびやく》を辨《べん》じ難《かた》し。

䷤ 風火家人《ふうくわかじん》

れば死《し》す輔角《はかく》とは天庭《てんてい》の左《さ》右眉上《いうびじやう》の正中《せいちう》より少《すこ》し中《ちう》心神光《しんしんくわう》とは眉尾《びび》より少《すこ》し離《はな》れて上《うへ》の方《かた》なり。眉上《びじやう》に黒氣《こくき》ありて法令《はふれい》の邊暗氣《へんあんき》なるは常《つね》に物《もの》を盜《ぬす》む印堂《いんだう》より赤氣發《せききはつ》して年壽《ねんじゆ》上《じやう》に下《くだ》るは産厄《さんやく》にて死《し》す印堂《いんだう》より黄潤色發《くわうじゆんしよくはつ》して年壽上《ねんじゆじやう》に下《くだ》るは貴子《きし》を産《う》む。

兩眼中《りやうがんちう》に少《すこ》し赤氣《せきき》ありて三陰三陽共《いんやうとも》に赤氣《せきき》あれば私情《しじやう》ありとす三陰《いん》とは左眼《さがん》の下《した》三陽《やう》とは右眼《うがん》の下《した》臥蠶《くわさん》の部位《ぶゐ》に屬《ぞく》す。左右《さいう》の顴骨《けんこつ》に平生《へいせい》青氣《せいき》青《せい》筋《きん》あれば産死《さんし》の厄《やく》あり。

家人《かじん》は陰陽位《いんやうくらゐ》を得《え》花開《はなひら》きて子《み》を結《むす》ぶの卦《くわ》なれば家齊《いへとゝの》ふとす然《しか》れども萬事情《ばんじじやう》に繋《つな》がれて決斷《けつだん》せざる意《い》あり總《すべ》て大事《だいじ》は成《な》り難《がた》く小事《せうじ》は就《な》るべし正《たゞ》しき者《もの》は平安《へいあん》なるも常人《じやうじん》は他《た》の爲《ため》に勞《らう》することあり又人《またひと》の親《したし》みを受《う》け人《ひと》に助《たす》けらるゝことあり婦人《ふじん》に就《つ》きて喜憂《きいう》ある意《い》なるが故《ゆゑ》に女難《ぢよなん》を戒《いまし》むべし。

●婚姻平《こんいんたひら》●胎産平《たいさんたひら》●居所平《きよしよたひら》●旅行平《りよかうたひら》●求財小額《きうざいせうかく》なれば得《う》べし●待人來《まちびときた》る●官途《くわんと》吉●相場《さうば》上《あが》るべし●天時《てんじ》晴《はれ》●遺《ゐ》失《しつ》或《あるひ》は家内《かない》に在《あ》り●疾病《やまひ》漸々《せんせん》重《おも》し或《あるひ》は變症《へんしやう》することあり●訴訟平《そしようたひら》或《あるひ》は和解《わかい》す。

䷥ 火《くわ》澤《たく》睽《けい》

睽《けい》は背《そむ》くなり兩情相違《りやうじやうあひたが》ふなり二女同居《ぢよどうきよ》して其志《そのこゝろざし》同《おな》じからざるなり故《ゆゑ》に財散《ざいさん》じ人離《ひとはな》れて口《く》舌《ぜつ》屢《しばしば》起《おこ》るべし人《ひと》と共《とも》にする

耳《みゝ》より青氣青筋《せいきせいきん》發《はつ》し年壽《ねんじゆ》に入《い》るは父子兄弟《ふしけいてい》の中奸《うちかん》通《つう》す然《しか》らざれば甚淫婦《はなはだいんぷ》なり。

準頭《せつとう》に紫氣發《しきはつ》する姙婦《にんぷ》は貴子《きし》を產《う》む。

人中《じんちう》に赤氣發《せききはつ》すれば一箇《か》月內《げつない》に夫《をつと》に離《はな》るゝことあり。

口角《こうかく》の右邊《うへん》に赤氣《せきき》ある姙《にん》婦《ぷ》は女子《ぢよし》を產《う》む左邊《さへん》なれば男兒《だんじ》を產《う》む口角《こうかく》とは口《くち》の左《さ》右《いう》なり。

承漿《しよう〳〵》に赤氣發《せききはつ》すれば七日《か》の內《うち》に夫《をつと》に離《はな》るゝか又《また》は是迄《これまで》の家計《かけい》と事變《ことかは》るなり

承漿《しよう〳〵》とは下脣《したくちびる》の下《した》なり。

事《こと》は害《がい》あり己《おのれ》一分《ぶん》の事《こと》なれば大抵《たいてい》吉とすれども大事《だいじ》は成《な》らず小事《せうじ》は就《な》るべし學者又才德《がくもんまたさいとく》ある者《もの》は吉なりと雖《いへど》も少壯《せうさう》の人《ひと》は色情《しきじやう》によりて災禍《わざはひ》を惹《ひ》くことあり愼《つゝし》むべし婦女《ふぢよ》にして此卦《このくわ》を得《う》るときは最《もつと》も凶なり。

●婚姻《こんいん》凶●胎產大抵平《たいさんたいていたひら》●居所安《きよしよやす》からず●旅行鄕里《りよかうきやうり》を去《さ》るは吉●求財《きうざい》得《え》ず●待人來《まちびときた》らず●官途《くわんと》凶●相場《さうば》高《たか》かるべし●天時《てんじ》一晴《せい》一雨《う》相變《あひへん》ず●遺失《ゐしつ》得《え》ず●疾病《やまひ》治《ぢ》し難《がた》し●訴訟最《そしようもつと》も不利《ふり》なり

䷦ 水《する》山《さん》蹇《けん》

蹇《けん》は難《なん》なり坎險前《かんけんまへ》に在《あ》りて止《とゞ》まるの卦《くわ》なり明《めい》に背《そむ》き暗《あん》に向《むか》ふの意《い》なれば萬事《ばんじ》自《じ》由《ゆう》ならず如何《いかん》とも爲《な》し難《がた》し故《ゆゑ》に求《もと》むる事遂《ことゝ》げずして疑惑《ぎわく》多《おほ》く人《ひと》の爲《ため》に困却《こんきやく》し又自《またみづか》ら爲《な》したる事《こと》に窮迫《きうはく》する時《とき》なれば安靜《あんせい》にして時《とき》を待《ま》つべし方正《はうせい》なる者《もの》は稀《まれ》に人《ひと》の援《たす》

●出嫁相

縁談《えんだん》の女《をんな》眉尾《びじ》の上《うへ》に紅《こう》紫色《ししよく》發《はつ》し斜《なゝめ》に隅《すみ》の方《はう》に至《いた》るは婚約《こんやく》調《とゝの》ふとす。出嫁《しゆつか》の時《とき》眉上《びじやう》臥蠶《ぐわさん》田《でん》宅《たく》の三位《ゐ》に何《なに》の色《いろ》も發《はつ》せざれば可《か》なり此《この》三位《ゐ》に淡紅《たんこう》色《しよく》か紫色《ししよく》など發《はつ》すれば夫《をつと》を剋《こく》す若《も》し白《しろ》く涸渇《こかつ》すれば我《われ》も病《や》み夫《をつと》も亦《また》病《や》む出嫁《しゆつか》の時《とき》滿面《まんめん》黄色《くわうしよく》は凶夫《をつと》も榮《さか》えず生子《せいし》も育《いく》せず。

●妊娠相

魚尾《ぎよび》奸門《かんもん》に青氣《せいき》ありて臥《ぐわ》蠶《さん》起《おこ》りたるは妊娠《にんしん》の相《さう》なれども胸《むね》の上《うへ》乳《ちゝ》の邊《へん》黄《くわう》

助《け》を得《う》るあり。

●婚姻不利《こんいんふり》●胎産安《たいさんやす》からず●居所辛勞多《きよしよしんらうおほ》し●旅行宜《りよかうよろ》しからず又行《またゆ》く能《あた》はざるなり●求財得《きうざいえ》ず●待人來《まちびときた》らず●官途在官者《くわんとざいくわんしや》は難儀多《なんぎおほ》し官《くわん》を望《のぞ》む者《もの》は成《な》らず●相場急《さうばきふ》ならざれども大《おほい》に下《さが》る

●天時陰《てんじくもる》●遺失得《ゐしつえ》ず●疾病《やまひ》甚《はなはだ》重《おも》し凶●訴訟利《そしようり》あらず。

䷧ 雷《らい》水《すゐ》解《かい》

解《かい》は險難《けんなん》を出《い》でゝ惡事《あくじ》消散《せうさん》するの卦《くわ》にして魚《うを》の網《あみ》を逃《のが》れたる意《い》なり故《ゆゑ》に是迄《これまで》窮屈《きうくつ》なることも安堵《あんど》の思《おもひ》あるべし然《しか》れども怠《たい》慢《まん》なれば害《がい》を生《しやう》じて再《ふたゝび》補《おぎな》ひ難《がた》し已《や》むを得《え》ざる事《こと》は速《すみやか》に爲《な》すによろし。

●婚姻凶《こんいん》●胎産平《たいさんたひら》●居所安《きよしよやす》からず●旅行吉《りよかう》行先未定《ゆくさきみてい》なれば凶

●求財大抵得難《きうざいたいていえがた》し●待人要件《まちびとえうけん》の人《ひと》は來《きた》るべし●官途平《くわんとたひら》●相場《さうば》

涸《こ》すれば二三日《にち》にして流産《りうさん》す。
耳《みゝ》の輪郭《りんくわく》全《まつた》からず面《めん》色土《しよくつち》の如《ごと》く髪際《はえぎは》禿《はげ》たるは難産《なんさん》なり。
色白《いろしろ》く下停《かてい》窄《せば》くして突上《つきあ》げたるが如《ごと》き女《をんな》は流産《りうさん》すること多《おほ》し。
準頭《せつとう》に紫氣《しき》發《はつ》すれば貴子《きし》を産《う》む。
地閣《ちかく》に黄潤《きのうるはひ》色繞《めぐ》り或《あるひ》は耳《みゝ》の下《した》に至《いた》る姙婦《にんぷ》は安産《あんざん》す。

● 臨産相

印堂《いんだう》に青氣《せいき》ある姙婦《にんぷ》は胎氣《たいき》未満《みまん》とす臨月《りんげつ》にて産氣《さんき》ありとも鎮《しづ》まるべし。

上《あが》る夏《なつ》は下《さが》るべし●天時《てんじ》雨《あめ》●遺失《ゐしつ》出でず●疾病《やまひ》凶久病《きうびやう》は治《ち》することあり●訴訟《そしよう》平《たひら》或《あるひ》は訟《しよう》に至《いた》らず。

䷨ 山《さん》澤《たく》損《そん》

損《そん》は下《しも》を損《そん》して上《かみ》に益《ま》すなり先《さき》には難《なや》み後《のち》には易《やす》く眼前損失《がんせんそんしつ》あるも後《のち》の利益《りえき》となるべし然《しか》れども惠與《けいよ》の心《こゝろ》なくして欺《あざむ》く者《もの》は凶なり又求《またもと》むる所《どころ》未《いまだて》手に入《い》らざるべし私事《しじ》を捨《す》てゝ他《た》の爲《ため》にする事《こと》は吉なり。
●婚姻《こんいん》平《たひら》吉●胎産《たいさん》平《たひら》●居所《きよしよ》平《たひら》●旅行《りよかう》心《こゝろ》に進《すゝ》まざるべし行《ゆ》くとしても平《たひら》●求財《きうざいう》得べし●待人《まちびと》婦人《ふじん》なれば來《きた》ることあり●官途《くわんと》昇進《しやうしん》すべし●相場《さうば》下《さが》るべし●天時《てんじ》雨《あめ》●遺失《ゐしつ》早《はや》く尋《たづ》ぬれば得《う》ることあり●疾病《やまひ》治《ち》すべし●訴訟《そしよう》不利《ふり》益《えき》なり。

䷩ 風《ふう》雷《らい》益《えき》

臨産《りんさん》の時《とき》婦《ふ》の右《みぎ》の手掌中《てのひらちう》明堂《めいだう》に何《なに》の色《いろ》も發《はつ》せざれば安産明堂《あんざんめいだう》とは手掌《てのひら》の中央《ちうわう》なり。

奸門《かんもん》陷《おちい》れば生産速《せいさんはや》し。

命門紅氣紫氣《めいもんこうきしき》を帶《お》ぶれば安産《あんざん》なり。

明堂《めいだう》に白色《はくしよく》ありて印堂《いんだう》に紅色《こうしよく》あるは産《さん》ありて母《はゝ》病《や》むか死《し》するかなり。

明堂《めいだう》と印堂《いんだう》とは紅黄《こうき》二色《しよく》を吉とし最《もつと》も黄色《くわうしよく》を上《じやう》とす。

明堂青白《めいだうせいはく》は女子《ぢよし》を産《う》む。

印堂《いんだう》は兒《じ》に係《かゝ》り明堂《めいだう》は母《はゝ》に係《かゝ》る此《この》二位《ゐ》に白氣《はくき》出づれば死胎《したい》か或《あるひ》は母子共《ぼしども》に死《し》するなり。

益《えき》は損《そん》の反對《はんたい》にして益極《えききは》まれば損《そん》の外《ほか》なし雷風共《らいふうとも》に動《うご》きて穩《おだや》かならず彼是心配《かれこれしんぱい》して決斷《けつだん》せざるの時《とき》なり故《ゆゑ》に人《ひと》の力《ちから》に倚《よ》らざれば功《こう》を立《た》て難《がた》く良友《りやういう》と意《い》を合《あは》せて謀《はか》るに宜《よろ》し然《しか》れども漫《みだり》に親《したし》むときは禍根《くわこん》を招《まね》くべし又人《またひと》の爲《ため》に罪《つみ》を得《う》ることあり人《ひと》に厭《いと》はるゝことあり宜《よろし》く前後《ぜんご》を斟酌《しんしやく》すること肝要《かんえう》なり。

●婚姻不利《こんいんふり》●胎産平《たいさんたひら》●居所安《きよしよやす》からず●旅行平好侶《りよかうたひらよきとも》あれば吉《きつ》●求財大抵得《きうざいたいていう》べし●待人遲《まちびとおそ》くとも來《きた》るべし●官途平《くわんとたひら》●相場上《さうばあが》るべし●天時《てんじ》雨模樣《あめもやう》なり●遺失早《ゐしつはや》く尋《たづ》ねざれば所在《しよざい》の變《へん》ずることあり●疾病重《やまひおも》し或《あるひ》は併發《へいはつ》の症《しやう》あり●訴訟平《そしようたひら》。

䷪ 澤《たく》天《てん》夬《かい》

夬《かい》は決《けつ》なり剛《がう》の柔《じう》を決《けつ》するなり故《ゆゑ》に短氣《たんき》にして剛強《がうきやう》を恃《たの》み決斷速《けつだんすみやか》なりと雖《いへど》も輕卒《けいそつ》にして敗《やぶれ》を取《と》ることあるべし總《すべ》て事《こと》に當《あた》

準頭《せつとう》赤氣《せきき》を帶《お》ぶれば女子《ちよし》を産《さん》するか死胎《したい》なり。準頭《せつとう》黑暗《こくあん》は難産《なんざん》なり。口角《こうかく》右邊《うへん》赤《あか》きは女子《ちよし》を産《う》む左邊《さへん》赤《あか》きは男子《だんし》を産《う》む。臨産《りんざん》には第《だい》一明堂《めいだう》の黑暗《こくあん》を忌《い》む第《だい》二印堂《いんだう》の黑暗《こくあん》を忌《い》む第《だい》三命門《めいもん》の黑暗《こくあん》を忌《い》む第《だい》四準頭《せつとう》の黑暗《こくあん》を忌《い》む第《だい》五人中《じんちう》の黑暗《こくあん》を忌《い》む此《この》五箇條《かでう》最《もつと》も注意《ちうい》すべし。

●多子生産の女相

面部中《めんぶちう》高《たか》くなる女《をんな》。
面部《めんぶ》赤色《せきしよく》を帶《お》ぶる女《をんな》。
髮長《かみなが》く麗《うつくし》き女《をんな》。
垂頰《たれほゝ》の女《をんな》但《たゞ》し多《おほ》く産《う》み

りて人《ひと》を排斥《はいせき》しても進《すゝ》まんとする意《い》あり勉《つと》めて忍耐《にんたい》を守《まも》らざれば臍《ほぞ》を噬《か》むの悔《くい》あらん文書《ぶんしよ》の契約《けいやく》負《ふ》債《さい》の連署《れんしよ》等《とう》に注意《ちうい》すべし熟慮《じゆくりよ》せざれば害《がい》を招《まね》くに至《いた》らん。

●婚姻《こんいん》或《あるひ》は貞順《ていじゆん》ならず不利《ふり》なり●胎産《たいさん》少《すこ》し驚《おどろ》きあり●居所《きよしよ》安《やす》からず●旅行《りよかう》平意《へいい》なれば可《か》なり●求財《きうざい》半《なかば》を得《う》ることあり●待《まち》人來《ひときた》るべし●官途《くわんと》方正《はうせい》なれば人《ひと》の首《かしら》となれども大抵《たいてい》永續《えいぞく》せず●相場《さうば》上《あが》るなれども最初《さいしよ》の價格《かかく》に戻《もど》ることあり●天時《てんじ》陰晴《いんせい》相反《あひはん》す●遺《る》失《しつ》大抵《たいてい》得難《えがた》し●疾病《やまひ》治《ち》するも生涯《しやうがい》の因跡《もと》となることあり●訴訟《そしよう》裁斷《さいだん》速《すみやか》に決《けつ》すべし非《ひ》なることは敗《やぶ》る。

䷫ 天《てん》風《ふう》姤《こう》

姤《こう》は遇《ぐう》なり期《き》せずして遇《あ》ふを姤《こう》と謂《い》ふ柔《じう》の剛《がう》に遇《あ》ふなり乃《すなはち》一陰《いん》にして五陽《やう》に遇《あ》ふ君子《くんし》の中《うち》に佞者《ねいしや》一人《にん》在《あ》るの象《しやう》なり故《ゆゑ》に

ても役《やく》に立《た》たず。

● 子なき女相

髪際《はつさい》むらに禿《は》げ眼花《がんくわ》強《つよ》く肥肉《ひにく》なる女《をんな》。髪《かみ》太《ふと》く赤《あか》く馬尾《うまを》の如《ごと》き女《をんな》。額上《がくじやう》横紋《わうもん》多《おほ》く當門《たうもん》上《うは》歯缺《はか》けたる女《をんな》。髪《かみ》薄《うす》く心《こゝろ》愚痴《ぐち》なる女《をんな》。年若《としわか》くして面部《めんぶ》に紋理《もんり》の如《ごと》き皺《しは》多《おほ》く法令《はふれい》屹《きつ》と立《た》ちたる女《をんな》。眼形《がんけい》蝌蚪《くわと》の如《ごと》く眉尾《びど》垂《た》れ下《さが》る女《をんな》は淫《いん》にして子《こ》なし。眼《め》の上胞《うはかは》垂《た》れ下胞《したかは》一文字《もんじ》の如《ごと》くなるは淫《いん》にして子《こ》なし。印堂《いんだう》より額上《がくじやう》に向《むか》ひ亂《らん》

才《さい》あるも世《よ》に用《もち》ひられず偶《たま〳〵》長上《ちやうじやう》の寵《てう》を受《う》くることあるも其器《そのき》に當《あた》らざる人《ひと》なるべし大抵常人《たいていじやうじん》は一定《てい》の考慮《かうりよ》なく進退模《しんたいも》糊《こ》の中《うち》に在《あ》るを以《もつ》て一身《しん》落著《おちつ》かす據《よ》る所《ところ》なしされば何事《なにごと》も人《ひと》の意見《いけん》に從《したが》ふを可《か》とす婦女《ふぢよ》にして此卦《このくわ》を得《う》れば不貞《ふてい》とす依《よつ》て又男子《またたんし》に於《おい》ても女難《ぢよなん》を戒《いまし》むべし。

●婚姻《こんいん》甚《はなはだ》不利《ふり》●胎産《たいさん》或《あるひ》は平《たひら》●居所《きよしよ》安《やす》からず●旅行艱苦《りよかうかんく》あり●求財《きうざい》稀《まれ》に得《う》ることあり●待人《まちびと》待《ま》つ時《とき》に來《きた》らずして待《ま》たざる時《とき》に來《きた》る●官途《くわんと》不利《ふり》●相場《さうば》上《あが》るなれども一定《てい》し難《がた》し●天時《てんじ》風《かせ》吹《ふ》くか又《また》は雨《あめ》●遺《ゐ》失《しつ》能《よ》く尋《たづ》ねざれば得《え》ず●疾病《やまひ》漸々《せん〳〵》重《おも》し●訴訟《そしよう》凶《きよう》。

䷬ 澤《たく》地《ち》萃《すゐ》

萃《すゐ》は聚《しゆう》なり内外喜悦《ないぐわいきえつ》士《し》民《みん》共《とも》に繁榮《はんえい》の卦《くわ》なり大抵吉《たいていきつ》とす然《しか》れど

紋《もん》多《おほ》きは子《こ》なし縦令《たとひ》有《あ》りとも無《な》きが如《ごと》し。四肢《しゝ》短《みぢか》く胴《どう》太《ふと》くして圓《まる》き女《をんな》。身長《たけ》高《たか》く骨格《こつかく》男《をとこ》の如《ごと》き女《をんな》。子《こ》ある相《さう》にても夫《をつと》に子《こ》なき相《さう》あれば子《こ》ありとも女子《ちよし》のみなり。

●夫不定の女相

額《ひたひ》尖《とが》り耳《みゝ》偏頗《へんは》にして聲《こゑ》男子《だんし》の如《ごと》き女《をんな》は三嫁《か》不定《ふてい》とす。額上《がくじやう》司空《しくう》中正《ちうせい》の邊《へん》に紋《もん》理《り》多《おほ》き女《をんな》は夫《をつと》に縁《えん》なし司空《しくう》は天中《てんちう》の下《した》中正《ちうせい》は又《また》其下位《そのかゐ》なり。

も聚《あつま》るものは必《かならず》散《さん》ずる時《とき》あり故《ゆゑ》に一旦《たん》榮《さか》ふるも衰《おとろ》ふることあり又《また》貴賤《きせん》賢愚《けんぐ》善惡《ぜんあく》眞僞《しんぎ》を雜《まじ》ふる意《い》あれば取捨《じゆしや》して可《か》なり集《しふ》會《くわい》團結《だんけつ》等《とう》前後《ぜんご》を顧《かへりみ》ずして雷同《らいどう》するは笑《わら》ふて後《のち》に歎《なげ》くの恐《おそれ》あるべし依《よつ》て利《り》欲《よく》に耽《ふけ》ることを戒《いまし》め勝敗《しやうはい》に關《くわん》する投機《とうき》の事《こと》を戒《いまし》むべし。

●婚姻《こんいん》吉《きつ》或《あるひ》は破《やぶ》れて後《のち》調《とゝの》ふか又《また》は再縁《さいえん》●胎産《たいさん》平《たひら》●居所《きよしよ》平吉《へいきつ》●旅行《りよかう》平《たひら》ならず●求財《きうざい》大抵《たいてい》得《う》べし●待人《まちびと》來《きた》る●官途《くわんと》吉《きつ》●相場《さうば》上《あが》るとも下《さが》ることなし●天時《てんじ》陰《くもり》又《また》雨《あめ》●遺《ゐ》失《しつ》能《よ》く尋《たづ》ぬれば得《う》る●疾病《やまひ》凶《きよう》●訴訟《そしよう》和《わ》に宜《よろ》し。

䷭ 地《ち》風《ふう》升《しやう》

升《しやう》は進《しん》なり小《せう》を積《つ》みて大《だい》を成《な》すの卦《くわ》にして陽明《やうめい》に向《むか》ふの意《い》なれば出身《しゆつしん》發達《はつたつ》するの時《とき》なり然《しか》れども急進《きふしん》するは成《な》らずして害《がい》

臥蠶涙堂《ぐわさんるいだう》に平日黒氣《へいじつこくき》ある女《をんな》は夫《をつと》に縁《えん》なし涙堂《るいだう》は臥蠶《ぐわさん》と並《なら》びて鼻《はな》の方《かた》によりたる處《ところ》なり。命門燒爛《めいもんやけたゞ》れたるが如《ごと》き女《をんな》顴骨高《けんこつたか》く顯《あらは》れ聲男子《こゑだんし》の如《ごと》き女《をんな》は七嫁《か》不定《ふてい》とす。

●夫を剋する

女相

鬢先《びんさき》或《あるひ》は後髮際《うしろはえぎは》の毛《け》卷《ま》きちぢれ顴骨《けんこつ》の上《うへ》赤《あか》き女《をんな》は淫《いん》にして夫《をつと》を剋《こく》す卷髮《ちゞれけ》の女《をんな》。髮色《かみのいろ》赤《あか》き女《をんか》は淫《いん》にして夫存《をつとそん》すれば子亡《こほろ》ぶ子存《こそん》すれば夫亡《をつとほろ》ぶ夫子全《ふしまつた》からざるなり。

あり是則《これすなはち》一勺《しやく》の水漸々《みづせん〳〵》其量《そのりやう》を增《ま》して升《しやう》となり斗《と》となり石《こく》となるの意《い》なればなり然《しか》るに常人《じやうじん》は多《おほ》く不足《ふそく》の意《い》を懷《いだ》き疑《うたが》ふて決《けつ》せざるが故《ゆゑ》に惑《まど》ふて躊躇《ちうちよ》することあり宜《よろ》しく考慮《かうりよ》して怠《おこた》らざるを最《もつと》も肝要《かんえう》とす後《のち》必《かならず》幸福《かうふく》あるべし。

●婚姻吉《こんいんきつ》と雖《いへど》も或《あるひ》は後年不利《こうねんふり》なることあり●胎產平《たいさんたひら》●居所害《きよしよがい》なけれども少《すこ》し勞《らう》あり●旅行吉《りよかうきつ》●求財《きうざい》得《う》べし●待人來《まちびときた》る●官途《くわんと》大吉《だいきつ》●相場《さうば》次第《しだい》に上《あが》る●天時陰《てんじくもる》或《あるひ》は風《かせ》●遺失《るしつ》時《とき》過《す》ぎて出《い》づることあり●疾病《やまひ》漸々《せん〳〵》重《おも》し凶《きよう》●訴訟《そしよう》久《ひさ》しくて後《のち》平和《へいわ》に決《けつ》すべし。

䷮ 澤《たく》水《すゐ》困《こん》

困《こん》は水澤《みづたく》下《か》に在《あ》りて萬物生《ばんぶつしやう》ぜず君子困窮《くんしこんきう》し小人濫盈《せうじんらんゑい》するなり萬事《ばんじ》窮迫《きうはく》自在《じざい》ならず蓋《けだし》困《こん》の字《じ》たる木《き》圍《ゐ》中《ちう》に在《あ》りて伸《の》ぶるを得《え》

眇目《すがめ》近眼《ちかめ》参差眼《ながみじかめ》爛《たゞ》れ眼《め》の女《をんな》は夫《をつと》を剋《こく》す参差眼《ながみじかめ》とは左右不同《さいうふどう》なるなり。山根《さんこん》に黒子《こくし》ある女《をんな》は夫《をつと》を剋《こく》す黒子《こくし》を除《のぞ》き去《さ》るとも剋《こく》す。左手《さしゆ》の食指中指無名指《しよくしちうしむめいし》何《いづ》れにても缺陥傷痕《けつかんきづ》ある女《をんな》。全身皮厚《ぜんしんかはあつ》き女《をんな》は氣剛《きがう》にして夫《をつと》を剋《こく》す。首骨《くびほね》右《みぎ》の方《かた》瘦《や》せて左《ひだり》の方肥《かたこえ》たる女《をんな》。

●淫婦相

眼大《めだい》にして怖《おそ》ろしき樣《やう》なる女聲《をんなごゑ》丈夫《ぢやうぶ》の如《ごと》き女《をんな》凡《およそ》淫相《いんさう》多種《たしゆ》ありと雖《いへど》も此《この》二相《さう》を重《おも》しとす他相《たさう》に

ざればなり此卦《このくわ》學者《がくしや》又《また》清閑《せいかん》の隱士《いんし》には吉《きつ》正人《せいじん》は後榮《こうえい》の意《い》あれども小人《せうじん》は家郷《かきやう》を去《さ》り親族朋友《しんぞくほういう》に付勞《つきらう》多《おほ》く物《もの》の不足《ふそく》を怨《うら》みて憤怒《ふんど》に堪《た》へざるべし自若《じじやく》として時《とき》の至《いた》るを待《ま》てば貴人《きにん》の援引《ひゐき》を得《う》ることあり何事《なにごと》も瑣末《さまつ》の喜《よろこ》びに乘《じやう》じて危《あやふ》きに陷《おちい》らざる樣《やう》注意《ちうい》すべし。

●婚姻平《こんいんたひら》●胎產平《たいさんたひら》●居所《きよしよ》意《い》に任《まか》せずと雖《いへど》も害《がい》なし●旅行支障《りよかうさはり》あり●求財得難《きうざいえがた》し●待人來《まちびときた》れども遲《おそ》し●官途忍耐《くわんとにんたい》すれば吉《きつ》●相塲大《さうばおほい》に下《さが》るべし●天時陰雨《てんじいんう》●遺失《ゐしつ》尋《たづ》ね難《がた》し●疾病《やまひ》久《ひさ》しきは治《ち》することあり●訴訟凶《そしようきよう》。

䷯ 水《すゐ》風《ふう》井《せい》

井《せい》は穴地《けつち》水《みづ》を出《い》だすの處《ところ》にして移《うつ》すべからず故《ゆゑ》に身《み》を安《やす》んじて動《うご》かず道《みち》を守《まも》りて虧《か》くるなきの意《い》なり大率《おほむね》運拙《うんつたな》く心細《こゝろぼそ》くし

依《よ》らずして必然《かならず》淫《いん》なり。

額細《ひたひほそ》く顔尖《をとがひとが》りたる女《をんな》
額上禿《ひたひは》げて面黄色《めんきいろ》なる女《をんな》。

髪赤《かみあか》く眉細《まゆほそ》き女《をんな》。

面部掌中共《めんぶしやうちうとも》に脂肪《しばう》浮きて滑《なめら》かなる女《をんな》。

眉稜骨高《びれうはねたか》き女《をんな》。

田宅眉《でんたくまゆ》と釣合引張《つりあひひきばり》たる女《をんな》。

田宅臥蠶耳《でんたくぐわさんじ》前《せん》に鈌陷《けつかん》或《あるひ》は疣《いぼ》の如《ごと》きもの發《はつ》して眼胞《がんばう》の上下眼尾《じやうかがんび》の方《かた》にて垂《た》るゝ女《をんな》は淫《いん》に因《より》て身《み》を亡《ほろ》ぼす。

眼形《めのなり》銀杏《ぎんなん》の如《ごと》くにして魚《ぎよ》尾《び》なき女《をんな》は甚《はなはだ》しき淫相《いんさう》なり。

眼中《がんちう》の光《ひかり》浮きたるは多淫《たいん》

息《き》するを期《き》し難《がた》し依《よつ》て萬事《ばんじ》舊《きう》を守《まも》るに宜《よろ》しく新《あらた》に事《こと》を爲《な》すは損《そん》ありて利《り》なし今《いま》は少《すこ》しにても便宜《べんぎ》の端緒《たんちよ》を得《え》たき心《こゝろ》ありて勞《らう》するなるべきも時《とき》を待《ま》つにはしかざるなり但《たゞ》し恵與《けいよ》の心《こゝろ》ある者《もの》は後《のち》に慶福《けいふく》あるべし。

●婚姻大抵平《こんいんたいていたひら》●胎產平《たいさんたひら》●居所平《きよしよたひら》なれども求《もと》めて勞《らう》することあり●旅行鄉里《りよかうきやうり》に歸《かへ》るは平《たひら》●求財人《きうざいひと》と共《とも》にすれば得《う》ることあり●待人來《まちびときた》る●官途滯《くわんとどこほ》りあり●相場《さうば》高下《かうげ》往來《わうらい》し冬《ふゆ》は下《さが》る●天時雨《てんじあめ》●遺失《ゐしつ》得難《えがた》し●疾病《やまひ》長《なが》くして治《ち》し難《がた》し●訴訟不利《そしようふり》。

䷰ 澤《たく》火《くわ》革《かく》

革《かく》は改《かい》なり故《ふるき》を改《あらた》めて新《あらた》に就《つ》くの卦《くわ》にして君子《くんし》豹變《へうへん》するなり故《ゆゑ》に從來《じゆうらい》の事行《ことおこな》はれざれば速《すみやか》に改《あらた》むべし但《たゞ》し大事《だいじ》は徐々《じよ〳〵》にせざれば成《な》らず大抵始難《たいていはじめかた》しと雖《いへど》も終《つひ》に成《な》るべきの兆《てう》或《あるひ》は再興《さいこう》の

の女《をんな》なり。一重眼胞《ひとえまぶち》二重眶《えまぶた》の女《をんな》。波紋《はもん》なく眼胞垂《まぶちた》るゝ女《をんな》は奸悪《かんあく》の淫《いん》なり。耳《みゝ》の郭《くわく》なき女《をんな》。耳《みゝ》の郭縮《くわくちぢ》む女《をんな》。耳《みゝ》の形《かたち》偏小《へんせう》なる女《をんな》。唇《くちびる》の色青紫《いろあをむらさき》の女《をんな》。唇《くちびる》に黒子《こくし》ある女《をんな》は媒介《ばいかい》なくして自《みづか》ら嫁《か》す。笑《わら》ふに齦《はぐき》を露《あらは》し甚《はなはだ》色白《いろしろ》く或《あるひ》は青《あを》みある女《をんな》。笑《わら》ふとき齦悉皆露《はぐきのこらずあらは》るゝ女《をんな》。歯細《はほそ》く短《みぢか》き女《をんな》。肩《かた》のいかる女《をんな》。手《て》の指《ゆび》を伸《のば》すに指頭皆屈《ゆびさきみなくつ》して全《まつた》く伸《の》びざる女《をんな》。

事《こと》あり然《しか》れども常人《じやうじん》は多《おほ》く世利《せり》に疎《うと》く奇癖《きへき》あり依《よつ》て人《ひと》と共《とも》に謀《はか》らざれば何事《なにごと》も好結果《かうけつくわ》を得《え》ず不正《ふせい》なれば衰頽《するたい》に傾《かたむ》くべし。●婚姻凶《こんいんきやう》●胎産平《たいさんたひら》●居所凶動《きよしよきようご》きて平《たひら》なり●旅行吉《りよかうきつ》●求財或《きうざいあるひ》は得《う》べし●待人來《まちびときた》る●官途昇進《くわんとしやうしん》すべし●相場是迄高《きうばこれまでたか》ければ下《さが》る安《やす》ければ上《あが》る●天時晴《てんじはれ》●遺失出難《ゐしつでがた》し●疾病危《やまひあやふ》し大抵治《たいていち》せず●訴訟反覆表裏《そしようはんぷくへうり》あり凶《きよう》。

䷱ 火《くわ》風《ふう》鼎《てい》

鼎《てい》は烹飪《はうじん》の器《き》なり生《せい》を變《へん》じて熟《じゆく》と爲《な》し硬《かう》を煮《に》て軟《なん》とするなり故《ゆゑ》に總《すべ》て變革《へんかく》の事成《ことな》るべし但《たゞ》し下卦《かくわ》巽風《そんぷう》は上卦《じやうくわ》の離《り》火《くわ》を煽動《せんどう》して一家《か》の中平穏《うちへいおん》ならず心勞多《しんらうおほ》かるべし依《よつ》て又《また》口舌《くせつ》爭論《さうろん》を免《まぬか》れず大徳《だいとく》ある者《もの》は家《いへ》を興《おこ》し文學《ぶんがく》の者《もの》は發達《はつたつ》すれども常人《じやうじん》は故《こ》郷《きやう》を離《はな》れて業《げふ》を傾《かたむ》くることあり溫柔《おんじふ》にして他《た》の力《ちから》を假《か》らざれ

手《て》を懐中《ふところ》にして乳《ちゝ》の上《うへ》に入《い》るゝ癖《くせ》ある女《をんな》。

腮骨《さいこつ》開《ひら》きたる女《をんな》は淫《いん》にして孤獨《こどく》なり。

胴長《どうなが》く脚《あし》細《ほそ》き女《をんな》。

全身《ぜんしん》毛《け》深《ふか》き女《をんな》。

身體《しんたい》風《かぜ》の柳《やなぎ》の如《ごと》く歩行《ほかう》するに裊々《よた〳〵》として力《ちから》なき樣《やう》に見《み》ゆる女《をんな》。

●小兒相

小兒《せうに》の相《さう》は陰嚢《いんのう》によりて夭《えう》壽吉凶《じゆきつきよう》あり。小兒《せうに》の陰嚢《いんのう》は形《かたち》小《ちい》さく堅《かた》く圓《まる》くして弦《つる》あり色《いろ》は紫黑《しこく》か暗色《あんしよく》にして皺《しは》あるを上《じやう》とす壽相《じゆさう》にして養育《やういく》易《やす》し弦《つる》とは嚢中《のうちう》の釣筋《つりすぢ》なば到底《たうてい》身《み》を立《た》つること能《あた》はざるべし。

●婚姻吉《こんいんきつ》なれども後《のち》に離《はな》るゝことあるか●胎産安《たいさんやす》からず●居所安《きよしよやす》からず●旅行不利《りよかうふり》●求財得難《きうざいえがた》し●待人來《まちびときた》る●官途吉《くわんときつ》●天時《てんじ》雲日光《くもにつくわう》を掩《むほ》ふ●遺失尋《ゐしつたづ》ね難《がた》し●疾病危《やまひあやふ》し變症《へんしやう》す●訴訟大凶《そしようだいきよう》

䷲ 震《しん》爲《ゐ》雷《らい》

震《しん》は動《どう》なり重雷百里《ちゆうらいひやくり》を驚《おどろ》かすの卦《くわ》にして聲《こゑ》ありて形《かたち》なきの意《い》なり故《ゆゑ》に總《すべ》て耳《みゝ》に聽《き》くも手《て》に取難《とりがた》く信頼《しんらい》する事《こと》も亦多《またおほ》くは効《かう》なし萬事《ばんじ》平穩《へいおん》ならず住居《ぢうきよ》の勞《らう》あり或《あるひ》は目的《もくてき》二途《と》ありて決斷《けつだん》に乏《とぼ》しく又《また》二人《にん》一物《ぶつ》を爭《あらそ》ふの意《い》あり爭論《さうろん》を愼《つゝし》むべし欺罔《ぎまう》又疑惑《またぎわく》を注意《ちうい》すべし少《すこ》し驚《おどろ》く事《こと》あれども大害《たいがい》には至《いた》らず總《すべ》て性急《せいきふ》なるは破《やぶ》るゝの基《もとゐ》なり故《ゆゑ》に輕躁《けいさう》の擧動《きよどう》を禁《きん》ずべし然《しか》らされば極《きは》めて不利《ふり》なり。

り此筋《このすぢ》高《たか》く胡桃《くるみ》の如《ごと》きを上《じやう》とす弦《つる》なくして紋《もの》の如《ごと》きは凶《きよう》なり。陰囊《いんのう》皺《しは》なく玻璃《がらす》の如《ごと》く透《どう》明《めい》して青筋《あをすぢ》か紫色《ししよく》の筋《すぢ》草根《さうこん》の如《ごと》くなる兒《じ》は二三歳《さい》を過《す》ぎざる命數《めいすう》なり但《たゞ》し囊《のう》の著際《つきどは》細《ほそ》くして囊《のう》段《だん》々に締《しま》り皺《しは》のあるはよしとす。

囊形《のうけい》膨《ふく》れて柚子《ゆず》の如《ごと》き皺《しは》のみなるは凶《きよう》なり。囊形《のうけいかた》堅く茄袋《きんちやく》の中《うち》に物《もの》あるが如《ごと》きをよしとす。囊《のう》の色白《いろしろ》きは天相《えうさう》なり黑過《くろす》ぎたるは胎毒《たいどく》ありとす。陰莖《いんけい》は少《すこ》しく先《さき》に皺《しよ》あるをよしとす莖大《けいだい》なるか又《また》は

●婚姻《こんいん》凶《きよう》●胎産《たいさん》安《やす》からず●居所《きよしよ》勞《らう》あり●旅行《りよかう》大抵《たいてい》平《たひら》なれども途中《とちう》少《すこ》し驚《おどろ》きあり●求財《きうざい》得《え》難《がた》し●待人《まちびと》來《きた》る若《も》し來《きた》らざれば音信《いんしん》あり●官途《くわんと》吉《きつ》なれども長上《ちやうじやう》の意《い》に逆《さか》ふことあり愼《つゝし》みてよし●相場《さうば》春夏《はるなつ》は上《あが》る秋冬《あきふゆ》は下《さが》るべし●天時《てんじ》夏《なつ》は雷雨《らいう》冬《ふゆ》は降雹《かうはく》●遺失《ゐしつ》得《え》ず●疾病《やまひ》凶《きよう》劇症《げきしよう》ならん●訴訟《そしよう》大凶《だいきよう》。

䷳ 艮《ごん》爲《ゐ》山《さん》

艮《ごん》は止《し》なり時《とき》に止《と》まれば則《すなはち》止《とゞ》まり時《とき》に移《うつ》れば則《すなはち》移《うつ》る動靜《どうせい》其時《そのとき》を失《うしな》はざるなり憂喜《いうき》の二山《さん》を重《かさ》ねたる象《しやう》とす故《ゆゑ》に常人《じやうじん》は遲滯《ちたい》多《おほ》しと雖《いへど》も後《のち》に宜《よろ》しとす然《しか》るに目下《もくか》一身《しん》の自由《じゆう》ならざるに鬱悶《うつもん》し他日《たじつ》愁眉《しうび》を開《ひら》くの期《き》を待《ま》たず進退其度《しんたいそのど》を測《はか》らざるを以《もつ》て半《なかば》は調《とゝの》ひ半《なかば》は通《つう》ぜざる意《い》あり依《よつ》て又散財《またさんざい》を戒《いまし》むべし自若《じじやく》として常職《じやうしよく》を守《まも》れば吉《きつ》。

伸《の》びて光澤《くわうたく》ある兒《じ》は病《やまひ》多《おほ》し最《もつと》も痰《たん》を惱《なや》むとす。

初生《しよせい》の女子《ぢよし》は陰門《いんもん》の肉《にく》饅頭《まんぢう》の如《ごと》く高《たか》し形狀筋《かたちすぢ》を引《ひ》きたる樣《やう》にして締《しま》りて開かず色《いろ》は赤暗《せきあん》なるをよしとす。

臍下《へそのした》より肉落《にくお》ちて陰門《いんもん》開《ひら》き内《うち》の見《み》ゆる樣《やう》にて色《いろ》白《しろ》きは天相《えうさう》なり。

初生《しよせい》には上睫毛《うはまつげ》のみにて下《した》睫毛《まつげ》はなきものなり下睫毛《したまつげ》は百日《にち》を出《い》でずして早《はや》く生《しやう》じ多《おほ》く長《なが》きを良《よし》とす睫《まつ》毛長《げなが》きは見《み》たる事《こと》を能《よ》く覺《おほ》え居《ゐ》るものなり。

睫毛《まつげ》なき兒《じ》は胎毒《たいどく》多《おほ》し。

半眼《はんがん》にて睡《ねむ》る小兒《せうに》は天相《えうさう》

●婚姻凶《こんいんきよう》●胎産安《たいさんやす》からず●居所平《きよしよたひら》動《うご》くは不利《ふり》●旅行凶《りよかうきよう》又行《またゆ》くこと能《あた》はず●求財勞《きうざいらう》して少《すこ》し得《う》ることあり●待人來《まちびときた》らず●官《くわん》途滯《とどとどこほ》る●相場《さうば》是《これ》より下《さが》るべし●天時陰《てんじくもる》●遠失遠《ゐしつとほ》く去《さ》らず能《よ》く尋《たづ》ぬれば得《う》べし●疾病《やまひ》治《ち》せず●訴訟平《そしようたひら》。

䷴ 風《ふう》山《さん》漸《ぜん》

漸《せん》は進《しん》なり山上《さんじやう》に木《き》有《あ》るの象《しやう》なり蓋木《けだしき》は一年《ねん》にして成木《せいぼく》するものにあらず多《た》年《ねん》を期《き》して良材《りやうざい》とも成《な》るべきなり故《ゆゑ》に人《ひと》に於《おい》ても漸々《せん〱》に成立《せいりつ》するの徵《てう》なれば急《きふ》にする事《こと》は宜《よろ》しからず又進《またすゝ》まざるに不利《ふり》なり然《しか》れども總《すべ》て始《はじめ》を愼《つゝし》まざれば後《のち》必《かなら》ず悔《くい》あり常人《じやうじん》は多《おほ》く進退動靜《しんたいどうせい》の機《き》に違《たが》ふが故《ゆゑ》に反覆《はんぷく》して破財《はざい》の兆《てう》あり愼《つゝし》みて後吉《のちきつ》を待《ま》つにしかず。

●婚姻大吉《こんいんだいきつ》●胎産平《たいさんたひら》●居所平《きよしよたひら》●旅行吉《りよかうきつ》或《あるひ》は歸《かへ》らず●求財後《きうざいのち》に

初生《しよせい》の兒《じ》は鼻垢《はなあか》堅《かた》きを良《よし》とす又《また》多《おほ》く出《い》づるを良《よし》とす耳《みゝ》把《かき》にて取《ど》る樣《やう》なるは最《もつと》もよしとす。法令口《はふれいくち》に入《い》る兒《じ》は乳《に》汁《じふ》缺《けつ》乏《はふ》なり是《これ》は年長《としちやう》ずるに從《したが》ひ追々口《おひ〳〵くち》を離《はな》るゝものなり。

初生《しよせい》の中《うち》顏《かほ》をしかめる樣《やう》なる兒《じ》は才子《さいし》なり。

泣《な》くに一聲《こゑ》二段《だん》あるを良《よし》とす泣聲《なくこゑ》に段階《だんかい》なきは天相《えうさう》なり是《これ》は泣聲《なきごゑ》に力《ちから》なきを云《い》ふ涎《よだれ》多《おほ》きは良《よ》からず元氣《げんき》の締《しま》り緩《ゆる》ぎが故《ゆゑ》なり。生《うま》れて三五日《にち》過《す》ぎたるに頭《かしら》を左右《さいう》に轉《てん》じ物《もの》を見《み》るが如《ごと》きは才子《さいし》なり頭《かしら》を轉《てん》

得《う》べし●待人來《まちびときた》る●官途昇進《くわんとしやうしん》す●相場《さうば》安《やす》き傾《かたむ》きなり●天時《てんじ》雨《あめ》●遺失《ゐしつ》尋《たづ》ね難《がた》し●疾病凶《やまひきようし》次第《だい》に重《おも》し●訴訟急《そしようきふ》に決《けつ》せず。

䷵ 雷澤歸妹《らいたくきまい》

歸妹《きまい》は天地交《てんちまじは》らずして始《はじめ》なく終《をはり》なき卦《くわ》なり故《ゆゑ》に萬事《ばんじ》齟齬《そご》多《おほ》し我物《わがもの》の我用《わがよう》に立《た》たぬ意《い》なれば才《さい》あるも人《ひと》の欣慕《きんぼ》するなく貴《たつと》きも賤《いやし》まれ約《やく》する事《こと》も亦違《またゐ》變《へん》多《おほ》く勞《らう》して功《こう》なかるべし又思《またおも》はざる災禍《わざはひ》に遭《あ》ふことあれば愼重《しんちやう》にして妄《みだり》に動《うご》かざるをよしとす●婚姻終《こんいんをはり》を全《まつた》うせず●胎産平《たいさんたひら》●居所凶《きよしよきよう》●旅行凶《りよかうきやう》●求財再《きうざいさい》三にして成《な》ることあり●待人約《まちびとやく》ある者《もの》は來《きた》らず●官途凶《くわんときよう》●相場《さうば》下《さが》りて忽《たちま》ち上《あが》る●天時《てんじ》雨又變《あめまたへん》ずることあり●遺失《ゐしつ》圖《はか》らず得《う》ることあり●疾病《やまひ》終《つひ》に凶《きよう》●訴訟大凶《そしようだいきよう》。

䷶ 雷《らい》火《くわ》豐《ほう》

ぜざれば夭相《えうさう》或《あるひ》は愚《ぐ》なり。

兩便《りやうべん》の通《つう》ずる前《まへ》に泣《な》くは成長《せいちやう》して健康《けんかう》なり。

初生《しよせい》の兒《じ》は總身肉軟《そうしんにくやはらか》にして色白《いろしろ》きは嫌《きら》ふ黑《くろ》ければ肥《こ》え白《しろ》ければ瘦《やせ》るを吉《きつ》とす。

初生《しよせい》の兒《じ》色白《いろしろ》くして膨《ふく》れたるが如《ごと》く肥《こえ》るは四歲《さい》を過《す》ぎずして死《し》すべし。

小兒《せうに》枕骨高《ちんこつたか》きは壽相《じゆさう》なれども偏頗心《かたいぢ》にして橫著《わうちやく》なり。

躄形匍匐《いざりばひ》の小兒《せうに》は成長《せいちやう》して身《み》を保《たも》つ初年《しよねん》は困《こん》することあれども晩年《ばんねん》は吉《きつ》堅固《けんご》にして健強《たつしや》なり。

豐《はう》は大《だい》なり盛《せい》なり日脚天《じつきやくてん》に中《ちう》するの卦《くわ》なり蓋盛《けだしさかん》なる者極《ものきは》まれば必《かならず》衰《おとろ》ふ總《すべ》て目《め》に見《み》て手《て》に取難《とりがた》き意《い》あり常人《じやうじん》は氣分高《きぶんたか》く產業《さんげふ》に疎《うと》くして大抵凶《たいていきよう》なり百事減《ひやくじげん》ずるに宜《よろ》しく增《ま》すに宜《よろ》しからず退《しりぞ》くべくして進《すゝ》むべからず質素《しつそ》を守《まも》りて華美《くわび》を思《おも》はざれば無事《ぶじ》なれども之《これ》に反《はん》する者《もの》は誹謗《そしり》を受《う》け羞辱《はづかしめ》に遇《あ》ふことあり但《たゞ》し文學殊能《ぶんがくしゆのう》の者《もの》は發達《はつたつ》すべし。

●婚姻不利《こんいんふり》●胎產凶《たいさんきよう》●居所安《きよしよやす》からず●旅行不利《りよかうふり》●求財得難《きうざいえがた》し●待人來《まちびときた》らず●官途讒《くわんとざん》に遇《あ》ふことあり愼《つゝし》むべし●相場高《さうばたか》し賣《ばひ》買機《くき》敏《びん》ならざれば利《り》を得難《えがた》し●天時晴《てんじはれ》過《す》ぎて陰天《いんてん》となる●遺《ゐ》失手《しつて》に入《い》らず●疾病凶熱度高《やまひきようねつどたか》し●訟訴大凶《そしようだいきよう》。

䷷ 火《くわ》山《さん》旅《りよ》

旅《りよ》は客《かく》なり山上《さんじやう》に火《ひ》の行《ゆ》く象《しやう》なり鳥《とり》の巢《す》を焚《や》く意《い》なり榮極《さかえきは》ま

小兒物《せうにもの》を見《み》るに眼神偏《がんしんへん》なるは天《えう》なり眼神強《がんしんつよ》く物《もの》を見定《みさだ》むるはよし。

●病相

山根《さんこん》に痕紋《こんもん》ある人自身《ひとじしん》の病《やまひ》にあらざれば親《おや》或《あるひ》は妻子《さいし》に疾病《やまひ》あり。

面部《めんぶ》に黒子《こくし》多《おほ》く準頭《せつとう》の邊《へん》に黒子《こくし》あり年壽《ねんじゆ》の間《あひだ》色《いろ》暗滯《あんたい》なるは血毒《けつどく》の病《やまひ》とす。

眉黃枯《びくわうこ》するは自身病《じしんや》まざれば妻病《さいや》む。

眉頭黃色《びとうくわうしよく》なるは必然《かならず》妻《さい》の病《やまひ》なり。

頭《かしら》を立《た》てゝ向《むか》ふを見《み》る病人《びやうにん》は活《い》くべし。

りて哀生《かなしみしやう》ずるの時《とき》とす故《ゆゑ》に卑族《めした》に離《はな》れ又親《またしたし》き者《もの》に別《わか》れ流浪《るらう》する意《い》あれば住居《ぢうきよ》の勞多《らうおほ》く不自由《ふじいう》なり火難盜難《くわなんとうなん》の厄《やく》あり總《すべ》て小事《せうじ》又久遠《またきうえん》の事《こと》は怠《おこた》らざれば成《な》るべし但《たゞ》し文學《ぶんがく》を以《もつ》て遍歷《へんれき》する者《もの》は平吉《へいきつ》なれども無能《むのう》の徒《と》は家產頽敗《かさんたいはい》の兆《てう》あれば愼重《しんちやう》にして身《み》を守《まも》るによし。

●婚姻《こんいん》不利《ふり》●胎產《たいさん》少《すこ》し難《なやみ》あり●居所安《きよしよやす》からず或《あるひ》は變動《へんどう》す●旅行《りよかう》不利《ふり》盜難《とうなん》を戒《いまし》むべし●求財大抵《きうざいたいてい》得難《えがた》し●待人來《まちびときた》るべし●官途《くわんと》平《たひら》なれども邊境《へんきやう》に轉任《てんにん》することあり●相場《さうば》高《たか》くなるべし●天時《てんじ》晝《ひる》は陰《くもり》にして晨夕《あさゆふ》は晴《はれ》●遺失《ゐしつ》遠《とほ》く去《さ》る●疾病凶死《やまひきようし》に至《いた》る●訴訟平《そしようたひら》。

䷸ 巽《そん》爲《ゐ》風《ふう》

巽《そん》は順《じゆん》なり消息交通《せうそくかうつう》の卦《くわ》とす通達《つうたつ》するの意《い》なれども十分《ぶん》なら

睛赤《ひとみあか》く髭黄《ひげき》なるは惡病《あくびやう》を發《はつ》すべし。
眼《め》の平生深《へいせいふか》き人《ひと》は妻《さい》の病絶《やまひた》えず妻此《さいかく》の如《ごと》くなるは夫《をつと》の病絶《やまひた》えざるなり。
印堂《いんだう》の紫《し》色《しよく》は病相《びやうさう》なれども深《ふか》く根《ね》のある病《やまひ》ならず。
鼻《はな》より呼吸《こきふ》する病人《びやうにん》は死《し》相《さう》なり。
準頭鼻梁《せつとうびりやう》に濠血色《がうけつしよく》ある人《ひと》は肺病《はいびやう》を患《うれ》ふべし。
耳涸《みゝか》るゝ人《ひと》は大患《だいくわん》の兆《てう》。
耳鳥巣《みゝとりす》の如《ごと》く縮《ちゞ》む病人《びやうにん》は死相《しさう》なり。
耳涸《みゝか》れて黄黒色《くわうこくしよく》ある病《びやう》人《にん》は死《し》すべし。

ず是風《これかせ》の物《もの》を飄《ひるがへ》して障《さはり》あるが如《ごと》し又何事《またなにごと》も風評《ふうひやう》ありて其實《そのじつ》なしとす是亦風《これまたかせ》の氣《き》ありて形《かたち》なきが如《ごと》し故《ゆゑ》に進退疑惑《しんたいぎわく》して決《けつ》斷《だん》なく妄《みだり》に進《すゝ》むときは大害《だいがい》を釀《かも》すべし又永久《またえいきう》の事《こと》は反覆多《はんぷくおほ》し蓋重巽《けだしちやうそん》は命《めい》を申《かさ》ぬる義《ぎ》なれば人《ひと》に順《したが》ひて方向《はうかう》を定《さだ》むべし。
●婚姻不利《こんいんふり》●胎產平《たいさんたひら》●居所安靜《きよしよあんせい》ならず●旅行平《りよかうたひら》●求財行商《きうざいかうしやう》は大利《だいり》あり他《た》は薄利《はくり》なり●待人來《まちびときた》る然《しか》らざれば音信《いんしん》あり●官途《くわんと》不利《ふり》●相場少《さうばすこ》し高下《かうげ》ありて安《やす》きに傾《かたむ》くべし●天時風《てんじかせ》●遺失遠《ゐしつとほ》く去《さ》る●疾病長《やまひなが》くして變症《へんしやう》す●訴訟平《そしようたひら》或《あるひ》は訟《しよう》に至《いた》らず。

䷹ 兌《だ》爲《ゐ》澤《たく》

兌《だ》は說《えつ》なり天《てん》に順《したが》ふて人《ひと》に應《おう》ずるの義《ぎ》なれば常人《じやうじん》は平吉《へいきつ》なりと雖《いへど》も大事《だいじ》は成《な》らず小事《せうじ》は就《な》るべし又至柔《またしじふ》の極《きよく》なれば總《すべ》て堅《けん》固《ご》ならずして決斷《けつだん》に乏《とぼ》しとす蓋兌《けだしだ》を說《えつ》といふ者《もの》は大抵飮食男《たいていいんしよくだん》

人中潤《にんちううるほ》ふ病人《びやうにん》は活《い》くべし乾《かは》くは死《し》すべし。肥《こえ》たる人膚《ひとはだ》に潤《うるほ》ひなく乾燥《かんさう》するが如《ごと》きは無血《むけつ》とす病相《びやうさう》なり若病人《もしびやうにん》なれば死《し》す。

鳩尾《みづおち》に黑氣《こくき》ある男子《だんし》は腹《ふく》中《ちう》の病《やまひ》とす。

病人《びやうにん》は何《なに》の部《ぶ》に限《かぎ》らず何《なに》色《いろ》にても下《した》より昇《のぼ》るは難治《なんち》上《うへ》より降《くだ》るは痊易《えやす》し。

●中風相

常人《じやうじん》は顴骨《けんこつ》の上皮《うはかは》を撮《つま》めば肉《にく》と皮《かは》と著《つ》きて揚《あが》り他《た》の處《ところ》は皮《かは》のみ揚《あが》りて肉《にく》は離《はな》るゝものなるに中風症《ちうふうしやう》を發《はつ》する人《ひと》は何《いづ》れの部分《ぶぶん》の

女《ちよ》に關《くわん》し又金錢《またきんせん》に係《かゝ》る事多《ことおほ》し又上《またかみ》に居《ゐ》て人《ひと》を愛《あい》するの意《い》あれば自然食客等《しぜんしよくかくとう》あるか冗費《じやうひ》の事《こと》あるべし最《もつと》も戒《いまし》むるは口舌爭論《くぜつさうろん》情欲《じやうよく》にして惡友《あくいう》を避《さ》くべきことなり。
●婚姻平吉但《こんいんへいきつたゞ》し口舌《くぜつ》を戒《いまし》む●胎產平《たいさんたひら》●居所平《きよしよたひら》●旅行不利《りよかうふり》●求《きう》財少額《ざいせうかく》なれば得《う》べし●待人來《まちびときた》る●官途平《くわんとたひら》●相場《さうば》今《いま》は安値《やすね》の底《そこ》なり是《これ》より上《あが》るべし●天時《てんじ》濕雨《しつう》若霖雨《もしりんう》の時《とき》なれば晴《はれ》る●遺失《ゐしつ》出難《でかた》し●疾病《やまひ》長《なが》し已《すで》に久病《きうびやう》なれば治《ち》することあり●訴訟《そしよう》速《すみやか》に決《けつ》せず。

䷺ 風《ふう》水《すゐ》渙《くわん》

渙《くわん》は散《さん》なり患難消散《くわんなんせうさん》して惡事《あくじ》の身《み》を離《はな》るゝ卦《くわ》なれば順風《じゆんぷう》に帆《は》を張《は》るの意《い》にして萬事通達《ばんじつうだつ》とす然《しか》れども常人《じやうじん》は風《かせ》の水上《すゐじやう》を吹《ふ》く意《い》にして思慮定《しりよさだ》まらず將來《しやうらい》を推考《すゐかう》して安《やす》き事《こと》なく損失《そんしつ》を免《まぬ》

皮《かは》を撮《つま》みても顴骨《けんこつ》の皮《かは》の如《ごと》く肉《にく》著《つ》きて揚《あが》るなり斯《かく》の如《ごと》くにして其症《そのしやう》を發《はつ》する者《もの》顴骨《けんこつ》の皮《かは》の如《ごと》くなれば治《ち》すべし然《しか》らざれば治《ち》せず

●三赤傳

印堂金甲牆壁《いんだうきんかふしやうへき》の部位《ぶゐ》血《けつ》色《しよく》赤《あか》か青《あを》なれば近火《きんくわ》又《また》は賊難《ぞくなん》あり金甲《きんかふ》は左右《さゆう》の小鼻《こばな》の部位壽上《ぶゐじゆじやう》の側《そば》を云《い》ふ一說《せつ》別處《べつしよ》の部位《ぶゐ》とするは疑《うたが》はし牆壁《しやうへき》は命門《めいもん》の下腮骨《したさいこつ》に近《ちか》き處《ところ》なり。

●三命傳

印堂準頭顴骨《いんだうせつとうけんこつ》の血色《けつしよく》善《よ》からざれば心願《しんぐわん》成《な》らず

れず或《あるひ》は山野《さんや》に逍遙《せうえう》し花間《くわかん》の鳥語《てうご》に鬱《うつ》を散《さん》ぜんとする意《い》あるべきも考慮《かうりよ》せざれば噬臍《せいせい》の悔《くい》あるべし但《たゞ》し宿志《しゆくし》は成就《じやうじゆ》すれども不意《ふい》の妨碍《さはり》を注意《ちうい》すること肝要《かんえう》なり。

●婚姻不利《こんいんふり》●胎産平《たいさんたひら》●居所安《きよしよやす》からず●旅行舟《りよかうふね》は吉陸《きつりく》は不利《ふり》●求財大抵《きうざいたいてい》得《え》ず●待人《まちびと》久《ひさ》しく待《ま》つ者《もの》は來《きた》るべし●官途平《くわんとたひら》●相場《さうば》動搖《どうえう》して高《たか》く秋《あき》は下《さか》るべし●天時《てんじ》少雨《せうう》●遺《ゐ》失後《しつえ》難《がた》し●疾病《やまひ》急《きふ》に治《ち》せず久病《きうびやう》は凶《きよう》●訴訟平吉又解決意外《そしようへいきつまたかいけついぐわい》に早《はや》し。

䷻ 水《する》澤《たく》節《せつ》

節《せつ》は止《し》なり寒暑節《かんしよせつ》あるの象《しやう》なり故《ゆゑ》に物《もの》に定限《ていげん》ありて程度《ていど》を越《こ》えざるを可《か》とす大抵大事《たいていだいじ》成《な》らず小事《せうじ》亦少《またすこし》く滯《とゞこほ》るべし又節《またせつ》は謹節《きんせつ》なり足《た》るを知《し》るの意《い》なれば奢侈《しやし》過分《くわぶん》の事《こと》を望《のぞ》むべからず總《すべ》て靜《しづか》なるに宜《よろ》しく動《うご》くに不利《ふり》なり强《しる》て動《うご》くときは陷穽《かんせい》の厄《やく》

血色《けつしよくよ》善ければ事成《ことな》るべし又胸中《またけうちう》悪意《あくい》あるときは必《ひつ》然此部位《せんこのぶゐ》の血色《けつしよく》悪《あし》くなることなり。

●印堂三傳

印堂準頭命門《いんだうせつとうめいもん》の部位《ぶゐ》悪《あし》きときは無病《むびやう》の人《ひと》と雖《いへど》も疾患《やまひ》に罹《かゝ》る又妊娠《またにんしん》の婦《ふ》は難産《なんざん》とす又散財損失《またさんざいそんしつ》を慎《つゝし》むべし。

●五吉五光傳

命宮《めいきう》の肉色《にくいろ》善《よ》く眼神《がんしん》静《しづか》にして耳《みゝ》勢《いきほ》ひあり顴骨《けんこつ》潤色《じゆんしよく》に眉順光《まゆじゆんくわう》なるときは百事《ひやくじ》心《こゝろ》に従《したが》ふと云《い》ふ此時《このときは》極めて上運《じやううん》

あり貞正《ていせい》なる者《もの》は後吉《のちきつ》とすれども大體運《だいたいうん》の拙《つたな》き卦《くわ》なれば自《みづか》ら守《まも》りて他《た》を思《おも》はざるを肝要《かんえう》とす。

●婚姻平《こんいんたひら》●胎産平《たいさんたひら》●居所無事《きよしよぶじ》●旅行不利《りよかうふり》●求財他《きうざいた》の爲《ため》にするは得《う》べし●待人來《まちびときた》らず●官途平《くわんとたひら》なれども讒《ざん》を防《ふせ》ぐべし●相塲《さうば》動《うご》き難《がた》し●天時雨《てんじあめ》●遺《ゐ》失得《しつえ》難《がた》し●疾病《やまひ》凶《きよう》●訴訟利《そしようり》あらず。

䷼ 風澤中孚《ふうたくちうふ》

中孚《ちうふ》は信《しん》なり彼我口《ひがくち》を合《あ》はせて信《しん》を盡《つく》すの象《しやう》なり故《ゆゑ》に奸佞邪《かんねいじや》悪《あく》の人《ひと》は大凶《だいきよう》とす同類《どうるゐ》の感通遠《かんつうとほ》しと雖《いへど》も必應《かならずおう》ずるあれば人《ひと》に頼《たの》む事《こと》は順成《じゆんせい》すべし但《たゞ》し人《ひと》に誘《いざな》はるゝ事《こと》は考《かんが》へて従《したが》ふべし然《しか》らざれば彼《かれ》に悪意《あくい》なきも自然《しぜん》災《わざはひ》を招《まね》くことあり通常人《つうじやうひと》に愛《あい》せられ又親族朋友《またしんぞくほういう》の爲《ため》に勞《らう》することあり最《もつと》も注意《ちうい》すべきは婦《ふ》女《ちよ》に對《たい》することにして或《あるひ》は情實淫奔《じやうじついんぽん》の事《こと》を免《まぬか》れず之《これ》を除《のぞ》きて誠實《せいじつ》なれば百事上吉《ひやくじじやうきつ》なり。

發達《はつたつ》なり。

●睫毛九傳

睫毛針《まつげはり》の如《ごと》く硬《こは》くなるは天相《えうさう》なり。睫毛忽然《まつげこつぜん》として折斷《せつだん》するは目前《もくぜん》の難生《なんしやう》ず。睫毛多《まつげおほ》く濃《こ》くして目《め》を窗《は》ふかゝ如《ごと》きは色難《しきなん》あり又他家《またたか》に出《い》づるとす。睫毛俄然針《まつげがせんはり》の如《ごと》くなるは劍《けん》難《なん》あり。睫毛天然長《まつげてんねんなが》きは痘輕《とうかる》し。睫毛潤澤《まつげじゆんたく》なるは姙娠《にんしん》なり女子《ちよし》四十歳餘《さいよ》にして白毛《はくもう》生《しやう》ずるは姙娠《にんしん》なり。睫毛《まげ》なきは惡疾胎毒《あくしつたいどく》又《また》災難《さいなん》を受《う》く小兒《せうに》は夭《えう》す。

●婚姻吉《こんいんきつ》なれども或《あるひ》は不貞《ふてい》なるか然《しか》らざれば媒介《はいかい》なきの配偶《はいぐう》なり●胎產平《たいさんたひら》●居所大害《きよしよだいがい》なし●旅行平《りよかうたひら》●求財《きうざい》得《う》べし●待人來《まちびときた》る又信《またしん》あり●官途平《くわんとたひら》●相場《さうば》高《たか》し●天時《てんじ》風夏《かせなつ》は多《おほ》く旱《ひでり》●遺失久《ゐしつひさ》しくして後知《のちし》るゝことあり●疾病《やまひ》治《ち》せず●訴訟或《そしようあるひ》は撤回《てつくわい》訟《しよう》に至《いた》らず、

䷽ 雷山小過《らいさんせうくわ》

小過《せうくわ》は過《す》ぐる者小《ものせう》なるなり飛鳥天《ひてうてん》に翺翔《かうしやう》して其聲《そのこゑ》を聞《き》くの義《ぎ》なれば萬事耳《ばんじみゝ》に聞《き》きて目《め》に觀《み》る能《あた》はず上《のぼ》れば逆《さか》ひ下《くだ》れば順《したが》ふの意《い》なれば總《すべ》て退《しりぞ》くに利《よろ》しく進《すゝ》むに不利《ふり》なり但《たゞ》し小事《せうじ》には可《か》なりと雖《いへど》も互《たがひ》に脊《せ》を合《あ》はするの象《しやう》なるを以《もつ》て親戚朋友《しんせきほういう》と和《わ》せす爲《ため》に一身意《しんい》の如《ごと》くならざるあり節《せつ》を折《を》りて信《しん》を顯《あらは》さば百事《ひやくじ》滿足《まんぞく》するに至《いた》るべし然《しか》らざれば失敗多《しつぱいおほ》く憂苦《いうく》絶《た》えず窮屈《きうくつ》に終《をは》るべし。

睫毛《まつげ》白《はく》を交《まじ》ふるものは肉《にく》縁《えん》薄《うす》く又色難《またしきなん》にて生命《せいめい》を損《そん》す。

女《をんな》は嫉妬深《しつとふか》しと云《い》ふ陰《いん》徳《とく》を施《ほどこ》せば或《あるひ》は免《まぬか》るべし。

●手相一斑

手相《てさう》は第《だい》一全體《ぜんたい》の形状《けいじやう》清《きよ》くして肉軟《にくやはらか》に面部《めんぶ》より麗色《れいしよく》なるは自然貴人《しぜんきにん》に接《せつ》し父母兄弟《ふぼけいてい》に優《まさ》り妻《さい》子《し》の縁《えん》よき者《もの》なり婦人《ふじん》にして此相《このさう》を得《う》れば夫《をつと》の家《いへ》を興《おこ》し先祖父母《せんぞふぼ》の名《な》を揚《あ》ぐと云《い》ふ。

手相《てさう》は白潤《はくじゆん》にして掌中《しやうちう》の立紋《りつもん》指頭《しとう》に進《よ》み昇《のぼ》りた

●婚姻凶《こんいんきよう》●胎産平《たいさんたひら》●居所安《きよしよやす》からず●旅行凶《りよかうきよう》●求財得《きうざいえ》ず●待人《まちびと》來《きた》らず但《たゞ》し音信《いんしん》あり●官途凶《くわんときよう》●相場高《さうばたか》し●天時雨《てんじあめ》●遺《ゐ》失得《しつえ》ず●疾病治《やまひぢ》することあり●訴訟大凶《そしようだいきよう》。

䷾ 水火既濟《すゐくわきせい》

既濟《きせい》は合《がふ》なり事《こと》の訖《をはり》なり譬《たと》へば良夜《りやうや》の月《つき》の如《ごと》し盈《み》つれば虧《か》くるの義《ぎ》にして是《これ》より以後《いご》の變《へん》ずる卦《くわ》なれば百事此時《ひやくじこのとき》を失《うしな》はずして進行《しんかう》すべし遲緩《ちくわん》なれば調《とゝの》ひ難《がた》し尋常《じんじやう》の人多《ひとおほ》くは怠《おこた》りて渡《と》頭《とう》に發船《はつせん》の後《あと》を望《のぞ》むの憾《うらみ》あり又總《またすべ》て始《はじめ》は吉終《きつをはり》は凶《きよう》なる意《い》あれば目前分外《もくせんぶんぐわい》の事《こと》は永《なが》く保《たも》ち難《がた》し只貞正《たゞていせい》を守《まも》りて他《た》を羨《うらや》まざれば支障《ししやう》自《おのづか》ら散《さん》ずべし。

●婚姻大吉《こんいんだいきつ》●胎産平《たいさんたひら》●居所吉《きよしよきつ》●旅平《たびたひら》●求財得《きうざいう》べし●待人後《まちびとのち》に來《きた》る●官途後《くわんとのち》に凶《わる》し●相場《さうば》初《はじ》め高《たか》く後下《のちさが》る●天時《てんじ》晴《は》る●遺《ゐ》失《しつ》久《ひさし》ければ出《いで》ず●疾病凶《しつぺいきよう》●訴訟不利《そしようふり》。

るは人《ひと》の寵愛《てうあい》を得《え》て發達《はつたつ》して群《ぐん》に超《こ》ゆ女子《ぢよし》は貴《たつと》きに至《いた》ること大《だい》なり之《これ》を超《てう》越《えつ》の手相《てさう》とす。指《ゆび》は本太《もとふと》く末細《すゑほそ》く節窪《ふしくぼ》みて肉軟《にくやはらか》にして小兒《せうに》の如《ごと》きを上相《じやうさう》とす。指頭《ゆびさき》太《ふと》く本細《もとほそ》く又《また》は指《ゆび》平扁《ひらたく》肌理《きめ》粗《あら》きか或《あるひ》は節《ふし》高《たか》く露《あらは》れたるは賤相《せんさう》にして生涯《しやうがい》勞多《らうおほ》しとす但《たゞ》し手紋《しゆもん》又全體《またぜんたい》にて相《さう》すべし指《ゆび》は相中《さうちう》の輕《かる》きものにて武人《ぶじん》は大抵《たいてい》肌理《きめ》粗《あら》くなるものなれば他《た》と參照《さんせう》するを要《えう》す。指《ゆび》は圓《まる》き形《かたち》を大吉《だいきつ》とす又《また》黑子《こくし》にても朱點《しゆてん》にても生《しやう》

䷿ 火水未濟《すゐくわびせい》

未濟《びせい》は水火滅《すゐくわめつ》せず剛柔位《がうじふくらゐ》を失《うしな》ふの卦《くわ》にして未意《いまだい》を安《やす》んずるの時《とき》ならずと雖《いへど》も憂中喜《いうちうよろこび》を望《のぞ》み花落《はなおち》て實《み》を結《むす》ぶの義《ぎ》なれば總《すべ》て事《こと》を始《はじ》むるに宜《よろ》し終《つひ》に必成就《かならずじやうじゆ》す但《たゞ》し急《きふ》に爲《な》すべからず然《しか》るに大《おほい》に迷《まよ》ふて思《おも》ふ事《こと》を言《い》ひ出《い》ださず爲《ため》に鬱々《うつく》とするなるべし宜《よろ》しく奮起《ふんき》して目的《もくてき》を立《た》つること肝要《かんえう》なり。

●婚姻大吉《こんいんだいきつ》●胎産平《たいさんたひら》●居所吉《きよしよきつ》●旅行平吉《りよかうへいきつ》●求財《きうざい》得べし●待人《まちびと》後《のち》に來《きた》る●官途後《くわんとのち》に凶《わる》し●相場《さうば》初め高《たか》く後下《のちくだ》る●天時《てんじ》晴《はれ》●遺《ゐ》失久《しつひさ》しければ出《い》でず●疾病《やまひ》凶《きよう》●訴訟不利《そしようふり》。

以上《いじやう》六十四卦大意《くわだいい》は世人《せじん》の質問千態萬狀《しつもんせんたいばんじやう》にして之《これ》を詳悉《しやうしつ》する能《あた》はず各自《かくじ》の實驗《じつけん》を經《へ》て活用《くわつよう》するの他《ほか》なしと雖《いへど》も其應用《そのおうよう》すべきものを掲《かゝ》げて研究《けんきう》の資《し》に供《きやう》すべし。

するを吉《きつ》とす。指《ゆび》の背《せ》に立紋《りつもん》あるを吉《きつ》とす指《ゆび》の節《ふし》を貫《つらぬ》く紋理《もんり》は皆吉《みなきつ》なり無名指《むめいし》を通《とほ》すを特《こと》に上運《じやううん》とす五指皆紋理《しみなもんり》の通《とほ》るは大《おほい》に發達《はつたつ》するなり。

指《ゆび》は掌《てのひら》より長《なが》きを福《ふく》ありとす若《もし》掌《てのひら》より短《みぢか》きは尋常《じんじやう》の相《さう》にて上吉《じやうきつ》とせず。

指至《ゆびいたつ》て短《みぢか》き者《もの》は吝嗇《りんしよく》なり。

指圓《ゆびまる》く細《ほそ》く上品《じやうひん》に長《なが》きは慈悲深《じひふか》くして財《ざい》を吝《おし》まず大指《おほゆび》を祖先祖業根氣《そせんそげふこんき》に比《ひ》す人指《じんし》を主親師匠總《しゆおやししやうすべ》て長上《めうへ》とし氣性《きしやう》に比《ひ》す中指《ちうし》を身《み》とし我家《わがいへ》とし正邪《せいじや》に比《ひ》す

○內外卦位置

內卦《ないくわ》　近《ちかし》、暗《くらし》、低《ひくし》、退《しりぞく》、濁《にごる》、重《おもし》、隱《かくる》、沒《ぼつす》、潛《ひそむ》、靜《しづか》、卑《いやし》、沈《しづむ》、下《した》、下流《かりう》、柔《じふ》、短《みぢかし》、狹《せばし》。

外卦《ぐわいくわ》　遠《とほし》、明《あきらか》、高《たかし》、進《すゝむ》、淸《すむ》、輕《かるし》、見《みゆる》、出《いづる》、逸《はしる》、動《うごく》、尊《たつとし》、浮《うく》、上《うへ》、上流《じやうりう》、剛《がう》、長《ながし》、廣《ひろし》。(此他《このた》尙在《なほあ》り略《りやく》す)

之《これ》を活用《くわつよう》するに例《たと》へば遺失《ゐしつ》を占《うらな》ふて上卦《じやうくわ》に動爻《どうかう》あれば其品遠《そのしなとほ》く去《さ》るか或《あるひ》は高《たか》き處《ところ》に在《あ》りとか又《また》は出《い》づることありとか判定《はんてい》し商《しやう》業等《げふとう》を占《うらな》ふて下卦《かくわ》に動爻《どうかう》あれば退《しりぞ》くに利《よろ》しとかいふの類事《るゐじ》物《ぶつ》に就《つ》きて活斷《くわつだん》すること肝要《かんえう》なり但《たゞ》し百般《ひやくはん》の占筮皆此內外卦《せんぜいみなこのないぐわいくわ》の變動《へんどう》によるにあらず應用《おうよう》の一法《ばふ》とすれば可《か》なり。

○初上兩爻の位置

無名指《むめいし》を夫妻《ふさい》又《また》年分《ねんぶん》に比《ひ》す活計《くわつけい》の可否《かひ》を観《み》ることあり小指《せうし》を子孫《しそん》と運氣《うんき》又《また》病氣《びやうき》の輕重《けいちやう》を察《さつ》する所《ところ》とす。

指骨《ゆびほね》を露《あらは》し青筋《あをすぢ》あるは生涯《しやうがい》身《み》を勞《らう》するの相《さう》なり

爪《つめ》は厚《あつ》く堅《かた》きを吉《きつ》とす志思《こゝろざし》厚《あつ》く根氣《こんき》強《つよ》しとす。

爪《つめ》軟《やはらか》にして薄《うす》きは志思《こゝろざし》弱《よわ》く又《また》腎氣《じんき》薄《うす》し。

爪《つめ》縮《ちゞ》み又《また》破《やぶ》れ損《そん》するは滯《たい》運《うん》なり。

爪《つめ》潤《うるほ》ひなく枯《か》るゝは腎氣《じんき》不足《ふそく》なり。

爪《つめ》餓《にはか》に乾《かは》き枯《か》るゝときは災難《さいなん》來《きた》る。

前述《ぜんじゆつ》内外《ないぐわい》卦《くわ》位置《ゐち》に準《じゆん》じて應用《おうよう》すべし。

初爻《しよかう》の位置《ゐち》（賤《いやし》、靜《しづか》、弱《よわし》、夜《よる》、暗《くらし》、短《みぢかし》、重《おもし》、休《やすむ》、臥《ふす》、入《いる》、吝《おしむ》、狹《せまし》、濕《うるほふ》、沈《しづむ》、凹《くほむ》、窮《きはまる》、近《ちかし》、暮《くれ》、濁《にごる》、足《あし》（人類《じんるゐ》）、首《くび》（獸類《じうるゐ》）

上爻《じやうかう》の位置《ゐる》（貴《たつとし》、動《うごく》、强《つよし》、晝《ひる》、明《あきらか》、長《ながし》、輕《かろし》、發《おこる》、起《おきる》、出《いづ》、悔《くい》、廣《ひろし》、乾《かはく》、浮《うく》、凸《なかたか》、達《たつす》、遠《とほし》、朝《あさ》、清《きよし》、頭《かしら》（人類《じんるゐ》）、尾《を》（獸類《じうるゐ》）

○六爻の位置

	上爻	五爻	四爻	三爻	二爻	初爻
家《か》宅《たく》門《もん》路《ろ》	祖《そ》宗《そう》	道路《だうろ》	大門《おほもん》	中門《ちうもん》	宅人《たくじん》	宅基《たくき》
	棟梁《とうりやう》	水溝《みぞ》	門戸《もんこ》	床席《しやうせき》	竈司《かまど》	井輪《ゐど》
起《き》造《ざう》屋《をく》宇《う》	棟梁《とうりやう》	路道《ろだう》	大門《おほもん》	中門《ちうもん》	宅人《たくじん》	屋基《をくき》
移《い》徙《し》遷《せん》居《きよ》	京都《きやうと》	州府《しうふ》	縣郭《けんくわく》	場鎭《ぢやうちん》	市井《しせい》	郷村《きやうそん》

掌中八卦方位の圖

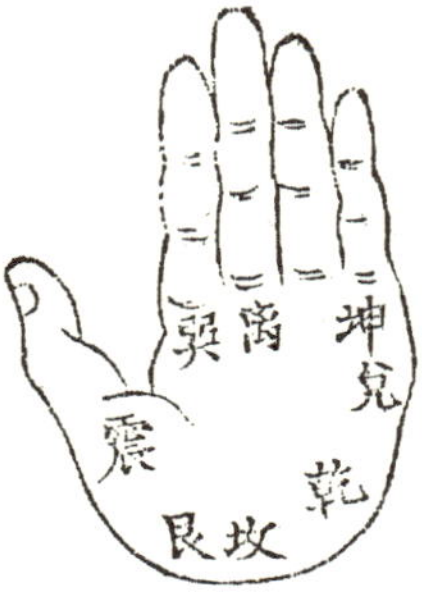

震宮《しんきう》は妻妾《さいせう》及《およ》び身《み》又《また》氣《き》性《しやう》財寶《ざいはう》學藝《がくげい》の事《こと》を見《み》る所《ところ》なり。
巽宮《そんきう》は少年《せうねん》又《また》財帛《ざいはく》の事《こと》を見《み》る所《ところ》なり。
離宮《りきう》は公邊《こうへん》の事《こと》に關《くわん》し又《また》業體《げふてい》の事《こと》を見《み》る所《ところ》なり。
坤宮《こんきう》は母《はゝ》又《また》は妻妾《さいせう》奴僕《どぼく》の事《こと》を見《み》る所《ところ》なり。
兌宮《だきう》は妻子《さいし》及《およ》び奴僕《どぼく》の事《こと》を

身命造化《しんめいざうくわ》	祖業《そげふ》	父基《ふき》	母《はゝ》	兄弟《けいてい》	本身 妻妾	子息《しそく》
情性善惡《じやうせいぜんあく》	實情《じつじやう》	欲情《よくじやう》	面情《めんじやう》	禮情《れいじやう》	口情《こうじやう》	非情《ひじやう》
結婚嫁娶《けつこんかしう》	祖宗《そそう》	父母《ふは》	外氏《ぐわいし》	妻位《さいゐ》	媒介《ばいかい》	自身《じしん》
六甲《かふ》生產《せいさん》	雙親《さうしん》	化婆《くわば》	夫身《ふしん》	腹中人《ふくちうのひと》	分娩《ぶんばん》	產母《さんは》
求師技藝《きうしぎげい》	師徒《しと》	小師《せうし》	本師《ほんし》	師友《しいう》	衣祿《いろく》	本命《ほんめい》
仕官陞遷《しくわんしやうせん》	執政《しつせい》	朝仕《てうし》	監司《かんし》	長官《ちやうくわん》	曹官《さうくわん》	吏人《りじん》
求事謀望《きうじぼうばう》	國事《こくじ》	官事《くわんじ》	人事《じんじ》	家事《かじ》	身事《しんじ》	心事《しんじ》
交易賣買《かうえきばひく》	地頭《ちとう》	店舍《てんしや》	中途《ちうと》	伴侶《はんりよ》	己身《おのれ》	行貨《かうくわ》
求財脫物《きうざいだつぶつ》	店舍《てんしや》	道路《だうろ》	車馬《しやば》	行李《かうり》	伴侶《はんりよ》	己身《おのれ》
開鋪店肆《かいはてんし》	地頭《ちとう》	客舍《かくしや》	店門《てんもん》	行商《かうしやう》	夥伴《なかま》	自己《じこ》
出行經商《しゆつかうけいしやう》	家庭《かてい》	道路《だうろ》	門《もん》	戸《こ》	身《み》	足《あし》
音書遠信《いんしよゑんしん》	吉信《きつしん》	喜信《きしん》	僕信《ぼくしん》	書信《しよしん》	口信《こうしん》	飛信《ひしん》

見《み》る所《ところ》なり。
乾宮《けんきう》は父《ちゝ》及《およひ》長子《ちやうし》又《また》運《うん》
氣《き》を見《み》る所《ところ》なり。
坎宮《かんきう》は祖業《そげふ》又《また》相談《さうだん》の事《こと》を
見《み》る所《ところ》なり。
艮宮《ごんきう》は兄弟《けいてい》田宅《でんたく》家族《かぞく》根《こん》
氣《き》を見《み》る所《ところ》なり。

掌中三紋の圖

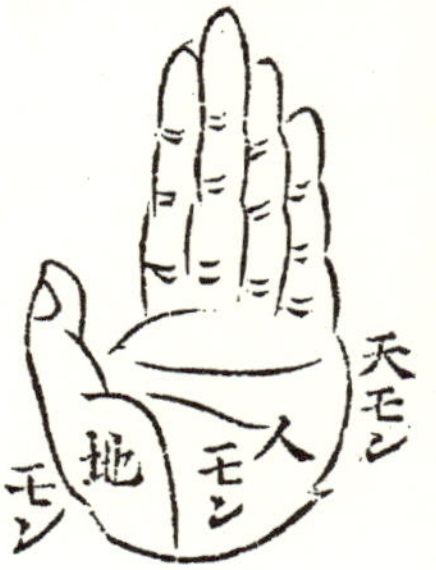

天紋《てんもん》は父《ちゝ》なり運《うん》なり天紋《てんもん》
の上《うへ》に又《また》一紋《もん》あるを養子《やうし》
紋《もん》とも別祿紋《べつろくもん》とも又別《またべつ》

	上爻	五爻	四爻	三爻	二爻	初爻
闘《とう》毆《おう》爭《さう》競《きやう》	官司《くわんし》	刀《かたな》	持杖《ぢちやう》	拳手《けんしゆ》	罵詈《ばり》	口爭《こうさう》
遺《ゐ》迷《めい》失《しつ》物《ぶつ》	珠玉《しゆぎよく》	金銀《きんぎん》	銅鐵《どうてつ》	綾羅《りやうら》	紬絹《ちうけん》	布帛《ふはく》
疾《しつ》病《ぺい》生《せい》死《し》	墳陵《ふんりやう》	行兆《かうてう》	棺材《くわんざい》	哭聲《こくせい》	弔客《てうかく》	喪門《さうもん》
	頭《かしら》	心《むね》	脇《わき》	脇腹《わきばら》	腿股《ふともゝ》	足《あし》
求《きう》醫《い》療《れう》病《びやう》	醫師《いし》	辛藥《しんやく》	苦藥《くやく》	甘藥《かんやく》	酸藥《さんやく》	鹹藥《かんやく》

以上《いじやう》六爻《かう》の位置《ゐち》は干支《かんし》納甲《なつかふ》の配置《はいち》により月建日辰《げつけんにつしん》の生剋等《せいこくとう》に最《もつと》も必要《ひつえう》なる断易法《だんえきはふ》に効驗多《かうけんおほ》きことなれども略筮法《りやくせいはふ》に應用《おうよう》し其動《そのどう》爻《かう》を取《と》りて用《もち》ふるも妨《さまたげ》なし。

○六位活機

略筮法《りやくせいはふ》として其質問《そのしつもん》の情態《じやうたい》を察知《さつち》するには此活機法《このくわつきはふ》を用《もち》ひて最《もつと》

業紋《げふもん》とも云《い》ふ親《おや》を重《かさ》ぬるか別業別祿《べつげふべつろく》あるか孰吉《いづれきつ》とす。

人紋《じんもん》は自身又兄弟《じしんまたけいてい》なり境《けい》界《かい》なり勢《いきほ》ひよく伸《の》びるは其身《そのみ》の境界安心《けいかいあんしん》なり陷《おちい》れば運拙《うんつたな》しとす。

地紋《ちもん》は母《はゝ》なり壽《じゆ》を見《み》る所《ところ》なり又居所子孫奴僕《またきよしよしそんどぼく》の事《こと》をも見《み》るなり坎宮《かんきう》まで勢《いきほ》ひよく通《とほ》りて入《い》れば壽長《じゆなが》く居所安《きよしよやす》く子孫《しそん》によしとす

手紋《しゆもん》の數種《すうしゆ》あるも眞妙《しんめう》の秘傳《ひでん》と云《い》ふは總《すべ》て下《した》より上《うへ》に貫《つらぬ》き通《とほ》りて指中《しちう》に進《すゝ》み入《い》るを發達上相《はつたつじやうさう》とす上《うへ》より降《くだ》るは凶大要《きやうだいえう》斯《か》く心得《こゝろえ》て可《か》なり。

も効驗《かうけん》あり其法先動爻《そのはふまづどうかう》によりて問筮者《もんせいしや》の意中《いちう》を探知《たんち》するに例《たと》へば初爻動《しよかううご》くときは何事《なにごと》か企圖《きと》する意《い》あるか他《た》に一歩踏出《ぽふみだ》して行《ゆ》かんとするかの類《るゐ》なり左《さ》に其條項《そのでうかう》を掲《かゝ》ぐ

初爻《しよかう》の動《うご》き　住居安《ちうきよやす》からざる意《い》あり、企《くはだ》つる意《い》あり、踏出《ふみだ》だす意《い》あり、心身婦女《しんくふぢよ》の爲《ため》に動《うご》く、人《ひと》に隔《へだ》てらるゝ意《い》あり、逃亡《とうばう》者《しや》は旅行《りよかう》の意《い》あり、志願《しぐわん》は苦辛《くしん》して後始《のちはじめ》て就《な》るべし、家庭《かてい》は教育當《けういくたう》を得《え》ざるが爲兒《ためじ》子《し》に緩怠《くわんたい》の意《い》あり、情欲《じやうよく》は親《した》し き者仇《ものあた》となるべし。

二爻《かう》の動《うご》き　意思《いし》胸中《けうちう》に落著《おちつ》かざる意《い》あり、彼方《かなた》此方《こなた》と心《こゝろ》を配《くば》る意《い》あり、人《ひと》に背《そむ》く意《い》あり、憂慮《いうりよ》する事《こと》あり、百事業《ひやくじげふ》は師《し》に憑《よ》るの意《い》あり、獨立《どくりふ》する能《あた》はず、病客《びやうかく》は重體《ぢうたい》なり、總《すべ》て身命《しんめい》に係《かゝ》る程《ほど》の事《こと》あり。

横紋《わうもん》は十中《ちう》八九凶紋《きやうもん》多《おほ》し手紋《しゆもん》の種類《しゆるゐ》は何《いづ》れの相書《さうしよ》にも在《あ》るを以《もつ》て省《はぶ》けり只《たゞ》一二要《えう》とする所《ところ》を記《しる》すべし

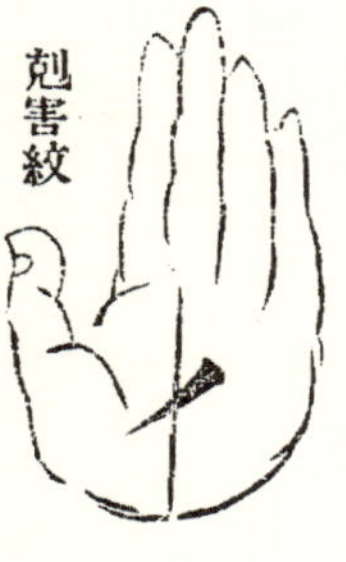

剋害紋

圖《づ》の如《ごと》く立紋《りつもん》を遮《さへぎ》る紋《もん》の鐵釘状《てつていじやう》なれば其立紋《そのりつもん》を妨《さまた》ぐる故《ゆゑ》に凶《きやう》とす然《しか》れども其剋害《そのこくがい》紋《もん》を制《せい》する強《きやう》勢《せい》の紋《もん》あれば立紋《りつもん》を助《たす》けて宜《よろ》し即《すなは》ち玆《こゝ》に示《しめ》すが如《ごと》し。

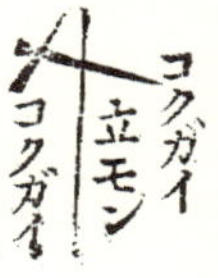

三爻《かう》の動《うご》き　思想漸々他《しさうせんくた》に向《むい》て發《はつ》する意《い》あり、意思急《いしきふ》に進《すゝ》まんとす、自分《じぶん》一己《こ》の身《み》と爲《な》りたるなり然《しか》れども失敗《しつぱい》して後《のち》に事《こと》を遂《と》ぐるなり、何人《なにびと》も出身《しゆつしん》せんとする志願《しぐわん》あり遂《つひ》に成《な》るべし、奢侈《しやし》の心《こゝろ》を生《しやう》ず、親《したし》き者力《ものちから》を協《あは》する意《い》あり、情欲《じやうよく》は世上《せじやう》の風《うわ》評《さ》に上《のぼ》るなり、大抵縁談或《たいていえんだんあるひ》は男女《なんによ》の間交《あひだがら》に關《くわん》することあり。

四爻《かう》の動《うご》き　謀計《はかりごと》の破《やぶ》れたる意《い》あり、住居安《ぢうきよやす》からざる意《い》あり、企圖《きと》する事《こと》ありと雖《いへど》も百事凶《ひやくじきよう》なり、彼此相離《かれこれあひはな》るゝの期《き》なれば最《もつと》も緊急《きんきふ》なり、大抵證書捺印通信文書《たいていしようしよなついんつうしんぶんしよ》の事《こと》に關係《くわんけい》す。

五爻《かう》の動《うご》き　人《ひと》を包容《はうよう》するの意《い》あり、思慮定《しりよさだ》まらず、百事成《ひやくじな》るが如《ごと》くにして破《やぶ》るゝ意《い》あり、陰爻變《いんかうへん》なれば尊長《そんちやう》の特恩《とくおん》あり、勤功《きんこう》なき人《ひと》なり、人《ひと》を使《つか》ひ人《ひと》に放任《はうにん》する意《い》あり、患者《くわんじや》は醫師《いし》に任《まか》せて失敗《しつぱい》することあり、胸跳《むねおど》り氣《き》動《うご》きて驚《おどろ》くの意《い》あり、手背《しゆはい》の明堂《めいだう》は食指《しよくし》の本《もと》拇指《ぼし》の横邊《わうへん》なり掌中《しやうちう》の明堂《めいだう》は掌《しやう》の中央窪《ちうわうくぼ》みたる所《ところ》なり此明堂枯燥《このめいだうこさう》するは大災《たいさい》あり明堂強《めいだうつよ》く熱《ねつ》するは骨蒸《こつしやう》の病《やまひ》あり明堂青黑白色《めいだうせいこくはくしよく》は皆大難《みなだいなん》なり。

明堂《めいだう》に黑子《こくし》ありて色善《いろよ》きは富貴《ふうき》なり朱點《しゆてん》も吉《きつ》白點《はくてん》光潤《くわうじゆん》なるは大《おほい》に發達《はつたつ》す。

明堂深《めいだうふか》く肌理細《きめこまか》なるは他《た》の部位《ぶゐ》凶《きよう》なりとも生《しやう》涯金銀《がいきんぎん》を散《さん》ずることなし

明堂《めいだう》に十祕《ひ》あり一に運氣《うんき》二に氣性《きしやう》三に交易《かうえき》四に高《かう》

吉凶共《きつきようとも》に身命《しんめい》に係《かゝ》る程《ほど》なり、大抵勞《たいていらう》して一身《しん》の動《うご》く意《い》あり。

上爻《かう》の動《うご》き　後悔《こうくわい》する意《い》あり、思慮《しりよ》に迫《せま》る意《い》あり、進退如何《しんたいいか》にしてよきやといふ意《い》あり、離別《りべつ》の意《い》あり、隱居世外《いんきよせいぐわい》の意《い》あり、商人《しやうにん》なれば愛想《あいさう》あり、管店者《ばんとう》は擅横《ほしいまゝ》なる意《い》あり、患者《くわんじや》は誤診《ごしん》の厄《やく》あり、陰爻《いんかう》なれば憤怒《ふんど》あり、陽爻《やうかう》なれば鬱憤散《うつぷんさん》ずべし、總《すべ》て五爻《かう》と同《おなじ》くして一段凶《だんきよう》なり。

○察情八卦傳

八卦《くわ》の内外位置《ないぐわいゐち》を以《もつ》て情態《じやうたい》を占察《せんさつ》するの法《はふ》にして略筮中筮共《りやくぜいちうぜいとも》に其効用《そのかうよう》あり。

乾下《けんか》　後《のち》の恐《おそれ》あり、上《かみ》を輕《かろ》んじ人《ひと》を侮蔑《ぶべつ》することあり、動《うご》きの心《こゝろ》あり、思案考慮《しあんかうりよ》の意《い》あり、望事《のぞみごと》あり、心支《こゝろづかひ》あり、大事《だいじ》を下《げ》五に疾病《しつぺい》六に欲無欲《よくむよく》七に動不動《どうふどう》八に和不和《くわふわ》九に寒《かん》熱《ねつ》十に神氣《しんき》なり。
魚腹《ぎよふく》の旋紋《せんもん》は男女共《なんによとも》變《へん》事《じ》に遭《あ》ふなり又兄弟《またけいてい》の縁《えん》凶《きよう》にして勞《らう》あり又水難《またすゐなん》とす魚腹《ぎよふく》とは震宮《しんきう》の位《ゐ》にして肉《にく》ある所即《ところすなは》ち艮宮《ごんきう》なり旋紋《せんもん》は渦《うづ》を卷《ま》きたるが如《ごと》き紋理《もんり》なり。
魚腹常《ぎよふくつね》に靑暗色《せいあんしよく》ある者勝敗賭博《りうしやうはいとばく》に類《るゐ》する事《こと》を好《この》む。
魚腹《ぎよふく》の靑點《せいてん》は賊難《ぞくなん》に遭《あ》ふ又度々《またたび〳〵》驚《おどろ》きあり黑子朱《こくししゆ》點《てん》は吉《きつ》白色《はくしよく》は官難《くわんなん》黑《こく》暗《あん》は水難《すゐなん》なり。

望《のぞ》み居《を》るならん、性急《せいきふ》にして焦慮《せうりよ》す、自負心《じふしん》あり、仕官《しくわん》なれば重勤《ぢやうきん》の者《もの》、女《をんな》は男《をとこ》に代《かは》りて事《こと》を執《と》るならん。

乾上《けんじやう》　尊長《そんちやう》の恐《おそれ》あり若恐《もしおそ》れざる者《もの》は身《み》の害《がい》となるべし、賤《いやし》き者《もの》は恩義《おんぎ》を知《し》らず反《かへつ》て仇《あだ》を爲《な》すことあり、行儀正《ぎやうぎたゞ》しく聰明《そうめい》なり、親《したし》き女《をんな》に注意《ちうい》すべし。

兌下《たか》　情欲《じやうよく》の縁《えん》あり、他人《たにん》と親《したし》む意《い》あり、遠慮《ゑんりよ》あり、氣配《きくばり》あり、嫉妬疑惑怨恨《しつとぎわくえんこん》の意《い》あり、面貌《めんばう》と心思《しんし》と相違《さうゐ》あり、娯《たのし》き意《い》あり、心定《こゝろさだ》まらず、迷《まよ》ひあり、人《ひと》に能《よ》く思《おも》はれんとする意《い》あり。

兌上《だじやう》　思《おも》ひに逼《せま》りて後《のち》を顧《かへりみ》ざる意《い》あり、不意《ふい》に出來《でき》たる事《こと》あるべし、言語《げんご》は流水《りうすゐ》の如《ごと》し、女《をんな》は圓顔《まるがほ》にして嬋姸《あでやか》なるべし、裁《さい》縫《はう》に巧《たく》みなり、少《すこ》し媚《こ》びて姦佞《かんねい》なり。

離下《りか》　立身《りつしん》の兆《てう》とす、他人《たにん》と親《したし》む意《い》あり、遠慮配意《ゑんりよはいい》あり、僞《いつはり》の

震宮肉滿《しんきうにくみ》ちて血色潤《けつしよくじゆん》光《くわう》なれば夫妻又學藝《ふさいまたがくげい》よく氣質上《きしつじやう》にして貨財《くわざい》あり赤色黄金色《せきしよくくわうきんしよく》は姙娠《にんしん》の吉慶《よろこび》なり青黑《せいこく》は夫妻《ふさい》の病難《びやうなん》なり白氣《はくき》は病氣黑《びやうきこく》氣《き》は死喪《しさう》なり。巽宮肉《そんきうにく》起《おこ》り血色《けつしよく》よきは福祿《ふくろく》あり又遠行《またゑんかう》に利《よろ》しく紅氣明潤《こうきめいじゆん》なれば家業盛《かげふさか》にして兄弟和合《けいていわがふ》す青白黑《せいはくこく》の濛色《まうしよく》は滯運《たいうん》なり亂紋《らんもん》は心定《こゝろさだ》まらず肉陷《にくおちい》れば財《ざい》を失《うしな》ひ病《やまひ》を發《はつ》す朱《しゆ》點《てん》は大吉《だいきつ》なり。離宮肉滿《りきうにくみ》ちて潤《うるほ》ひ紅氣《こうき》あれば官祿《くわんろく》を得又業務榮《えまたげふむさか》ふ

意《い》あり、吉事《きちじ》あれば不足《ふそく》の思《おもひ》を懷《いだ》き過分《くわぶん》の望《のぞみ》を發《おこ》して身《み》の害《がい》となるあり、心落着《こゝろおちつ》く、少《すこ》し爭《あらそ》ひあり、心動《こゝろうご》く、短氣《たんき》なり、外面《ぐわいめん》を飾《かざ》る意《い》あり、迷《まよひ》あり、勇《いさ》む意《い》あり、華奢《くわしや》なる氣風《きふう》なり、物《もの》を上下《あげさげ》する理《り》あり。

離上《りじやう》　驕奢《けうしや》にして故恣《きまゝ》なり、人《ひと》を糶立人《せりたてひと》に糶落《せりおと》さるゝ意《い》あり、人《ひと》の口《くち》に愛《あい》せらるゝことあり愼《つゝし》まざれば難來《なんきた》る、前《まへ》を見《み》て足《あし》邊《もと》を見《み》ざる意《い》あり、短氣《たんき》なり、聰明外《そうめいはか》に顯《あらは》るゝことあり。

震下《しんか》　思案定《しあんさだ》まらず、住居《ぢうきよ》の動《うご》きあり、身《み》に害《がい》の來《きた》るを怖《おそ》れて遯《のが》れたき心《こゝろ》あり、進《すゝ》まんとする意《い》あり、內心締結《ないしんしまり》なき故事成《ゆゑことな》らず、氣分浮《きぶんうき》て輕躁《けいさう》なり、旅行《りよかう》の思念《おもひ》あり、大望《たいまう》あり、運强《うんつよ》し、危《あやふ》き心《こゝろ》あり、善惡共《ぜんあくとも》に包藏《はうざう》する意《い》あり。

震上《しんじやう》　心《こゝろ》に動《うご》きあり、間違《まちがひ》あり、締結《しまり》なし、家政治《かせいおさま》り難《がた》し、舊《きう》

掌中《しやうちう》最《もつと》も肝要《かんえう》の部位《ぶゐ》なり黑色《こくしよく》あれば火難《くわなん》黃《くわう》色《しよく》は病氣惡紋亂紋《びやうきあくもんらんもん》は生涯《しやうがい》志望《しばう》成《な》らず旋紋《せんもん》は官難《くわんなん》ありとす。

坤宮《こんきう》の肉潤《にくうるほ》ひて色善《いろよ》きは母及妻妾和睦《はゝおよびさいせうわぼく》し兒子《じし》健全《けんせん》にして福分《ふくぶん》あり白色《はくしよく》は母及妻《はゝおよびさい》の病氣赤黑《びやうきせきこく》は女難《ぢよなん》口舌《くぜつ》朱點《しゆてん》黑子《こくし》は吉《きつ》眞黑《しんこく》にして潤《うるほ》ひなきは夫妻《ふさい》の離別《りべつ》紅氣《こうき》黃金色《くわうきんしよく》は母妻《はゝさい》に付《つき》喜慶《よろこび》あり。

兌宮《だきう》の肉滿《にくみ》ちて色善《いろよ》きは妻《さい》子《し》の緣《えん》よろし又愛敬《またあいけう》あり肉粗惡《にくそあく》なるは短慮《たんりよ》にして吝《りん》なり俄《にはか》に肉落《にくお》つるは破財《はざい》

事再發《じさいはつ》の理《り》あり、辛勞《しんらう》あり、威勢《ゐせい》あり、意匠《いしやう》したる業《わざ》あり、胸中《けうちう》の動悸《どうき》あり、婦《ふ》女《ぢよ》は色情深《しきじやうふか》し。

巽下《そんか》　爭《あらそ》ひ長上《ちやうじやう》に係《かゝ》る意《い》あり、氣強《きつよ》し、事《こと》を急《いそ》ぐ意《い》あり、意《い》思違《したが》ふにより失敗《しつぱい》するあり、意匠《いしやう》を凝《こ》らす、修行《しゆぎやう》する意《い》あり、思考《しかう》に過《す》ぎて果《はた》さゞる意《い》あり、慾深《よくふか》し、巧《たくみ》あり、大望《たいまう》あり、屈託《くつたく》あり、辛勞《しんらう》あり、節儉《せつけん》なり、藝術《げいじゆつ》の意《い》あり。

巽上《そんじやう》　物《もの》を待《ま》つ意《い》あり、好嫌《すききらひ》あり、新古去就《しんこきよしう》あり、心身定《しんくさだ》まらず、人《ひと》に用《もち》ひられ又人《またひと》に嫌《きら》はるゝ意《い》あり、我家《わがいへ》を棄《す》てゝ他《た》の家《いへ》に志《こゝろざ》すあり、姑《しうとめ》の喧噪《やかまし》き意《い》あり、常《つね》に柔和《にふわ》にして怒《いかり》を發《はつ》するときは甚《はなはだ》しとす、女《をんな》は夫《をつと》に下《くだ》る意《い》あり。

坎下《かんか》　尊長《そんちやう》に背戻《はいれい》する意《い》あり、爭《あらそ》ひあり、自《みづか》ら求《もと》めざる苦勞《くらう》あり、百事意《ひやくじい》に任《まか》せざるなり、氣強《きつよ》し、邪智《じやち》あり、陰氣《いんき》なり、肉《にく》起《おこ》るは福分赤黒《ふくぶんせきこく》は子《こ》と爭《あらそ》ひ青氣《せいき》は子孫《しそん》の驚《おどろ》き白氣《はくき》は子孫《しそん》の病氣眞黑《びやうきしんこく》は子孫奴僕《しそんぬぼく》の災難《さいなん》なり。乾宮《けんきう》の肉締《にくしま》りて血色光《けつしよくくわう》潤《じゆん》なれば祖先《そせん》の家《いへ》を全《まつた》くして子孫榮《しそんさか》ふべし此宮肌《このきうき》理粗《めあら》くなるは父《ちゝ》と爭《あらそ》ひあり又金融惡《またきんゆうあし》し赤黑《せきこく》の氣《き》あれば主人《しゆじん》と爭《あらそ》ふことあり青氣青筋《せいきあをすぢ》は長上《めうへ》の驚《おどろ》きあり暗氣滯色《あんきたいしよく》は不運《ふうん》なり白色潤光《はくしよくじゆんくわう》なれば自《し》然財《せんざい》を得《う》べし白色《はくしよく》にても乾涸《かんこ》すれば財《ざい》を失《うしな》ふ紅《こう》氣又黃金色《きまたくわうきんしよく》にして潤《うるほ》ひあれば大《おほい》に幸福《かうふく》あり。

姦曲《かんきよく》にして無情《むじやう》なるべし、雍容閑雅《しとやか》なる意《い》あり、屈託《くつたく》あり、恨《うら》みあり、迷《まよ》ふ心《こゝろ》あり、足《あし》に言分《いひぶん》あり、坤《こん》より來《きた》る坎《かん》なれば未心服《いまだしんぷく》せずと雖《いへど》も淫事《いんじ》とす、智《ち》を隱《かく》し又巧《またたくみ》あり、浮沈多《ふちんおほ》し、

屢《しば〱》災厄《さいやく》に遭《あ》ふの意《い》、怪事《くわいじ》あり、居所《きよしよ》を改《あらた》むるは吉《きつ》。

坎上《かんじやう》　他《た》の難義《なんぎ》の及《およ》ばんことを憂《うれ》ふる意《い》あり、自己《じこ》又《また》は人《ひと》の身《しん》命《めい》を危《あやふ》く思《おも》ふ意《い》あり、事《じ》物《ぶつ》破《やぶ》れて憂慮《いうりよ》する意《い》あり、待《ま》つこと遲《おそ》しと思《おも》ふ意《い》あり、婦人《ふじん》は淫行苦勞《いんかうくらう》あるべし、坤《こん》より來《きた》れば淫事《いんじ》の心内《こゝろうち》に動《うご》くべし、未實事《いまだじつじ》あらず、重坎《ちやうかん》は淫行清智《いんかうせいち》とす、婦人《ふじん》は笑顏《ゑがほ》を爲《な》し面《おもて》に黑痣《ほくろ》あるべし。

艮下《ごんか》　百事心《ひやくじこゝろ》に任《まか》さぬ意《い》あり、喜《よろこび》と憂《うれい》とあり、浮氣《うはき》なり、迷《まよ》ひて後悔《こうくわい》する意《い》あり、篤實《とくじつ》にして家《いへ》を治《をさ》むる意《い》あり、藝能《げいのう》ある人《ひと》ならん、公難《こうなん》に遭《あ》ひたる人《ひと》ならん、上《うへ》より抑制《よくせい》せらるゝ意《い》

坎宮《かんきう》の肉《にく》豐《ゆたか》にして血色《けつしよく》潤澤《じゆんたく》なれば祖業《そげふ》榮《さか》え運氣《うんき》滯《とゞこほ》ることなく諸事協議《しよじけふぎ》調《とゝの》ふ若《もし》肌理《きめ》粗《あら》くなるときは萬事相談《ばんじさうだん》すべからず潤《うるほ》ひの出《い》づるを待《ま》つべし白《はく》色《しよく》は家門《かもん》の病人又死《びやうにんまたし》喪《さう》のことあり赤黑《せきこく》は公難《こうなん》又《また》爭《あらそ》ひあり黑氣黑滯《こくきこくたい》は水難《すゐなん》或《あるひ》は色難《しきなん》あり紅《こう》潤黃金色《じゆんくわうきんしよく》は諸事吉《しよじきつ》昌《しやう》とす。

●面貌十字傳

十字面相法《じめんさうはふ》は王文潔《わうぶんけつ》が著書風鑑源理《ちよしよふうかんげんり》に載《の》せて詳《しやう》悉《しつ》せり今其要《いまそのえう》を採《とり》て以《もつ》て

あり、人《ひと》に憑《よ》りて信《まか》する意《い》あり、臣下《しんか》又食客《またしよくかく》は子弟《してい》なるべし、色情《しきじやう》は氣《き》を急《せ》ぐなるべし、少《すこ》し心《こゝろ》に慰《なぐさ》むる事《こと》あるも心得違《こゝろえちがひ》あり、妊婦《にんぷ》は安産《あんざん》なるべし。

艮上《ごんじやう》　金銀《きん〳〵》、世帶《しよたい》、色情等《しきじやうとう》の意《い》あり、浮氣《うはき》あり、思案《しあん》の意《い》あり、他人《たにん》と交際《かうさい》して氣《き》を配《くば》ることあり、他人《たにん》の言《こと》を用《もち》ひず、立身《りつしん》又處世《またしよせい》の考案《かうあん》あるべし、婦女《ふぢよ》は經水不順《けいすゐふじゆん》なり、色情《しきじやう》は上下共《じやうかとも》に竊取《せつしゆ》の疑《うたが》ひあり。

坤下《こんか》　慾《よく》に因《よ》りて苦勞《くらう》を求《もと》むるの意《い》あり、人《ひと》に隱《かく》れて忍《しの》ぶ意《い》あり、遠慮《ゑんりよ》の意《い》あり、自分勝手《じぶんかつて》の意《い》あり、慾情深《よくじやうふか》しとす、人《ひと》を好《す》き人《ひと》を妬《ねた》む意《い》あり、他《た》の爲《ため》に勞《らう》を取《と》ることを思《おも》ふならん、他人《たにん》の一身上《しんじやう》を憂慮《いうりよ》する意《い》あり、意中思想《いちうしさう》の混入《こんにふ》したることあり、心氣《しんき》忙《せわ》しとす、心吝《こゝろりん》なり、家《いへ》を治《をさ》むるとす、願望《ぐわんまう》は承《しよう》

之《これ》を摘記《てきき》す。

十字面《じめん》とは由字《ゆうじ》、甲字《かふじ》、申《しん》字《じ》、田字《でんじ》、同字《どうじ》、王字《わうじ》、圓《ゑん》字《じ》、目字《もくじ》、用字《ようじ》、風字《ふうじ》の十種《しゆ》なり天下萬衆《てんかばんしゆう》の貌《かたち》十字《じ》を以《もつ》て之《これ》を盡《つく》す能《あた》はずと雖《いへど》も人《ひと》の形《かたち》あるは五行《ぎやう》の精氣《せいき》を稟《う》くる非《あら》ざるなく人《ひと》の貌《かたち》ある亦《また》五行《ぎやう》の體《たい》質《しつ》を離《はな》れざるなし千萬人《まんにん》と雖《いへど》も十者《しや》の外《ほか》に出《い》づる能《あた》はざるなり今正《いまたゞ》しき者《もの》を以《もつ》て之《これ》を論《ろん》ずれば上尖《かみとが》り下潤《しもひろ》き者《もの》は火《ひ》の正《せい》にして即《すなは》ち由字《ゆうじ》なり下尖《しもとが》り上《かみ》潤《ひろ》き者《もの》は木《き》の正《せい》にして甲字《かふじ》なり圓《まる》くして肥《こえ》る者《もの》は水《みづ》の

諾《たく》ありて就《な》ること遲《おそ》し、沈著《ちんちやく》の意《い》あり、一體運拙《たいうんつたな》しとす。

坤上《こんじやう》　身《み》の憑《よ》る所《ところ》なき意《い》あり、落膽《らくたん》する意《い》あり、疑惑《ぎわく》あり、愚《ぐ》昧《まい》の意《い》あり、留守《るす》の意《い》あり、卑賤《ひせん》の義《ぎ》あり、金銀《きん〴〵》の事《こと》に關《くわん》するあり、主《しゆ》たる者《もの》に離《はな》るゝ意《い》あり、地《ち》の理《り》を考《かんが》ふるなるべし、形善《かたちよ》くして心賤《こゝろいや》しとす、女《をんな》は經水不順又夫《けいすゐふじゆんまたをつと》に代《かは》りて家事《かじ》を執《と》るあり、商人《しやうにん》の意《い》あり、相場《さうば》に關係《くわんけい》す。

以上《いじやう》は八卦《くわ》の内外《ないぐわい》に在《あ》るものによりての大要占略《だいえうせんりやく》なり時《とき》に臨《のぞ》みて其活用《そのくわつよう》の効驗最《かうげんもつと》も多《おほ》し又凡《またおよそ》重卦《ちやうくわ》は物二《ものふた》つの理《り》前後《せんご》左《さ》右《いう》見《み》較《くら》ぶる意《い》あり、進退決《しんたいけつ》せず裏面《りめん》にて的中多《てきちうおほ》し二人《にん》にて爲《な》すことを好《この》む己靜《おのれしづか》にして人《ひと》を動《うご》かす、小人《せうじん》は我《わ》が身《み》に力《ちから》を入《い》れる亦他《またた》人《にん》の爲《ため》に勞《らう》を取《と》る者《もの》なり、名代《なだい》の事《こと》あり、爭論《さうろん》あり、訴訟《そしよう》は調《てう》和《わ》すべし、懷妊《くわいにん》の意《い》あり、生産《せいさん》は雙生《ふたご》の意《い》あり、出行待人逃亡《しゆつかうまちびととうばう》

正《せい》にして圓字《ゑんじ》なり方《はう》にして厚《あき》き者《もの》は土《つち》の正《せい》なり方《はう》にして厚《あつ》く且《かつ》長《なが》き者《もの》は金《かね》の正《せい》にして田字同字《でんじどうじ》に非《あら》ざれば之《これ》を盡《つ》くすに足《た》らず又其《またその》偏《へん》なる者《もの》を以《もつ》て之《これ》を論《ろん》ずれば上下倶《じやうかとも》に尖《とが》りて中間《ちうかん》大《だい》ならざる者乃《ものすなは》ち火木《くわぼく》の偏《へん》にして申字《しんじ》とす上下《じやうか》倶《とも》に大《だい》にして中間小《ちうかんせう》なる者《もの》は乃《すなは》ち木火《もくくわ》の偏《へん》なる風字《ふうじ》の謂《いひ》に非《あら》ずや上下倶《じやうかとり》に方《はう》にして長《なが》く且痩《かつやせ》る者《もの》は乃《すなは》ち金木《きんぼく》の偏《へん》にして目字《もくじ》と爲《な》す方《はう》にして尖《とが》り方《はう》にして露《あらは》るゝ者皆金火《ものみなきんくわ》の偏《へん》にして用字王字《ようじわうじ》の謂《いひ》に

者《しや》は伴侶《はんりよ》あり、遺失《ゐしつ》は向《むか》ふの家《いへ》より覗《ねら》ひて奪《うば》ふの意《い》あり、又見《またみ》出《い》だすことあり。

○遯升自在傳

遯《とん》は退《たい》なり既往《きわう》の卦《くわ》なり升《しやう》は進《しん》なり將來《しやうらい》の卦《くわ》なり自在《じざい》は目今《もくこん》の卦《くわ》なり是則《これすなはち》往《わう》を推《お》し來《らい》を知《し》るの一法《はふ》にして略筮《りやくせい》に於《おい》て最《もつと》も便法《べんはふ》なりとす例《たと》へば本卦火地晋《はんくわくわちしん》なれば外卦《ぐわいくわ》の離《り》の前《まへ》は兌《だ》にして後《のち》は震《しん》なり又内卦《またないくわ》の坤《こん》の前《まへ》は艮《ごん》にして後《のち》は戻《もど》りて乾《けん》なり即《すなは》ち

遯卦咸 ䷞ 反

本卦晋 ䷢ 反

升卦大壯 ䷡ 反

圖《づ》にて知《し》るべし而《よか》して本卦《はんくわ》二爻變《かうへん》なれば遯卦《とんくわ》に於《おい》ては初爻變《しよかうへん》とし升卦《しやうくわ》に於《おい》ては三爻變《かうへん》とするなり。

非《あら》ずや是《こゝ》を以《もつ》て五形《ぎやう》の眞《しん》を具《そな》へ五氣《き》の偏《へん》を得《う》萬状《ばんじやう》多《おほ》しと雖《いへど》も五行《ぎやう》を離《はな》るゝ能《あた》はず十字《じ》少《すくな》しと雖《いへど》も實《じつ》に能《よ》く萬状《ばんじやう》を包《つゝ》み根《こん》基《き》の厚薄《こうはく》限歩《げんぽ》の吉凶《きつきよう》・居《きよ》然《せん》として見《み》るべし。

由字面火形

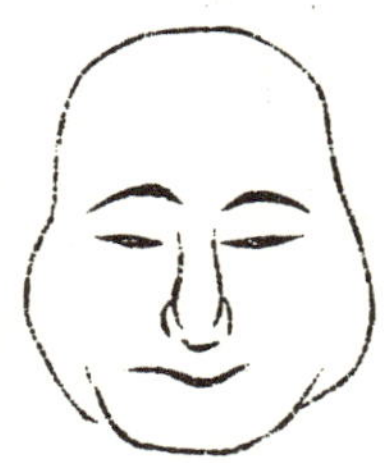

上停《じやうてい》尖《とが》り下偉《かてい》濶《ひろ》く氣《き》躁《さわ》がしく髭《ひげ》少《すくな》く面《めん》紅《こう》にして鼻《はな》赤《あか》し。凡《およそ》人《ひと》天庭《てんてい》窄《すぼ》み地閣《ちかく》豐《ゆたか》

○古易活法

卦《くわ》の内外《ないぐわい》を問《と》はず變出《へんしゆつ》の卦《くわ》を以《もつ》て上卦《じやうくわ》と爲《な》し其原卦《そのげんくわ》を以《もつ》て下卦《かくわ》と爲《な》して一卦《くわ》を作《つく》り兼《かね》で其問筮《そのもんぜい》の用《よう》に供《きやう》す是亦略筮《これまたりやくぜい》の一法《ぱふ》として妙用《めうよう》あることとなり例《たと》へば本《ほん》卦天澤履《くわてんたくり》にして五爻變《かうへん》ずるときは其變出《そのへんしゆつ》の離《り》を上卦《じやうくわ》とし其《その》原卦《げんくわ》の乾《けん》を下《か》卦《くわ》として火天《くわてん》大《たい》有《いう》の卦《くわ》を起《おこ》し其本卦《そのほんくわ》を併《あは》せて活斷《くわつだん》するなり即《すなは》ち下《しも》の圖《づ》の如《ごと》し。

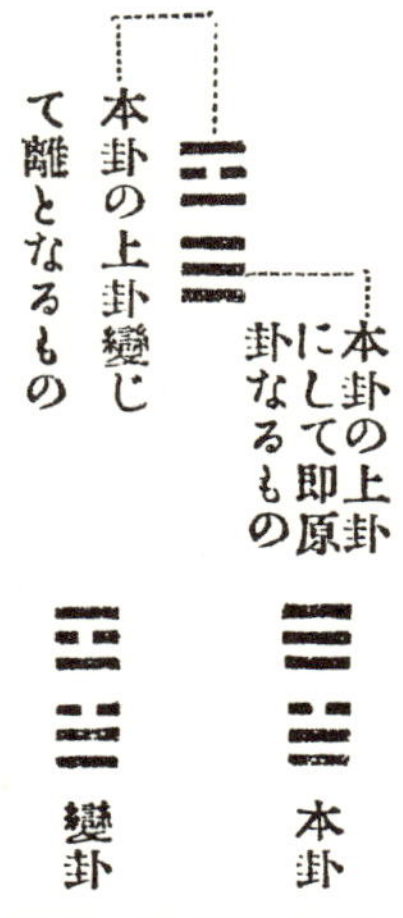

○再用法

本卦變卦《ほんくわへんくわ》併《あは》せ考《かんが》へて吉凶決《きつきようけつ》し難《がた》きときは更《さら》に變爻《へんかう》を付《ふ》するなり

なる之《これ》を地《ち》有《あ》りて天格《てんかく》なしと云《い》ふ男子之《だんしこれ》を得《う》れば初《しよ》二十年《ねん》の孤苦《こく》とし祖業《そげふ》少《すくな》く根基薄《こんきうす》し中年末年《ちうねんまつねん》を待《ま》ちて財福《ざいふく》を得《う》べし若《もし》五官《くわん》好《よ》からざれば富《とみ》は有《いう》することあるも貴《たつと》からず女子之《ぢよしこれ》を得《う》れば孤《こ》にして子《こ》なし中《ちう》壽《じゆ》の相《さう》とす。

五官《くわん》とは眉《まゆ》を保壽官《ほうじゆくわん》眼《め》を監察官《かんさつくわん》鼻《はな》を審辨《しんべん》官口《くわんくち》を出納官《すゐたうくわん》耳《みゝ》を採《さい》聽官《ちやうくわん》として孰《いづ》れも形《けい》狀完全《じやうくわんぜん》なるを要《えう》す。

由字面《ゆうじめん》にして皮薄《かはうす》き者《もの》は孤獨《こどく》なれども枕骨《ちんこつ》ある者《もの》は然《しか》らず火形《くわけい》の人《ひと》水《みづ》の形《けい》

例《たと》へば本卦天澤履《ほんくわてんたくり》の五爻變《かうへん》じて火澤睽《くわたくけい》と爲《な》るとき復變爻《またへんかう》の策《さく》を揲《かぞ》へて初爻變《しよかうへん》ずるときは火水未濟《くわすゐびせい》の卦《くわ》となるを以《もつ》て之《これ》を應用《おうよう》するなり然《しか》れども好《この》む所《ところ》の良法《りやうはふ》に非《あら》ず何《なん》となれば占考學力《せんかうがくりよく》の乏《とぼ》しき傾向《かたむき》あればなり。

○既往將來

凡上卦《およそじやうくわ》は既往《きわう》と爲《な》し下卦《かくわ》は將來又現在《しやうらいまたげんざい》と爲《な》す本卦《ほんくわ》は深《ふか》く之《これ》を用《もち》ひ變卦《へんくわ》は淺《あさ》く之《これ》を採《と》るべし是亦《これまた》一法《はふ》として其効果《そのかうくわ》あることなり。

○體卦用卦

體卦《たいくわ》は變《へん》ぜざる卦《くわ》を謂《い》ひ用卦《ようくわ》は變《へん》ずる卦《くわ》を謂《い》ふ例《たと》へば乾爲天《けんゐてん》の

狀血色《じやうけつしよく》を帯《お》ぶれば妻《さい》を剋《こく》して散財《さんざい》なり木《き》の形狀《けいじやう》血色《けつしよく》を帯《は》ぶれば功名官《こうめいくん》に進《すゝ》み又業務盛《またげふむさかん》なり。

甲字面木火形

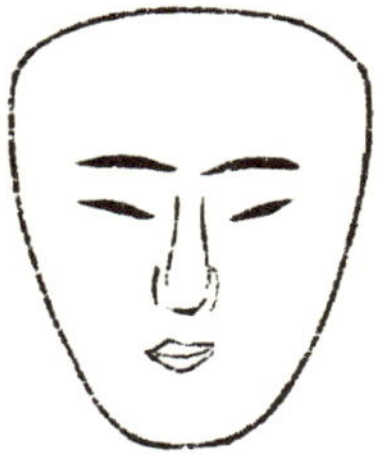

上停潤《じやうていひろ》く下停窄《かていせま》く肉《にく》なくして地閣《ちかく》の左右削《さいうけづ》るが如《ごと》し。

凡人火星《およそひとくわせい》（額《ひたひ》を云《い》ふ）寛厚《くわんこう》の地豐隆《ちほうりう》にして地閣《ちかく》尖《とが》り虧《か》くれば財祿足《さいろくた》らず初《しよ》運《うん》二十五年《ねん》は優游福祿《いうしふくろく》あれども晩年《ばんねん》は好《よ》からず五

五爻動《かうどう》けば外卦《ぐわいくわ》を用《よう》とし内卦《ないくわ》を體《たい》とするの類《るゐ》なり是亦《これまた》一法《はふ》として妙用《めうよう》あり次《つぎ》に記《き》する條項《でうかう》を見《み》て其要旨《そのえうし》を味《あぢは》ふべし。

○用發秘體

本卦變卦互《ほんくわへんくわご》卦中《くわちう》に旺相《わうさう》の卦《くわ》ありて體卦《たいくわ》を剋《こく》するときは病占《びやうせん》なり若人來《もしひときた》りて別人《べつじん》の身命《しんめい》を占《うらな》ふも亦同《またおな》じ例《たと》へば春令《しゆんれい》の占《せん》に雷山小過《らいさんせうくわ》の四爻變《かうへん》なるとき用卦《ようくわ》なる外卦震《ぐわいくわしん》は體卦《たいくわ》の艮土《ごんど》を剋《こく》し又中卦《またちうくわ》の巽木《そんぼく》も體卦《たいくわ》を剋《こく》するの類《るゐ》なり旺相《わうさう》とは春令木《しゆんれいき》に屬《ぞく》するを以《もつ》て卦《くわ》に震巽《しんそん》あれば之《これ》を旺《わう》とし離《り》あれば之《これ》を相《さう》とするなり又用卦旺《またようくわわう》して體卦《たいくわ》を剋《こく》するときは訴訟《そしよう》の事《こと》ありとす此法前述病占《このはふせんじゆつびやうせん》と同《おな》じければ事《こと》に臨《のぞ》みて考究《かうきう》するを要《えう》す。

體用共《たいようとも》に死卦《しくわ》を得《え》て互卦變卦中《ごくわへんくわちう》に旺相《わうさう》の卦《くわ》あれば連累《れんるゐ》の事《こと》あり

官《くわんろくの》整はざれば五十歳以《さいい》後散財人離《ごさんざいひとはな》れ富《とみ》に代《かは》りて貧來《ひんきた》る婦人《ふじん》も亦然《またしか》り。

中字面水火形

上停締《じやうていしま》りなきが故《ゆゑ》に記憶悪《きおくあし》し顴骨高《けんこつたか》く出《い》で上下狭《じやうかせま》き者孤獨《ものこどく》にして父母《ふぼ》に縁《えん》なし又己《またおのれ》を亢《たか》ぶる故奴僕《ゆゑどぼく》に縁《えん》なしとす凡人天庭窄狭地閣尖《およそひとてんていせまくちかくとがり》虧《かけ》にして天倉地庫豐滿《てんさうちこほうまん》ならざれば上格《じやうかく》とせず男子《だんし》之《これ》を得《う》れば初年父母《しよねんふぼ》に利《り》あらず二十七歳後《さいご》は謀望意《ぼうばうい》

死卦《しくわ》とは例《たと》へば春令《しゆんれい》の占《せん》に艮坤《ごんこん》の卦《くわ》を得《え》て時令《じれい》に剋《こく》せらるゝを謂《い》ふ。

體卦旺《たいくわわう》して用卦《ようくわ》を剋《こく》すれば遺《ゐ》失《しつ》の占《せん》なるべし。

體用比《たいようひ》和《わ》し或《あるひ》は相生《さうじやう》すれば商業《しやうげふ》の可否《かひ》に係《かゝ》るべし。

用卦休《ようくわきう》に當《あた》れば住所《ぢうしよ》の動《うご》きあり又用卦變《またようくわへん》じて休《きう》に當《あた》れば前住《せんぢう》の地《ち》に歸《かへ》る心《こゝろ》あり休《きう》とは例《たと》へば春令《しゆんれい》の占《せん》に坎《かん》の卦《くわ》を得《う》るが如《ごと》き卦《くわ》より時令《じれい》を生《しやう》ずるを謂《い》ふ。

體卦休《たいくわきう》に當《あた》れば住所定《ぢうしよさだ》まらずとす或《あるひ》は其人品風俗《そのじんぴんふうぞく》によりて住所《ぢうしよ》の勞《らう》ありと斷《だん》ず但《たゞ》し別人來《べつにんきた》りて男女《なんによ》の身命《しんめい》を問《と》ふに體卦休《たいくわきう》すれば必住所未定《かならずぢうしよみてい》の人《ひと》とす。

體卦相《たいくわさう》に當《あた》りて用卦《ようくわ》を剋《こく》すれば待人《まちびと》の占《せん》なり。

用卦體《ようくわたい》を剋《こく》すれば談判《だんぱん》の事《こと》あり。

に從《したが》ふと雖《いへど》も五十二歳《さい》以後《いご》は何事《なにごと》も及《およ》ばず若《もし》髭《ひ》鬚《げ》あらば隠《かく》れて名《な》を發《はつ》すべし又地輪好《またちりんよ》ければ下停《かてい》の悪《あし》きを免《まぬか》すべし鼻眼悪《びがんあし》ければ中年凶《ちうねんきよう》なり。

田字面土形

背骨高《はいこつたか》く頂短《てうみぢか》く頭《かしら》圓《まる》くして下停肉《かていにく》あり色《いろ》黒《くろ》く皮黄《かはき》なりとす。凡入面部方潤天倉地《およそひとめんぶはうくわつてんさうち》庫豐隆《こほうりう》なれば之《これ》を田字面《でんじめん》と云《い》ふ男子之《だんしこれ》を得《う》れば初中《しよちう》

體卦《たいくわ》に坎《かん》を得《え》て休《きう》に當《あた》れば浮浪《ふらう》の徒《と》なり又本變互卦中坎多《またほんぺんごくわちうかんおほ》きも浮浪《ふらう》の意《い》あり。

女《をんな》の身品占《しんめいせん》に九三の爻變《かうへん》じて六三となるは失《をつと》に別《わか》るゝの占《せん》なり但《たゞ》し用卦旺相《ようくわわうさう》すれば其夫出身《そのをつとしゆつしん》の事《こと》に係《かゝ》り死《し》に當《あた》れば死別《しべつ》とし凶《しう》に當《あた》れば艱難《かんなん》の事《こと》に起因《きいん》す死《し》と謂《い》ふは例《たと》へば春令《しゆんれい》の占《せん》に乾兌《けんだ》の卦《くわ》を得《う》るの類《るゐ》なり。

用卦《ようくわ》に乾離《けんり》を得旺《えわう》に當《あた》りて體卦《たいくわ》を剋《こく》すれば商賈《しやうこ》は主人《しゆじん》の意《い》に協《かな》はず職工《しよくこう》は師《し》の心《こゝろ》に合《あ》はざるなり。

卦中《くわちう》に休卦《きうくわ》ありて體卦《たいくわ》の剋《こく》を受《う》くれば大將軍本命的殺金神歳破《たいしやうぐんほんめいてきさつこんじんさいは》修造等《しゆざうとう》の祟《たゝり》とす。

卦中《くわちう》に相卦《さうくわ》ありて體卦《たいくわ》の剋《こく》を受《う》くれば神佛《しんぶつ》に祈願《きぐわん》して其賽禮《そのさいれい》を爲《な》さゞるか或《あるひ》は六親卑屬《しんひぞへ》の年忌《ねんき》を忘失《ばうしつ》したるなるべし。

末年《ばつねん》皆《みな》吉《きつ》とす但《たゞ》し部位《ぶゐ》濶《ひろ》くして迫《せま》るが如《ごと》く肥《こえ》て滑《どこは》るが如《ごと》く白色《はくしよく》なれば壽《じゆ》なし若《もし》黑色《こくしよく》なれば富貴《ふうき》雙《さう》全《ぜん》妻子《さいし》皆《みな》吉《きつ》若《もし》五官《くわん》明《めい》確《くわく》ならざれば富《と》みて貴《たつと》からず孤《こ》にして子《こ》なし女子《ぢよし》亦《また》然《しか》り他《た》の部位《ぶゐ》色《いろ》白《しろ》きは壽《じゆ》に妨《さまた》げなし。

同字面金形

方正《はうせい》にして色《いろ》潔《けつ》白《ぱく》肉《にく》盈《み》たず骨《ほね》薄《うす》からず。凡《およそ》人《ひと》三停《てい》長《ちやう》廣《くわう》額《がく》顱《る》鼻《び》梁兩《りやう〳〵》耳《じ》豐《ゆたか》にして天倉《てんさう》

男子《だんし》來《きた》りて陰卦《いんくわ》の體《たい》を得《う》れば女難《ぢよなん》ありとす又陰卦《またいんくわ》の陰爻動《いんかうどう》きて陽卦《やうくわ》の陽爻《やうかう》に應《おう》ずるは女子《ぢよし》の事《こと》を占《うらな》ふなり又陽卦《またやうくわ》の陽爻動《やうかうどう》きて陰卦《いんくわ》の陰爻《いんかう》に應《おう》ずるは女《をんな》に就《つ》きて事情《じじやう》ありとす陰卦《いんくわ》の陰爻《いんかう》とは兌《だ》の上爻《じやうかう》の如《ごと》く陽卦《やうくわ》の陽爻《やうかう》とは艮《ごん》の上爻《じやうかう》の如《ごと》き類《るゐ》なり應《おう》ずるとは主爻《しゆかう》より二爻《かう》隔《へだ》てたる爻《かう》なり。

陰陽合體《いんやうがつたい》の卦《くわ》は多《おほ》く縁談《えんだん》又《また》は婦女《ふぢよ》の事《こと》に關《くわん》して出《い》づることあり即《すなは》ち泰否《たいひ》咸恆《かんごう》損益《そんえき》未濟《びせい》既濟《きせい》の卦《くわ》なり。

體卦《たいくわ》旺《わう》すれば望《のぞみ》あるの人《ひと》とす又本變中卦《またほんべんちうくわ》の中旺相《うちわうさう》の卦《くわ》あるも同《おな》じ但《たゞ》し中卦旺相《ちうくわわうさう》すれば意望未發《いばういまだはつ》せざるなり。

以上體用《いじやうたいよう》の占法《せんぱふ》は極《きは》めて妙用《めうよう》ありと雖《いへど》も問占者《もんせんしや》の人物風俗少長《じんぶつふうぞくせうちやう》等《とう》を熟視考定《じゆくしかうてい》して言《こと》を發《はつ》すること肝要《かんえう》なり。

地庫《ちこ》倶《とも》に全《まつた》く迫《せま》らざるを三才具足《さいぐそく》と云《い》ふ六府《ふ》皆《みな》全《まつた》ければ上格《じやうかく》と爲《な》す男子之《だんしこれ》を得《う》れば初中末年《しよちうまつねん》皆吉《みなきつ》女子亦然《ぢよしまたしか》り但《たゞ》し皮薄《かはうす》きは短命又肉《たんめいまたにく》ありて五官《くわん》豐《ゆたか》に天地少《てんちすこ》しく長《なが》く髮際《はつさい》低《ひく》き者之《ものこれ》を同字《どうじ》の缺《けつ》と云《い》ふ孤獨《こどく》とす又木《ふたき》の性色《せいしよく》を帶《お》ぶれば生涯蹇滯《しやうがいけんたい》なり。

王字面火金形

上王字面

下王字面

○五隣通卦

五隣通卦《りんつうくわ》は凡百《はんぱく》の事《こと》に關係《くわんけい》するを以《もつ》て時《とき》に當《あた》りて妙用《めうよう》あり其法《そのはふ》は本卦《ほんくわ》を中央《ちうわう》に起《おこ》し裏面《りめん》の卦《くわ》を左《ひたり》に起《おこ》して東隣《とうりん》とし易位《えきゐ》の卦《くわ》を右《みぎ》に起《おこ》して西隣《せいりん》とし倒象《とうしやう》を上《かみ》に起《おこ》して南隣《なんりん》とし裏面《りめん》の倒象《とうしやう》を下《しも》に起《おこ》して北隣《はくりん》とするなり下圖《かづ》に賁《ひ》の本卦《ほんくわ》一例《れい》を示《しめ》す餘《よ》は五隣《りん》を一行《ぎやう》五段《だん》に記《しる》し換卦《くわんくわ》の勞《らう》を省《はぶ》けり但《たゞ》し乾《けん》は初爻《しよかう》を變《へん》じて姤《こう》と爲《な》し坤《こん》は初爻《しよかう》を變《へん》じて復《ふく》と爲《な》して卦《くわ》を起《おこ》すなり或《ある》一法《はふ》に乾坤共《けんこんとも》に初上《しよじやう》を變《へん》じて卦《くわ》を起《おこ》すことゝせり然《しか》れども茲《こゝ》に之《これ》

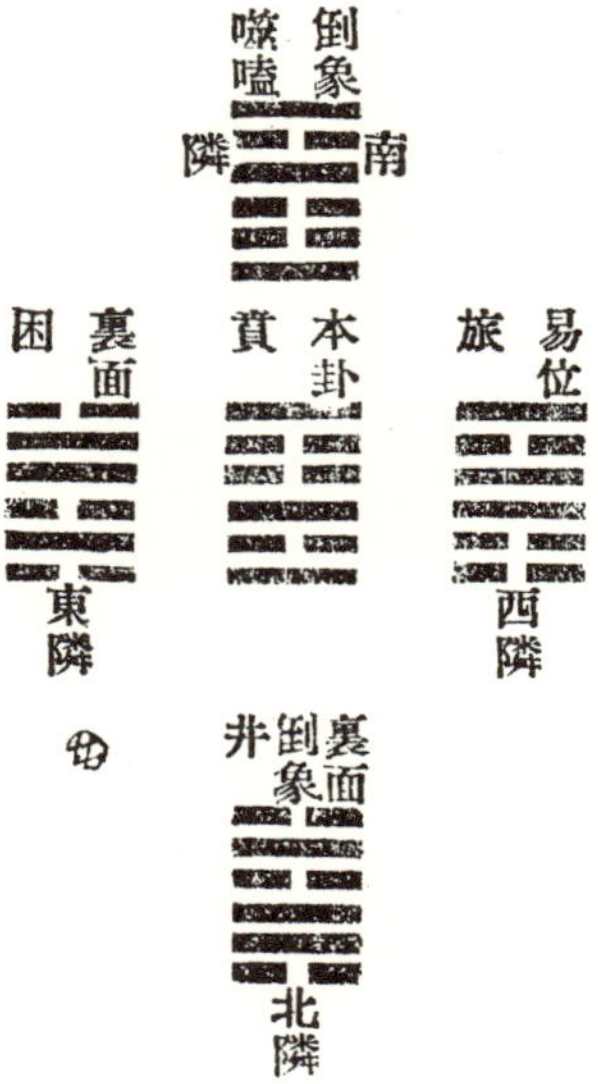

上王字面《じやうわうじめん》は顴骨《けんこつ》高《たか》き者《もの》を云《い》ふ三の點《てん》は三停《てい》なり故《ゆゑ》に上停《じやうてい》の張《は》る者《もの》は見識高《けんしきたか》く中停《ちうてい》の張《は》る者《もの》は己《おのれ》を亢《たか》ぶる下停《かてい》の張《は》る者《もの》は陰險《いんけん》なり即《すなは》ち下王字面《しもわうじめん》にして腮骨左《さいこつさ》右《いう》に張《は》る者《もの》なり。

凡《おほよそ》人面部骨《ひとめんぶほね》あり肉《にく》なき者之《ものこれ》を王字面格《わうじめんかく》と云《い》ふ倉《さう》庫《こ》ありて皆缺陷《みなけつかん》する者《もの》は富貴《ふうき》の人《ひと》と作《な》し難《かた》し當《まさ》に機《き》謀計算《ほうけいさん》を主《しゆ》とすべし最《もつと》も戈兵《くわへい》の人《ひと》と爲《な》るに宜《よろ》しく郷《きやう》に在《あ》りては牙保等《なかがひとう》の人《ひと》と爲《な》るべし妻子緣《さいしえん》あらず名《な》ありて利《り》なく利《り》ありて

を論《ろん》ぜず但《たゞ》し變卦《へんくわ》あれば變卦《へんくわ》を中央《ちうわう》に置《お》きて五隣《りん》を配位《はいゐ》して可《か》なり。

南隣倒象《なんりんたうしやう》	東隣裏面《とうりんりめん》	中央本卦《ちうわうほんくわ》	西隣易位《せいりんえきゐ》	北隣裏面倒象《ほくりんりめんたうしやう》
夬《くわい》	復《ふく》	姤《こう》（本乾卦）	小畜《せうちく》	剝《はく》
剝《はく》	姤《こう》	復《ふく》（本坤卦）	豫《よ》	夬《くわい》
蒙《まう》	鼎《てい》	屯《ちゆん》	解《かい》	革《かく》
屯《ちゆん》	革《かく》	蒙《まう》	蹇《けん》	鼎《てい》
訟《しよう》	晋《しん》	需《じゆ》	訟《しよう》	明夷《めいい》
需《じゆ》	明夷《めいい》	訟《しよう》	需《じゆ》	晋《しん》
比《ひ》	同人《どうじん》	師《し》	比《ひ》	大有《たいいう》
師《し》	大有《たいいう》	比《ひ》	師《し》	同人《どうじん》
履《り》	豫《よ》	小畜《せうちく》	姤《こう》	蹇《けん》

名《な》なく財祿《ざいろく》不全《ふせん》　格《かく》なり

圖字面水形

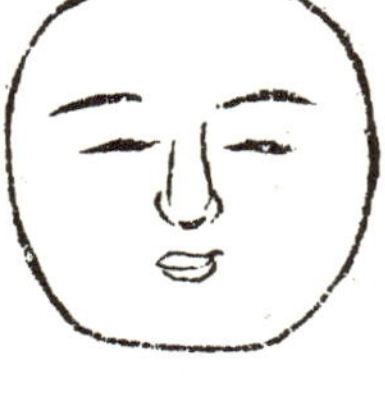

肉實《にくじつ》し骨正《ほねたゞ》しく色白《いろしろ》く或《あるひ》は黒《くろ》く面圓《めんまる》く仰《あふ》ぐが如《ごと》く腹臀共《はらしりとも》に大成《たいせい》なり。

此性《このせい》耳目《じもく》圓《まる》きは凶《きよう》なり父母《ふぼ》に縁《えん》なし又短命《またたんめい》とす。

凡人面圓《およそひとめんまる》く眼耳《がんじ》亦圓《またまる》し之《これ》を陰旺陽衰《いんわうやうする》と云《い》ふ貴《き》格《かく》に入《い》らざるなり男子之《だんしこれ》を得《う》れば父母《ふぼ》の早亡《さうばう》あり骨《こつ》

南隣倒象《なんりんたうしやう》	否《ひ》	泰《たい》	大有《たいいう》	同人《どうじん》	豫《よ》	謙《けん》	蠱《こ》	隨《ずゐ》	觀《くわん》	臨《りん》	賁《ひ》
東隣裏面《とうりんりめん》	否《ひ》	泰《たい》	師《し》	比《ひ》	履《り》	小畜《せうちく》	蠱《こ》	隨《ずゐ》	遯《とん》	大壯《たいさう》	井《せい》
中央本卦《ちうわうほんくわ》	泰《たい》	否《ひ》	同人《どうじん》	大有《たいいう》	謙《けん》	豫《よ》	隨《ずゐ》	蠱《こ》	臨《りん》	觀《くわん》	噬嗑《せいこう》
西隣易位《せいりんえきゐ》	否《ひ》	泰《たい》	大有《たいいう》	同人《どうじん》	剝《はく》	復《ふく》	歸妹《きまい》	漸《ぜん》	萃《すゐ》	升《しやう》	豐《ほう》
北隣裏面倒象《ほくりんりめんたうしやう》	泰《たい》	否《ひ》	比《ひ》	師《し》	小畜《せうちく》	履《り》	隨《ずゐ》	蠱《こ》	大壯《たいさう》	遯《とん》	困《こん》

肉分《にくわか》れて壽數高《じゆすうたか》からず若《もし》色白《いろしろ》くして肥滯《ひたい》すれば三十に滿たす五官總《くわんすべ》て好《よ》ければ財食田產《ざいしよくでんさん》足るべし好《よ》からざれば只技藝《たゞぎげい》の人《ひと》と爲るべし祖宗《そしう》を離《はな》れ貧苦《ひんく》して壽《じゆ》を保《たも》つべし否《しか》らざれば夭《えう》死免《しまぬか》れ難《かた》し女子之《ぢよしこれ》を得《う》れば父母舅姑《ふぼしうと》の力《ちから》を得《え》す。

目字面木形

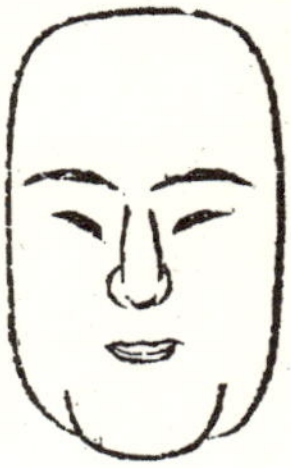

身《み》細長《よそなが》く面長《めんなが》し色青《いろあを》く眼睛青《がんせいあを》く口廣《ちひろ》し。

凡人天庭《およそひとてんていたか》高くして狹《せま》く人部促《じんぶせま》りて小《せう》に地閣窄《ちかくせま》りて

噬嗑《せいこう》	復《ふく》	剝《はく》	大畜《たいちく》	无妄《むばう》	頤《い》	大過《たいくわ》	坎《かん》	離《り》	嗑《ごう》	咸《かん》	大壯《たいさう》
困《こん》	夬《くわい》	姤《こう》	升《しやう》	萃《すゐ》	大過《たいくわ》	頤《い》	離《り》	坎《かん》	損《そん》	益《えき》	臨《りん》
賁《ひ》	剝《はく》	復《ふく》	无妄《むばう》	大畜《たいちく》	頤《い》	大過《たいくわ》	坎《かん》	離《り》	咸《かん》	恆《ごう》	遯《とん》
旅《りよ》	謙《けん》	豫《よ》	大壯《たいさう》	遯《とん》	小過《せうくわ》	中孚《ちうふ》	坎《かん》	離《り》	損《そん》	益《えき》	大畜《たいちく》
井《せい》	姤《こう》	夬《くわい》	萃《すゐ》	升《しやう》	大過《たいくわ》	頤《い》	離《り》	坎《かん》	益《えき》	損《そん》	觀《くわん》

長《なが》し之《これ》を金木相傷《きんぼくさうしやう》と云《い》ふ至《いたつ》て下賤《げせん》の格《かく》なり初《しよ》二十年《ねん》は大厦《たいか》に在《あ》りて優游《いう〳〵》の福《ふく》を享《う》くるも二十年以後《ねんいご》は散財《さんざい》して人《ひと》離《はな》れ田園《でんゑん》を賣《うり》盡《つ》くすべし縦《よし》三人《にん》の子《こ》ありとも力《ちから》を接《せつ》し難《がた》し或《あるひ》は今朝西北《こんてうせいほく》に行《ゆ》き明日東《めうにちとう》南《なん》に去《さ》るが如《ごと》し婦人《ふじん》にして夫子《ふし》を剋《こく》するが如《ごと》き者《もの》は孤《こ》寡伶仃《くわれいてい》にして壽《じゆ》八旬《じゆん》を過《す》ぐべし然《しか》れども一體下賤《たいげせん》にして富貴《ふうき》に至《いた》らず縦令《たとひ》五官《くわん》好《よ》きも虚名《きよめい》なり此性《このせい》の人金《ひときん》を帯《お》ぶれば父母《ふぼ》を剋《こく》し一生《しやう》妻子成《さいしな》らず若《もし》水《みづ》を帯《お》ぶれば富貴《ふうき》にして文《ぶん》

南隣倒象《なんりんたうしやう》
遯《とん》 明夷《めいい》 晋《しん》 睽《けい》 家人《かじん》 解《かい》 蹇《けん》 益《えき》 損《そん》 姤《こう》 夬《くわい》

東隣裏面《とうりんりめん》
觀《くわん》 需《じゆ》 訟《しよう》 解《かい》 蹇《けん》 睽《けい》 家人《かじん》 咸《かん》 恆《ごう》 剝《はく》 復《ふく》

中央本卦《ちうわうほんくわ》
大壯《たいさう》 晋《しん》 明夷《めいい》 家人《かじん》 睽《けい》 蹇《けん》 解《かい》 損《そん》 益《えき》 夬《くわい》 姤《こう》

西隣易位《せいりんえきゐ》
无妄《むばう》 明夷《めいい》 晋《しん》 鼎《てい》 革《かく》 蒙《もう》 屯《ちゆん》 咸《かん》 恆《ごう》 履《り》 小畜《せうちく》

北隣裏面倒象《ほくりんりめんたうしやう》
臨《りん》 訟《しよう》 需《じゆ》 蹇《けん》 解《かい》 家人《かじん》 睽《けい》 恆《ごう》 咸《かん》 復《ふく》 剝《はく》

學《がく》に達《たつ》す。

用字面金火形

右《みぎ》の腮骨《さいこつ》張《は》り左《ひだり》は殺《そ》ぐが如《ごと》く奸門《かんもん》陥《おちい》る者《もの》を云《い》ふ。

凡人《およそひと》此相《このさう》を得《う》れば端正《たんせい》ならず若更《もしさら》に眉眼《びがん》雑乱《つらん》鼻《はな》曲《まが》り口斜《くちなゝめ》なれば離《はな》れて後《のち》立《た》ち破《やぶ》れて後《のち》成《な》るべし大抵《たいてい》五十一二歳《さい》にして妻子《さいし》を傷剋《しやうこく》して孤獨鰥寡《こどくくわんくわ》の徒《と》と爲《な》る婦人《ふじん》亦《また》然《しか》り若《もし》身體《しんたい》厚《あつ》くして皮膚《ひふ》潤《うるほ》へば初《しよ》

升《しやう》 萃《すゐ》 井《せい》 困《こん》 鼎《てい》 革《かく》 艮《ごん》 震《しん》 歸妹《きまい》 漸《せん》 旅《りよ》 豐《ほう》

大畜《たいちく》 无妄《むばう》 賁《ひ》 噬嗑《せいこう》 蒙《まう》 屯《ちゆん》 巽《そん》 兌《だ》 歸妹《きまい》 漸《せん》 渙《くわん》 節《せつ》

萃《すゐ》 升《しやう》 困《こん》 井《せい》 革《かく》 鼎《てい》 震《しん》 艮《ごん》 漸《せん》 歸妹《きまい》 豐《ほう》 旅《りよ》

臨《りん》 觀《くわん》 節《せつ》 渙《くわん》 睽《けい》 家人《かじん》 震《しん》 艮《ごん》 蠱《こ》 隨《ずゐ》 噬嗑《せいこう》 賁《ひ》

无妄《むばう》 大畜《たいちく》 噬嗑《せいこう》 賁《ひ》 屯《ちゆん》 蒙《まう》 兌《だ》 巽《そん》 漸《せん》 歸妹《きまい》 節《せつ》 渙《くわん》

二十年平常《ねんへいじやう》にして少《すこ》しく衣食《いしよく》するのみ。

風字面金木形

上停《じやうてい》方形《はうけい》にして下停《かてい》肥《こえ》る者《もの》即《すなは》ち風字《ふうじ》と為《な》す凡《およそ》人《ひと》天庭《てんてい》方廣《はうくわう》地閣《ちかく》恢《くわい》肥《ひ》震兌《しんだ》兩宮《りやうきう》倶《とも》に狹《せま》きを本身《ほんしん》陥弱《かんじやく》と云《い》ひ喚《よん》で枕鼓形《ちやうこけい》蜂腰《ほうえう》面窄《めんさく》と作《な》す始《はじめ》は富《と》み終《をはり》は貧《まづし》く虚花《きよくわ》實《じつ》なし身《み》貴《たつと》からずと雖《いへど》も空《くう》に駕《が》じ錢《せん》は手《て》に隨《したが》ひて使《つか》ひ去《さ》り三移《し》九住《ちう》

南隣倒象《なんりんこうしやう》
兌《だ》　巽《そん》　節《せつ》　渙《くわん》　中孚《ちうふ》　小過《せうくわ》　未濟《びせい》　既濟《きせい》

東隣裏面《とうりんりめん》
震《しん》　艮《ごん》　豐《ほう》　旅《りよ》　小過《せうくわ》　中孚《ちうふ》　未濟《びせい》　既濟《きせい》

中央本卦《ちうわうほんくわ》
巽《そん》　兌《だ》　渙《くわん》　節《せつ》　中孚《ちうふ》　小過《せうくわ》　既濟《きせい》　未濟《びせい》

西隣易位《せいりんえきゐ》
巽《そん》　兌《だ》　井《せい》　困《こん》　大過《たいくわ》　頤《い》　未濟《びせい》　既濟《きせい》

北隣裏面倒象《ほくりんりめんたうしやう》
艮《ごん》　震《しん》　旅《りよ》　豐《ほう》　小過《せうくわ》　中孚《ちうふ》　既濟《きせい》　未濟《びせい》

○索隱通卦

索隱通卦《さくいんつうくわ》は其包容《そのはうよう》する所《ところ》の密事《みつじ》を知《し》るの法《はふ》にして五隣通卦《りんつうくわ》と同《おなじ》

一生貴《しやうたつと》きに近《ちか》づきて身《み》を安《やす》んずる而巳女子之《のみおよしこれ》を得《う》れば必《かなら》ず當流風塵《たうりうふうちん》に落《お》ち下賤《げせん》にして夫《をつと》あれども子《こ》なく骨肉兩全《こつにくりやうたん》を得《え》ざるなり。

●黒子傳

天中《てんちう》に在《あ》れば父《ちゝ》を妨《さまた》ぐ住所凶《ぢうしよきよう》なり婦人《ふじん》は夫《をつと》を剋《こく》す。
天庭《てんてい》に在《あ》るは母《はゝ》を妨《さまた》ぐ或《あるひ》は道路《だうろ》に死《し》することあり。
印堂《いんだう》の正中《せいちう》に在《あ》るは貴福《きふく》なり左右《さいう》に偏《へん》するは凶高《きようたか》き黒子《こくし》は取去《とりさ》る可《べ》からず低《ひく》

く妙用《めうよう》あり例《たと》へば本卦升《ほんくわしやう》を得《え》たるとき初上《しやうじやう》を除《のぞ》きて中卦歸《ちうくわき》妹《まい》を起《おこ》し初爻《しよかう》を除《のぞ》きて互卦臨《ごくわりん》を起《おこ》し上爻《じやうかう》を除《のぞ》きて互卦恆《ごくわごう》を起《おこ》し初《しよ》二兩爻《りやうかう》を除《のぞ》きて互卦復《ごくわふく》を起《おこ》し五上兩爻《じやうりやうかう》を除《のぞ》きて互卦大過《ごくわたいくわ》を起《おこ》すの類《るゐ》なり。

○天眼八目

初爻《しよかう》に陰《いん》あり上爻《じやうかう》に陽《やう》あり又初爻《またしよかう》に陽《やう》あり上爻《じやうかう》に陰《いん》ある卦《くわ》は此《この》初上兩爻《しよじやうりやうかう》を變《へん》じて別《べつ》に卦《くわ》を起《おこ》し本卦變卦《ほんくわへんくわ》にて其概要《そのがいえう》を察《さつ》し別《べつ》卦《くわ》を以《もつ》て詳細《しやうさい》に斷《だん》ずべし。

乾坤坎離《けんこんかんり》中孚《ちうふ》小過頤《せうくわい》大過《たいくわ》は變體《へんたい》の理《り》なき故《ゆゑ》に内卦《ないくわ》に變生《へんしやう》ずるときは外卦《ぐわいくわ》を反《かへ》して下卦《かくわ》に轉《てん》じ又外卦《またぐわいくわ》に變生《へんしやう》ずるときは内卦《ないくわ》を反《かへ》して上卦《じやうくわ》に轉《てん》ず例《たと》へば乾《けん》の九三變《へん》じて履《り》となるときは内變《ないへん》なる

きは除《のぞ》くべし。
兩耳《りやうじ》の輪《りん》に在《あ》れば福《ふく》あり
兩耳《りやうじ》の中《なか》に在《あ》れば壽《じゆ》にして福《ふく》あり。
山根《さんこん》に在《あ》れば我身《わがみ》を剋《こく》す
眉中《びちう》に在《あ》れば兄弟口舌《けいていくぜつ》とす。
田宅《でんたく》に在《あ》れば利《り》あり高《たか》きを吉《きつ》とす低《ひく》きは凶《きよう》一毛《まう》生《しやう》ずるを最《もつと》も吉《きつ》とす。
鼻側《びそく》に在《あ》れば病苦《やみくるし》みて死《し》す。
舌頭《せつとう》に在《あ》れば劍難《けんなん》とす。
口《くち》の側《そば》に在《あ》れば寶《たから》集《あつま》り難《がた》し是則《これすなはち》竈門石《そうもんいし》あるの謂《いひ》なり。
舌上《せつじやう》に在《あ》るは虚言《きよげん》の相《さう》

が故《ゆゑ》に外卦《ぐわいくわ》の乾《けん》を反《かい》して坤《こん》と爲《な》し之《これ》を下卦《かくわ》に置《お》きて萃《すゐ》と爲《な》すが如《ごと》し。

六十四卦成卦《くわせいくわ》の主爻《しゆかう》に變生《へんしやう》じたるときは其下《そのした》の爻《かう》を皆反《みなかへ》して占斷《せんだん》するなり例《たと》へば需《じゆ》の主爻《しゆかう》なる九五變《へん》じて泰《たい》となるとき泰《たい》の六五は已《すで》に變《へん》じたる爻《かう》なれば之《これ》を取《と》らず其下《そのした》六四より初《しよ》九まで反《かへ》して豫《よ》と爲《な》すが如《ごと》き類《るゐ》なり餘《よ》は之《これ》に傚《なら》ふ。

内卦《ないくわ》の三爻皆變《かうみなへん》じたるときは外卦《ぐわいくわ》の三爻《かう》を皆反《みなかへ》して下卦《かくわ》に置《お》き後《のち》三四兩爻《りやうかう》を反《かへ》して卦《くわ》を求《もと》むるなり例《たと》へば謙《けん》の初《しよ》六、六二、九三皆變《みなへん》じたるときは臨《りん》となる此臨《このりん》の外卦坤《ぐわいくわこん》を反《かへ》して乾《けん》と爲《な》し之《これ》を下卦《かくわ》に置《お》き而《しか》して九三九四の兩爻《りやうかう》を反《かへ》すときは節《せつ》となるが如《ごと》し

本卦謙 ䷎

變卦臨 ䷒

夬 ䷪ 變卦の外卦を反して下卦となしたるもの

節 ䷻ 三四兩爻を反したる卦

晨下《しんか》に在《あ》るは破財《はざい》。
邊地《へんち》に在《あ》れば旅中《りよちう》の取引《とりひき》に惡《あし》し又他鄕《またにきやう》に死《し》す。
魚尾《ぎよび》に在《あ》れば其人《そのひと》を亡《ほろ》ぼす。
奸門《かんもん》に在《あ》れば男《をとこ》は妻《つま》に害《がい》あり女《をんな》は夫《をつと》に害《がい》あり
金甲《きんかふ》に在《あ》れば食《しよく》なし又《また》妻《さい》を傷《きづつ》く。
命門《めいもん》に在《あ》れば火難《くわなん》。
田宅《でんたく》福堂《ふくだう》印堂《いんだう》山林《さんりん》に俄然《がぜん》赤黒子《せきこくし》出づれば近火《きんくわ》の災《さい》とす奴僕《ぬぼく》に在《あ》れば下人《げにん》に災難《さいなん》多《おほ》し。
法令《はふれい》より中《うち》に在《あ》れば水難《すゐなん》
人中《じんちう》・食祿《しよくろく》に在《あ》れば衣食《いしよく》の緣《えん》薄《うす》し。

內卦《ないくわ》二爻續《かうつゞ》きて變《へん》ずるときは外卦《ぐわいくわ》の二爻《かう》を反《かへ》して卦《くわ》を求《もと》むるなり例《たと》へば坤《こん》の初《しよ》六六二變《へん》ずるときは臨《りん》となる此臨《このりん》の六四六五を反《かへ》せば兌爲澤《だゐたく》となるが如《ごと》し。

內卦《ないくわ》より四爻續《かうつゞ》きて變《へん》じたるときは外卦上爻《ぐわいくわじやうかう》より四爻續《かうつゞ》きて反《かへ》し又外卦《またぐわいくわ》より四爻續《かうつゞ》きて變《へん》じたるときは內卦初爻《ないくわしよかう》より四爻續《かうつゞ》きて反《かへ》すなり例《たと》へば乾《けん》の初《しよ》九より四爻續《かうつゞ》きて變《へん》ずれば觀《くわん》となる此觀《このくわん》の上《じやう》九より四爻續《かうつゞ》きて反《かへ》すときは小過《せうくわ》となるが如《ごと》し。

內卦《ないくわ》より五爻續《かうつゞ》きて變《へん》じたるときは外卦上爻《ぐわいくわじやうかう》より五爻續《かうつゞ》きて反《かへ》し又外卦《またぐわいくわ》より五爻續《かうつゞ》きて變《へん》じたるときは內卦初爻《ないくわしよかう》より五爻續《かうつゞ》きて反《かへ》し卦《くわ》を求《もと》むるなり例《たと》へば咸《かん》の上爻《じやうかう》より五爻續《かうつゞ》きて變《へん》ずれば蒙《まう》となる此蒙《このまう》の初爻《しよかう》より五爻續《かうつゞ》きて反《かへ》すときは同人《どうじん》となるが如《ごと》し。

地閥《ちかく》に在《あ》れば農民《のうみん》は田地《でんた》を傷《きづゝ》け商賈《しやうこ》は家宅《かたく》を敗《やぶ》る共《とも》に住所《ちうしよ》の辛勞《しんらう》とす。
人中《じんちう》の上部《じやうぶ》に在《あ》れば男《だん》子多《しおほ》し下《した》に在《あ》れば女子多《ぢよしおほ》し
但《たゞ》し上下共《じやうかども》に吉《きつ》と雖《いへど》も孤獨《こどく》なり。
人中《じんちう》の中部《ちうぶ》に在《あ》れば妻安《さいやす》けれども子《こ》なし。
涙堂《るいだう》に在《あ》れば老《おい》て子《こ》を剋《こく》す紋《もん》あるも亦同《またおな》じく愁《うれい》多《おほ》し。
驛馬《えきば》に在《あ》れば旅中難《りよちうなん》あり總《すべ》て旅《たび》の商賣《しやうばひ》に付損多《つきそんおほ》し又立身成《またりつしんな》らず。
山林《さんりん》に在《あ》れば山林《さんりん》を失《うしな》ひ又家《またいへ》を滅《ほろ》ぼす。

六爻皆變《かうかいへん》のときは其卦《そのくわ》の主爻《しゆかう》を反《かへ》すなり（但《たゞ》し一卦《くわ》の主《しゆ》にして成卦《せいくわ》の主爻《しゆかう》に非《あら》ず）例《たと》へば同人《どうじん》の卦皆變《くわかいへん》なれば師《し》となる此師《このし》の一卦《くわ》の主《しゆ》は內卦坎《ないくわかん》の中爻主《ちうかうしゆ》にして外卦坤《ぐわいくわこん》も亦中主爻《またちうしゆかう》なるに依《よつ》て此兩爻《このりやうかう》を反《かへ》すときは比《ひ》となるが如《ごと》し。

〇天眼通

古易法《こえきはふ》の最《もつと》も祕《ひ》とする所《ところ》にして世《よ》の之《これ》を窺《うかゞ》はんとする者《もの》あるも得《う》べからざるに依《よ》り茲《こゝ》に之《これ》を開放《かいはう》して占術者《せんじゆつしや》の資《し》に供《きやう》す術者《じゆつしや》宜《よろし》く其效果《そのかうくわ》あるを察《さつ》すべし。

●初前占法身《しよせんせんぱふみ》の前事《せんじ》

例《たと》へば上卦《じやうくわ》に變《へん》あるときは變卦《へんくわ》の前卦《せんくわ》を起《おこ》して初前卦《しよせんくわ》の外卦《ぐわいくわ》とし之《これ》に本卦《ほんくわ》の下卦《しよかう》の初交《しよかう》を變《へん》じて初前卦《しよせんくわ》の內卦《ないくわ》とするなり左《さ》に

眉尾《びゞ》眼尾《がんび》の間《あひだ》に在《あ》れば中《ちう》年《ねん》必《かなら》ず水難《すゐなん》あり。男女《なんによ》共《とも》に乳《ちゝ》より上《うへ》に在《あ》れば人《ひと》に引立《ひきた》てられて福《ふく》あり腹《はら》の上下《うへした》の黑子《こくし》は貴人《きにん》を生《う》む臍《へそ》の兩側《りやうわき》の黑子《こくし》は貴《き》人鼻梁《にんびりやう》の黑子《こくし》は流涙《るらう》。高廣《からくわう》の黑子《こくし》は劍難《けんなん》。大海《だいかい》の黑子《こくし》は水難《すゐなん》又《また》酒《しゆ》毒藥毒を愼《つゝし》むべし。

●血色一斑

天中《てんちう》に青氣《せいきい》出づれば十日《か》内《ない》に一身上《しんじやう》の驚《おどろ》きあり邊地《へんち》の邊《へん》に青氣《せいきい》出づれば交《かう》涉《せふ》を愼《つゝし》むべし。驛馬《えきば》に青氣《せいきい》出づれば旅先《たびさき》の

其《その》一例《れい》を掲《かゝ》ぐ

本卦師

變

初前卦節

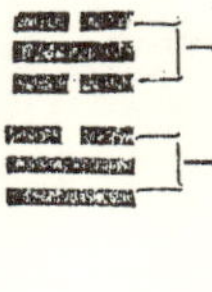

變卦艮の前卦

本卦の内卦の初爻を反したる卦

變卦蒙

例《たと》へば下卦《かくわ》に變《へん》あるときは變卦《へんくわ》の前卦《せんくわ》を起《おこ》して初前卦《しよせんくわ》の内卦《ないくわ》とし之《これ》に本卦《ほんくわ》の上卦《じやうくわ》の上爻《じやうかう》を變《へん》じて初前卦《しよせんくわ》の外卦《ぐわいくわ》とするなり左《さ》に其《その》一例《れい》を掲《かゝ》ぐ

本卦中孚

變

初前卦井

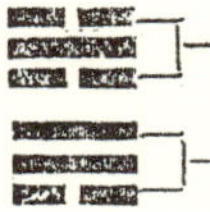

本卦の外卦の上爻を反したる卦

變卦坎の前卦

變卦渙

●中《ちう》初《しよ》前《せん》占《せん》法《ぱふ》嫁《か》娶《しう》迎《げい》壻《せい》の前事《せんじ》

例《たと》へば上卦《じやうくわ》に變《へん》あるときは變卦《へんくわ》の前卦《せんくわ》を起《おこ》して中初前卦《ちうしよせんくわ》の外卦《ぐわいくわ》

交渉《かうせふ》あり地閣《ちかく》を見合《みあは》すべし
田宅《でんたく》に青氣《せいきい》出づれば家内《かない》の驚《おどろ》きあり。
妻妾《さいせう》に青氣《せいきい》出づれば妻妾《さいせう》の災《わざはひ》あり。
山根《さんこん》に青氣《せいきい》出づれば疳病《かんびやう》發《はつ》す小兒《せうに》は蟲氣《むしけ》あり。
法令《はふれい》に青氣《せいきい》出づれば朋友《はういう》に付《つき》驚《おどろ》きあり。
人中《じんちう》に青氣《せいきい》出づれば中毒《ちうどく》す又《また》損失《そんしつ》破財《はざい》あり。
地倉《ちさう》の邊《へん》に青氣《せいきい》出づれば他《た》人《にん》の世話《せわ》を愼《つゝし》むべし災《わざはひ》あり。
顴骨《けんこつ》に青氣《せいきい》出づれば大《おほい》なる驚《おどろ》きあり談判《だんぱん》等《とう》は理《り》も非《ひ》とせられ損失《そんしつ》あり。

とし本卦《ほんくわ》の上卦《じやうくわ》の上爻《じやうかう》を變《へん》じて中初前卦《ちうしよせんくわ》の內卦《ないくわ》とするなり左《さ》に其《その》一例《れい》を掲《かゝ》ぐ

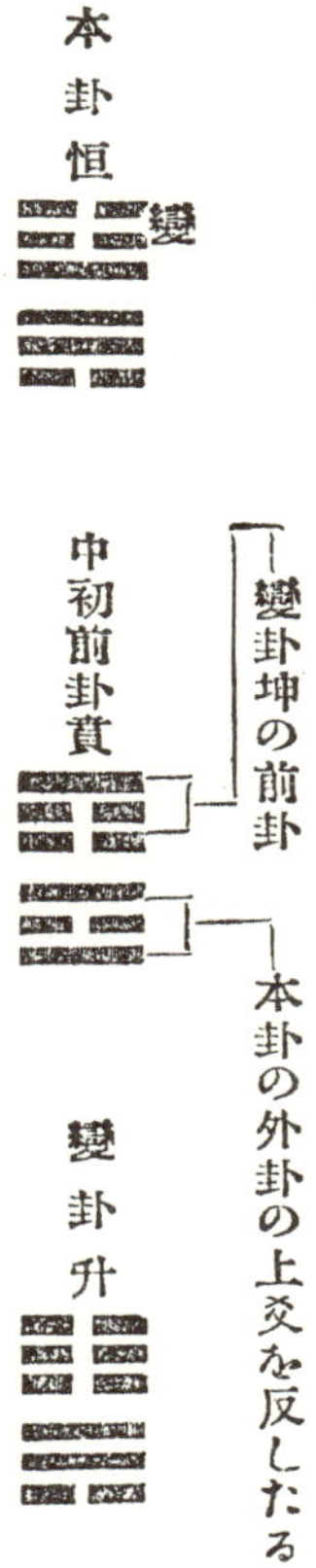

例《たと》へば下卦《かくわ》に變《へん》あるときは變卦《へんくわ》の前卦《せんくわ》を起《おこ》して中初前卦《ちうしよせんくわ》の內卦《ないくわ》とし本卦《ほんくわ》の下卦《かくわ》の初爻《しよかう》を變《へん》じて中初前卦《ちうしよせんくわ》の外卦《ぐわいくわ》とするなり左《さ》に其《その》一例《れい》を掲《かゝ》ぐ

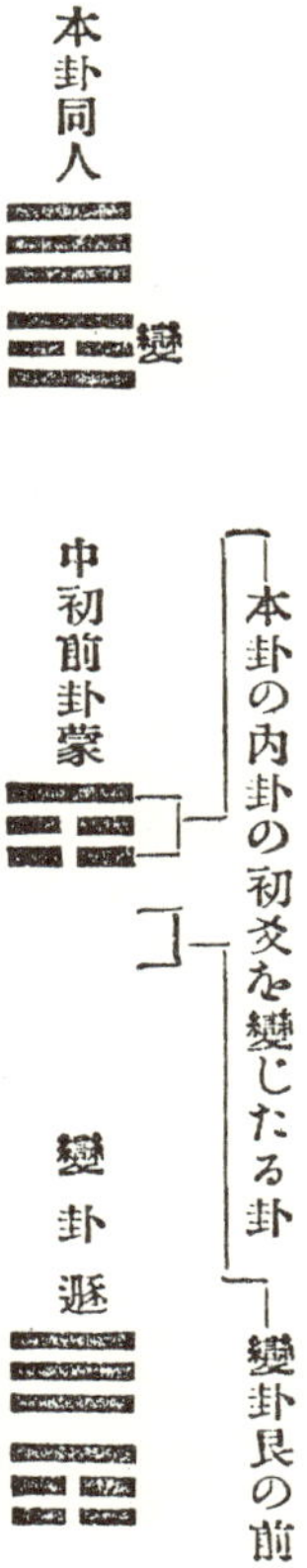

● 後《こう》初《しよ》前《せん》占《せん》法《ぱふ》當《たう》座《ざ》喧《けん》噪《さう》討《とう》論《ろん》等《とう》の前事《せんじ》

山林《さんりん》の下《した》に青氣《せいきい》出で地閣《ちかく》に青氣黒氣《せいきこくき》交《まじは》るときは住《ちう》居《きよ》に付災難《つきさいなん》驚《おどろ》きあり。官祿《くわんろく》より天中《てんちう》に及《およ》ぼして赤氣《せききい》出づれば火災《くわさい》とす薄《うす》ければ大《おほい》なる爭《あらそ》ひあり。

山林高廣《さんりんかうくわう》に赤氣黒氣交《せききこくきまじ》はるときは爭論《さうろん》農家《のうか》は山《さん》林《りん》の火災《くわさい》あり。

交友《かういう》の赤氣搔剝《せききすりむけ》たるが如《ごと》きは他人《たにん》と爭《あらそ》ひあり。

印堂《いんだう》の赤氣《せきき》は長上《ちやうじやう》と爭《あらそ》ひあり皮底水色《かはそこみづいろ》に薄《うす》赤《あか》く氣《き》の立《た》つは心配《しんぱい》甚《はなはだ》し。

兄弟宮《けいていきう》の赤氣《せきき》は兄弟《けいてい》の

例《たと》へば上卦《じやうくわ》に變《へん》あるときは變卦《へんくわ》の前卦《せんくわ》を起《おこ》して後初前卦《こうしよせんくわ》の外卦《ぐわいくわ》とし變卦《へんくわ》の上卦《じやうくわ》の初爻《しよかう》を變《へん》じて後初前卦《こうしよせんくわ》の內卦《ないくわ》とするなり左《さ》に其《その》一例《れい》を掲《かゝ》ぐ

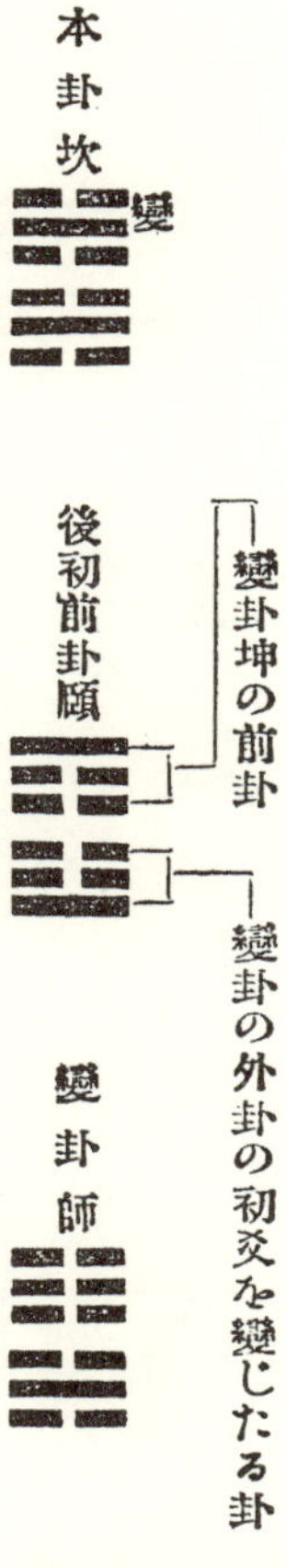

例《たと》へば下卦《かくわ》に變《へん》あるときは變卦《へんくわ》の前卦《せんくわ》を起《おこ》して後初前卦《こうしよせんくわ》の內卦《ないくわ》とし變卦《へんくわ》の下卦《かくわ》の初爻《しよかう》を變《へん》じて後初前卦《こうしよせんくわ》の外卦《ぐわいくわ》とするなり左《さ》に其《その》一例《れい》を掲《かゝ》ぐ

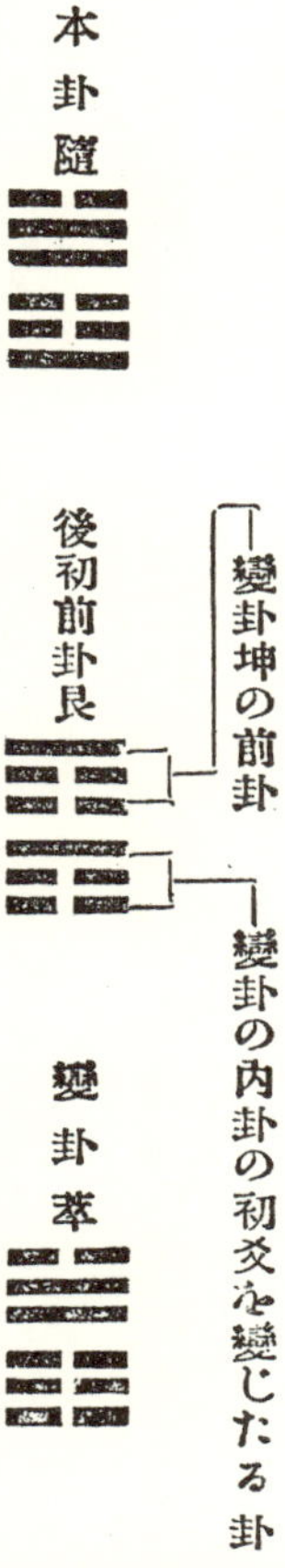

争《あらそ》ひ又散財《またさんざい》とす。
山根《さんこん》の赤氣《せきき》は當時《たうじ》の損失《そんしつ》
田宅《でんたく》の赤氣黑《せききこく》赤氣共《せききとも》に家《か》
内《ない》の争《あらそ》ひあり。
妻妾宮《さいせうきう》に赤白氣交《せきはくききまじは》れば
妻又《さいまた》は婦人《ふじん》の争《あらそ》ひあり。
奸門《かんもん》に赤白氣交《せきはくききまじ》れば縁《えん》
類《るゐ》の争《あらそ》ひ又災難《またさいなん》とす。
子孫宮《しそんきう》に摺剝《すりむき》たる如《ごと》く圓《まろ》
く赤氣《せきき》出《い》づれば子孫病難《しそんびやうなん》
あり。
奴僕宮《どぼくきう》に赤白氣交《せきはくきまじ》はれば
婢僕從者《ひぼくじゆうしや》の病難又損《びやうなんまたそん》
失《しつ》あり。
準頭《せつとう》に赤氣《せきき》出《い》づれば十日《か》
内《ない》に損失《そんしつ》あり。
人中子孫共《じんちうしそんとも》に赤黑白氣《せきこくはくき》

●後々占法一例《こう〱せんぱふいちれい》

例《たと》へば上卦《じやうくわ》に變《へん》あるときは變卦《へんくわ》の後卦《こうくわ》を起《おこ》して後々占法《こう〱せんぱふ》の外卦《ぐわいくわ》とし變卦《へんくわ》の上爻《じやうかう》を變《へん》じて後々占法《こう〱せんぱふ》の内卦《ないくわ》とするなり左《さ》に其《その》一例《れい》を掲《かゝ》ぐ

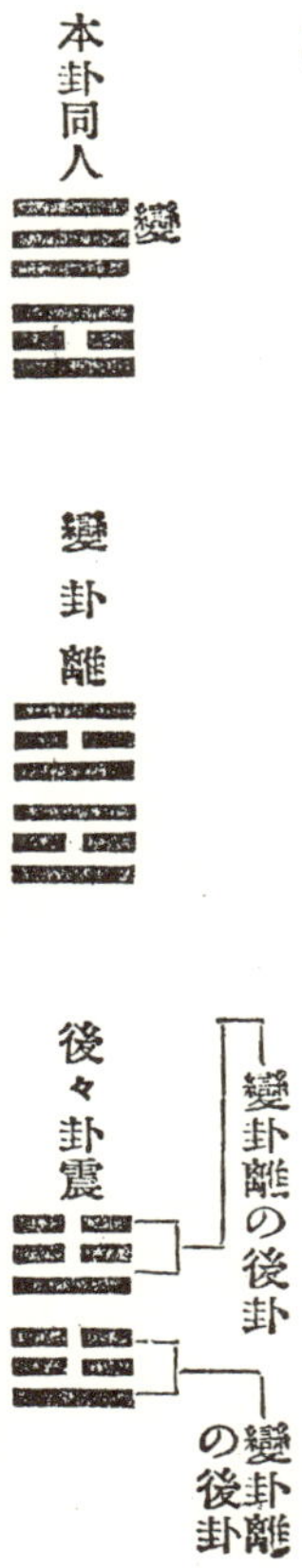

例《たと》へば下卦《かくわ》に變《へん》あるときは變卦《へんくわ》の後卦《こうくわ》を起《おこ》して後々占法《こう〱せんぱふ》の内卦《ないくわ》とし變卦《へんくわ》の初爻《しよかう》を變《へん》じて後々占法《こう〱せんぱふ》の外卦《ぐわいくわ》とするなり左《さ》に其《その》一例《れい》を掲《かゝ》ぐ

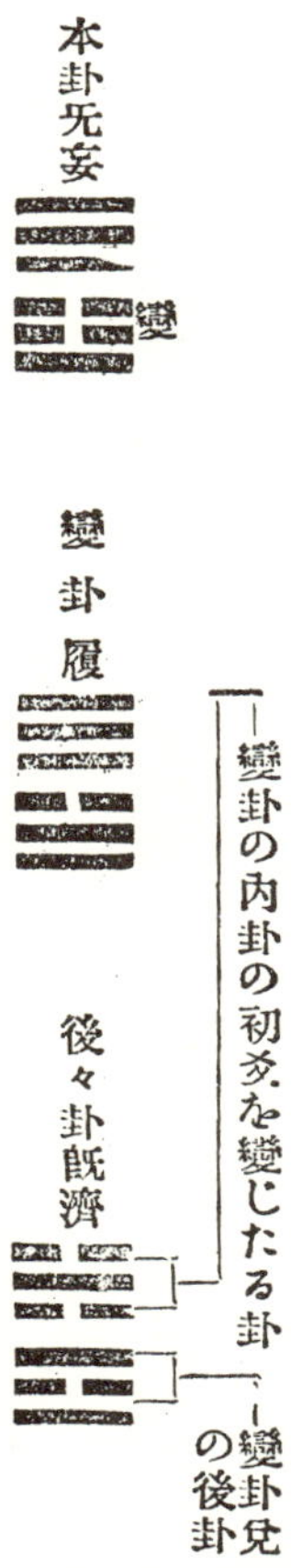

は子孫外《しそんはか》に在《あ》りて驚《おどろ》きあり。

耳《みゝ》に赤氣《せききい》出づれば散財《さんざい》あり

天中《てんちう》より顴骨《けんこつ》まで一面《めん》に破《やぶ》れ摺剝《すりむき》たるが如《ごと》く赤《あか》くして福堂《ふくだう》に圓《まる》く赤氣《せききい》出で驛馬地閣《えきばちかく》に動《うご》きあるときは金錢《きんせん》の心配散財《しんぱいさんざい》あり。

天中《てんちう》の白氣《はくき》は主人又《しゆじんまた》は父《ふ》母伯叔父母《ぼはくしゆくふぼ》の病難死亡《びやうなんしばう》とす。

兄弟宮《けいていきう》の白氣《はくき》は兄弟《けいてい》の病難死亡白氣連續《びやうなんしばうはくきれんぞく》したるやうになれば必然死《かならずし》す但《たゞ》し幽微《かすか》にして見分難《みわけがた》し。

妻妾宮《さいせふきう》の白氣《はくき》は妻妾《さいせふ》の死《し》亡《ばう》とす白氣《はくき》は枯骨《ここつ》の如《ごと》くに

○裏面卦の用不用

乾坤剝復坎離《けんこんはくふくかんり》大過小過中孚《たいくわせうくわちうふ》頤夬姤《ゐくわいこう》の十二卦《くわ》は不變《ふへん》なりとも裏面《りめん》を用《もち》ふべし此他《このた》は初上共《しよじやうとも》に變《へん》じたる卦《くわ》にして裏面《りめん》を用《もち》ふべし中《ちう》筮本筮《せいほんせい》に於《おい》て上下變《じやうかへん》ぜず或《あるひ》は右《みぎ》の十二卦《くわ》にあらざれば裏面《りめん》を用《もち》ひざるなり。

○承乘爻傳

承《しやう》とは我《わ》が上《かみ》に居《を》る爻《かう》をいふ乘《じやう》とは我《わ》が下《した》に居《を》る爻《かう》を云《い》ふ我《われ》とは動爻《どうかう》を指《さ》す是動爻《これどうかう》を以《もつ》て我《わ》が身《み》と爲《な》すが故《ゆゑ》なり承乘《しやう〳〵》の圖解下《づかいしも》の如《ごと》し其用法《そのようはふ》は陽爻《やうかう》を以《もつ》て陰爻《いんかう》を承《う》くるは剛《がう》を以《もつ》て弱《じやく》を受《う》くるの理《り》なるにより其人我《そのひとわ》が身力《しんりよく》に叶《かな》ひた

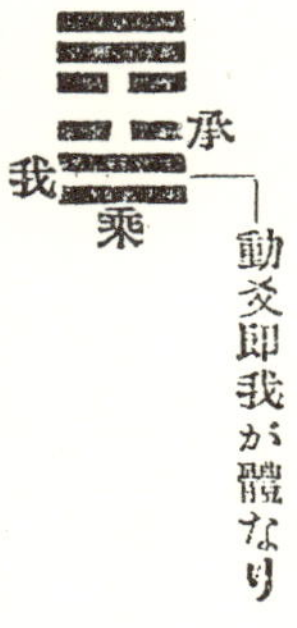

見《み》ゆるなり。
涙堂《るいだう》の白氣《はくき》は子孫《しそん》の病《びやう》災死亡《さいしばう》とす。
奴僕《どぼく》の白氣《はくき》は奴僕《どぼく》の死亡《しばう》。
以上天中《いじやうてんちう》より五條共《でうとも》に紅氣交《こうきまじ》はれば病氣《びやうき》は全《せん》快《くわい》すべし。
天中《てんちう》の黑氣《こくき》は急病《きふびやう》又《また》大腫物《だいしゆもつ》とす。
驛馬地閣《えきばちかく》に黑青交《こくせいまじ》はるときは旅中《りよちう》の災難《さいさん》あり。
田宅《でんたく》に黑氣赤氣交《こくきせききまじ》はるときは家内《かない》の災難《さいなん》とす。
涙堂《るいだう》に黑氣赤氣交《こくきせききまじ》はるときは子孫《しそん》の災難《さいなん》とす。
妻妾《さいせふ》に黑氣赤氣交《こくきせききまじ》はるときは妻妾《さいせふ》に災難《さいなん》あり。

る事《こと》を行《おこな》ひて人道《じんたう》に適合《てきがふ》するものなり若陰爻《もしいんかう》にして陽爻《やうかう》を承《う》くれば弱《じやく》を以《もつ》て剛《がう》を受《う》くるの理《り》なるにより其人《そのひと》我《わ》が身力《しんりよく》に叶《かな》はず漫《みだり》に大望《たいまう》を起《おこ》し或《あるひ》は徳義《とくぎ》なくして不相應《ふさうおう》の事《こと》を爲《な》さんとする者《もの》なり其陰爻《そのいんかう》を以《もつ》て陽爻《やうかう》に乘《の》る者《もの》は愚《ぐ》弱卑《じやくひ》賤《せん》の身《み》を以《もつ》て賢强尊《けんきやうそん》貴《ちやう》に乘《の》るの理《り》なれば猥《みだり》に高位《かうゐ》を履《ふ》みて他人《たにん》を瞰下《かんか》するの象《しやう》あり依《よつ》て又高慢《またかうまん》甚《はなはだ》しとす初爻上爻《しよかうじやうかう》は無位《むゐ》の爻《かう》とするを以《もつ》て可否《かひ》を論《ろん》ぜず而《しか》して上爻《じやうかう》は有祿遊人隱居世外《いうろくいうじんいんきよせいぐわい》の如《ごと》し初爻《しよかう》は浪人乞食《らうにんこつじき》の如《ごと》し何《なに》となれば上爻《じやうかう》は乘位《じやうゐ》あれども承位《しようゐ》なく初爻《しよかう》は承位《しようゐ》あれども上位《じやうゐ》なし是則世外者《これすなはちせいぐわいしや》の上《かみ》に戴《いたゞ》く者《もの》なく流浪者《るらうしや》の下《しも》に役《えき》する者《もの》なきが如《ごと》し。

○三世傳

奸門《かんもん》に黒氣赤氣交《こくきせいきまじ》はるときは親族《しんぞく》に災難《さいなん》あり。顴骨《けんこつ》に黒氣赤氣交《こくきせききまじ》はるときは我身《わがみ》に災難《さいなん》あり。準頭人中《せつとうじんちう》に黒氣赤氣交《こくきせききまじ》はるときは水難《すゐなん》あり。海角《かいかく》に黒氣赤氣交《こくきせいきまじ》はるときは急病《きふびやう》發《はつ》すべし。法令《はふれい》に黒氣赤氣交《こくきせききまじ》はるときは他人《たにん》に關係《くわんけい》して身《み》の災難《さいなん》となることあり。地倉《ちさう》の邊《へん》に黒氣赤氣交《こくきせききまじ》はるときは他人又《たにんまた》は親族《しんぞく》に對《たい》し談判上《だんぱんじやう》の災難《さいなん》あり。官祿顴骨《くわんろくけんこつ》に紅氣《こうきい》出づれば心願成就《しんぐわんじやうじゆ》す且田宅《かつでんたく》に紅氣《こうきい》出づれば地面又《ちめんまた》は家《か》

本卦《ほんくわ》を以《もつ》て現在《げんざい》とし其初爻《そのしよかう》を反《かへ》して過去《くわこ》とし其上爻《そのじやうかう》を反《かへ》して未來《みらい》として斷《だん》ずるなり遯升自在傳《とんしやうじざいでん》と其法《そのはふ》を異《こと》にして其斷《そのだん》を同《おなじ》うする者彼此《ものひし》相參照研鑽《あひさんせうけんさん》して事物《じぶつ》を洞見《どうけん》し斷案《だんあん》を下《くだ》すべし。

○六十四卦主爻

主爻《しゆかう》は一卦《くわ》の主眼《しゆがん》なり諸占皆彼我應對憂虞悔吝《しよせんみなひがおうたいいうぐくわいりん》の標準《へうじゆん》にして占《せん》者《じや》の眼目《がんもく》なれば記憶活用《きおくくわつよう》して可《か》なり。

●乾坤《けんこん》は相互《さうご》なり消長《せうちやう》の卦《くわ》なり故《ゆゑ》に乾は五爻の主坤は二爻の主とす屯は比《ひ》の往來生卦《わうらいせいくわ》なり初爻の主蒙は屯《ちゆん》の易位逆轉生卦《えきゐぎやくてんせいくわ》二爻の主需は訟《しよう》の易位生卦《えきゐせいくわ》五爻の主訟は否《ひ》の往來生卦《わうらいせいくわ》二爻の主師は運移生卦《うんいせいくわ》二爻の主比は運移生卦《うんいせいくわ》五爻の主小畜は運移生卦《うんいせいくわ》四爻の主履は運移生卦《うんいせいくわ》三爻の主泰は消長生卦《せうちやうせいくわ》二爻の主否は消長生卦《せうちやうせいくわ》五

屋《をく》を得るの喜慶《よろこび》あり。

天中《てんちう》に紅氣《こうきい》出づれば主人《しゆにん》の喜慶《よろこび》あり。

子孫宮肉《しそんきうにく》ありて膨《ふく》れたるが如《ごと》く妻妾宮《さいせふきう》にちら〳〵光《ひかり》あるは妻妾《さいせふ》の懷姙《くわいにん》とす
兄弟宮《けいていきう》に紅氣《こうきい》出づれば兄弟《けいてい》の喜慶《よろこび》あり。

子孫宮《しそんきう》に紅氣圓《こうきまろ》く出《い》づれば子孫《しそん》の喜慶《よろこび》あり。

人中《じんちう》に紅氣《こうきい》出づれば妻妾《さいせふ》安産《あんざん》の喜慶《よろこび》あり但《たゞ》し子孫《しそん》宮《きう》を參照《さんせう》すべし。

天中《てんちう》に小圓圖《せうゑんづ》の如《ごと》く青氣《せいき》出《い》づれば十日内《かない》に身分上《みぶんじやう》の災難《さいなん》其周圍《そのしうゐ》に暗氣輪《あんきわ》を爲《な》せば主人《しゆにん》の長病《ちやうびやう》と

爻《かう》の主同人は運移《うんい》生卦《せいくわ》二爻の主大有は運移《うんい》生卦《せいくわ》五爻の主謙は易《えき》位逆轉生卦《ゐぎやくてんせいくわ》三爻の主豫は往來生卦《わうらいせいくわ》四爻の主隨は歸妹《きまい》の往來易位《わうらいえきゐ》生卦《せいくわ》初爻の主蠱は泰《たい》の交代生卦《かうだいせいくわ》二爻の主臨は消長生卦《せうちやうせいくわ》二爻の主觀は消長生卦《せうちやうせいくわ》五爻の主噬嗑は往來生卦《わうらいせいくわ》四爻の主賁は交代生卦《かうだいせいくわ》二爻の主剝は消長生卦《せうちやうせいくわ》上爻の主復は消長生卦《せうちやうせいくわ》初爻の主无妄は往來《わうらい》生卦《せいくわ》初爻の主大畜は無妄《むばう》の易位生卦《えきゐせいくわ》上爻の主頤は運移《うんい》生卦《せいくわ》上爻の主大過は運移《うんい》生卦《せいくわ》上爻の主坎は運移《うんい》生卦《せいくわ》五爻の主離は運移生《うんいせい》卦《くわ》二爻の主咸は交代生卦《かうだいせいくわ》五爻の主恆は交代生卦《かうだいせいくわ》三爻の主遯は消《せう》長生卦《てうせいくわ》二爻の主大壯は消長生卦《せうちやうせいくわ》二爻の主晉は易位《えきゐ》生卦《せいくわ》五爻の主明夷は易位《えきゐ》生卦《せいくわ》二爻の主家人は消長生卦《せうちやうせいくわ》二爻の主睽は往來生卦《わうらいせいくわ》五爻の主蹇は往來生卦《わうらいせいくわ》三爻の主解は易位《えきゐ》生卦《せいくわ》二爻の主損は交代《かうだい》生卦《せいくわ》上爻の主益は交代生卦《かうだいせいくわ》初爻の主夬は消長生卦《せうちやうせいくわ》上爻の主姤は

す若《もし》驛馬《えきば》に黑色《こくしよく》を出《いだ》せば主人《しゆじん》郷里《きやうり》にて病難《びやうなん》ありとす。

驛馬《えきば》に青筋《あをすぢ》高《たか》く取卷《とりまき》けば旅《たび》の交渉《かうせふ》あり但《たゞ》し青黑《せいこく》交《まじ》はれば凶《きやう》青白《せいはく》にして潤《うるほ》ひあれば吉《きつ》なり。

驛馬《えきば》と海角《かいかく》の周圍《しうゐ》に黑氣《こくき》あれば難船《なんせん》に遭《あ》ふべし。

驛馬《えきば》の下《した》に白氣雲烟《はくきうんゑん》の如《ごと》く出《い》づれば旅行《りよかう》の思念《しねん》あり。

奸門《かんもん》に白氣《はくき》摺剝《すりむけ》たるが如《ごと》く出《い》づれば親族《しんぞく》の病氣《びやうき》とす。

子孫宮《しそんきう》に水色《みづいろ》の透徹《とうてつ》するが如《ごと》く見《み》ゆるは二三十日以《にちい》

消長生卦《せつてうせいくわ》初爻の主萃は易位生卦《えきゐせいくわ》五爻の主升は運移生卦《うんいせいくわ》主爻の主困は易位生卦《えきゐせいくわ》二爻の主井は易位生卦《えきゐせいくわ》五爻の主革は易位生卦《えきゐせいくわ》二爻の主鼎は往來生卦《わうらいせいくわ》五爻の主震は運移生卦《うんいせいくわ》初爻の主艮は運移生卦《うんいせいくわ》三爻の主漸は交代生卦《かうだいせいくわ》四爻の主歸妹は易位生卦《えきゐせいくわ》四爻の主豐は交代生卦《かうだいせいくわ》二爻の主旅は往來生卦《わうらいせいくわ》五爻の主巽は運移生卦《うんいせいくわ》初爻の主兌は運移生卦《うんいせいくわ》三爻の主渙は交代生卦《かうだいせいくわ》二爻の主節は交代生卦《かうだいせいくわ》五爻の主中孚は運移生卦《うんいせいくわ》四爻の主小過は易位生卦《えきゐせいくわ》五爻の主既濟は交代《かうだい》生卦《せいくわ》五爻の主未濟は交代生卦《かうだいせいくわ》二爻の主なり。（茲に消長、運移、交代生卦と云ふ稱は眞勢中州の唱道する所と誤れる者多からんが既に新井氏の稱呼するものなること世に知らる）

○卦變

前述《ぜんじゆつ》消長《せうちやう》交代等《かうだいとう》の稱《しよう》あるものは本是各卦《もとこれかくくわ》に因《よつ》て來《きた》る所《ところ》の卦《くわ》あ

前《せん》に子孫《しそん》の死亡《しばう》ありとす。法令《はふれい》の紋外《もんそと》より鼻《はな》の際《きは》まで白氣沸々《はくきふつ〳〵》と出《い》づるは家《か》内和熟《ないわじゆく》せず若赤《もしあか》くして摺《すり》剝《むけ》たるが如《ごと》く沸々《ふつ〳〵》と出《い》づるは家内《かない》の病人《びやうにん》とす此《かく》の如《ごと》くにして妻妾宮《さいせふきう》に白氣《はくき》あれば重《おも》く青《あを》く潤《うるは》ひあれば輕《かる》し。天中《てんちう》に大圓圖《だいゑんづ》の如《ごと》く暗氣《あんき》出《い》づれば親《おや》の長病《ちやうびやう》なり白氣《はくき》なれば大患《たいくわん》か死亡《しばう》とす若《もし》驛馬《えきば》の黑氣《こくき》を兼《か》ぬれば鄉里《きやうり》にて親《おや》の病氣《びやうき》とす又驛馬地閣《またえきばちかく》に黑氣《こくき》を兼《か》ぬれば旅次《りよじ》にて親《おや》の病氣《びやうき》とす司空《しくう》より官祿《くわんろく》までに尖頭《せんとう》

りて先哲《せんてつ》既《すで》に之《これ》を本義《ほんぎ》に述《の》べたり依《よつ》て之《これ》を左《さ》に掲《かゝ》げ其本《そのもと》を究《きは》むるの資《し》に供《きやう》す。

凡《およそ》一陰《いん》一陽《やう》の卦各《くわおの〳〵》六あり皆復姤《みなふくこう》よりして來《きた》る。（五陰五陽と云ふ時は其原異なり）

剝《はく》、比《ひ》、豫《よ》、謙《けん》、師《し》、復《ふく》。（以上原卦復）

夬《くわい》、大有《たいいう》、小畜《せうちく》、履《り》、同人《どうじん》、姤《こう》。（以上原卦姤）

凡《およそ》二陰《いん》二陽《やう》の卦各《くわおの〳〵》十五あり皆臨遯《みなりんとん》よりして來《きた》る。（四陰四陽と云ふときは其原異なり）

頤《い》、屯《ちゆん》、震《しん》、明夷《めいい》、臨《りん》、蒙《もう》、坎《かん》、解《かい》、升《しやう》、艮《ごん》、蹇《けん》、小過《せうくわ》、晋《しん》、萃《すゐ》、觀《くわん》。（以上原卦臨）

大過《たいくわ》、鼎《てい》、巽《そん》、訟《しよう》、遯《とん》、革《かく》、離《り》、家人《かじん》、无妄《むばう》、兌《だ》、睽《けい》、中孚《ちうふ》、需《じゆ》、大畜《たいちく》、大壯《たいさう》。（以上原卦遯）

凡《およそ》三陰《いん》三陽《やう》の卦各《くわおの〳〵》二十あり皆泰否《みなたいひ》よりして來《きた》る。

楕圓形《だゑんけい》の如《ごと》き赤氣《せききい》出づるときは公邊長上《こうへんちやうじやう》の災難《さいなん》に遭《あ》ふ。

官祿《くわんろく》より印堂《いんだう》まで長《ちやう》楕圓形《だゑんけい》の白氣《はくき》水色《みづいろ》にして皮底《かはそこ》に透徹《とうてつ》するが如《ごと》く見《み》ゆるときは一生懸命《しやうけんめい》の災難《さいなん》あり。

天庭《てんてい》より官祿《くわんろく》の上《うへ》まで長方形《ちやうはうけい》に座取《ざと》りて黑氣《こくき》立《た》つときは遠《とほ》からず獄《ごく》に入《い》るべし入獄《にふごく》すれば黑《くろ》くなる驛馬山林高廣《えきばさんりんかうくわう》一體《たい》に陰《くも》るは妻子兄弟《さいしけいてい》死亡《しばう》の後《のち》なり。

官祿《くわんろく》に黑氣《こくき》座《ざ》とりて圓形《ゑんけい》なれば爭《あらそ》ひ負《ま》けなり爭《あらそ》ひ

損《そん》、節《せつ》、歸妹《きまい》、泰《たい》、賁《ひ》、既濟《きせい》、豐《ほう》、噬嗑《せいこう》、隨《ずゐ》、益《えき》、蠱《こ》、井《せい》、恆《こう》、未濟《びせい》、困《こん》、渙《くわん》、旅《りよ》、咸《かん》、漸《せん》、否《ひ》。(以上原卦泰)

咸《かん》、旅《りよ》、漸《せん》、否《ひ》、困《こん》、未濟《びせい》、渙《くわん》、井《せい》、蠱《こ》、恆《ごう》、隨《ずゐ》、噬嗑《せいこう》、益《えき》、既濟《きせい》、賁《ひ》、豐《ほう》、節《せつ》、損《そん》、歸妹《きまい》、泰《たい》。(以上原卦否)

凡《およそ》四陰《いん》四陽《やう》の卦《くわ》各《おの〳〵》十五あり皆《みな》大壯《たいさう》觀《くわん》よりして來《きた》る。(二陰二陽と云ふときは其原巽なり)

大畜《たいちく》、需《じゆ》、大壯《たいさう》、睽《けい》、兌《だ》、中孚《ちうふ》、離《り》、革《かく》、家人《かじん》、无妄《むばう》、鼎《てい》、大過《たいくわ》、巽《そん》、訟《しよう》、遯《とん》。(以上原卦大壯)

萃《すゐ》、晉《しん》、觀《くわん》、蹇《けん》、艮《ごん》、小過《せうくわ》、坎《かん》、蒙《まう》、解《かい》、升《しやう》、屯《ちゆん》、頤《い》、震《しん》、明夷《めいい》、臨《りん》。(以上原卦觀)

凡《およそ》五陰《いん》五陽《やう》の卦《くわ》各《おの〳〵》六あり皆《みな》夬剝《くわいはく》よりして來《きた》る。(一陰一陽と云ふ時は其原異なり)

大有《たいいう》、夬《くわい》、小畜《せうちく》、履《り》、同人《どうじん》、姤《こう》。(以上原卦夬)

止《や》めば薄《うす》くなる。鼻《はな》の側《そば》より法令《はふれい》の紋理《もんり》外《ぐわい》に白氣《はくきい》出づるときは家《か》内《ない》の爭《あらそ》ひあり。地閣《ちかく》の皮底沸々《かはぞこふつ〳〵》と黑《くつ》ずむは商賣不熟《しやうばいふじゆく》とす。地閣奴僕《ちかくどぼく》一圓《ゑん》に暗氣《あんきい》出づれば近日《きんじつ》の中《うち》に失物《うせもの》あり。地閣《ちかく》に黑氣《こくきい》出で法令《はふれい》の末理《まつり》に白氣圓《はくきまろ》く出《い》づれば失物《うせもの》の後《のち》なり。口角《こうかく》より二指伏留《しふせとゞ》りの邊《へん》に黑氣座《こくきざ》どりて出《い》づれば印《いん》形《ぎやう》に關《くわん》して凶難《きようなん》あり常色《じやうしよく》にて座《ざ》どれば未《いまだ》災《さい》に至《いた》らず。

●相格大要

比《ひ》、剝《はく》、豫《よ》、謙《けん》、師《し》、復《ふく》。（以上原卦剝）

○包卦

包卦《はうくわ》とは陰卦《いんくわ》の陽《やう》又《また》陰卦《いんくわ》を包《つゝ》み陽卦《やうくわ》の陰《いん》又《また》陽卦《やうくわ》を包《つゝ》むを云《い》ふ萬《ばん》占皆用《せんみなもち》ふべしと雖《いへど》も胎兒《たいじ》の男女《なんによ》を判定《はんてい》するは此法《このはふ》に依《よつ》て驗《けん》あり例《たと》へば䷞咸《かん》の卦《くわ》に於《お》ける坤《こん》の陰《いん》を以《もつ》て乾《けん》の陽《やう》を包《つゝ》めるものにして胎兒《たいじ》は男《をとこ》といひ䷤家《か》人《じん》の卦《くわ》に於《お》ける乾《けん》の陽《やう》を以《もつ》て坎《かん》の陽《やう》を包《つゝ》めるものにして胎兒《たいじ》は男《をとこ》といふが如《ごと》し而《しか》して其包卦《そのはうくわ》の體《たい》を具《そな》へたるものは咸《かん》、恆《ごう》、益《えき》、損《そん》、家《か》人《じん》、睽《けい》、解《かい》、蹇《けん》の八卦《くわ》とし其包《そのつゝ》まるゝ卦《くわ》は乾坤坎離《けんこんかんり》の四卦《くわ》に限《かぎ》るとするは眞勢《なせ》が持論《ちろん》にして他《た》の震艮巽兌《しんごんそんだ》を取《と》らざるは甚意《はなはだい》を得《え》ざるなり蓋《けだし》乾坤《けんこん》は父母《ふほ》少陽少陰《せうやうせういん》は六子《し》なるにより包《つゝ》まるゝ卦《くわ》を四卦《くわ》と定《さだ》めたるは

▲富貴格《ふうきかく》 面方《めんはう》にして鈌《けつ》陥《かん》なく鼻厚《はなあつ》く豊《ゆたか》にして鼻梁《はなすぢ》通り頤《おとがひ》方《はう》にして濶《ひろ》く耳《みゝ》大《だい》にして厚《あつ》く面《めん》に對《たい》して耳《みゝ》を見《み》ず眉《まゆ》清《きよ》く秀《ひい》で日《め》より高《たか》きこと一寸《すん》身《しん》體《たい》の色面《いろめん》より白《しろ》く行《ゆ》くに身《み》を轉《てん》ぜず坐《ざ》して山岳《さんがく》の如《ごと》く語《かた》るに歯《は》を露《あらは》さず其《その》他各部分《たかくぶぶん》に異彩《いぎやう》變體《へんたい》なき者《もの》は富貴《ふうき》の相格《さうかく》なり。

▲官貴格《くわんきかく》 面上痕紋《めんじやうこんもん》鈌陥《けつかん》なく目細《めほそ》く長《なが》く鼻梁《びりやう》天中《てんちう》に貫《つらぬ》き眼睛漆黒《がんせいしつこく》眉高《まゆたか》きこと眼《め》より一寸眼《すんがん》下平滿明潤口《かへいまんめいじゆんくち》四字《じ》を成《な》し額《ひたい》に一文字《もんじ》ありて耳《みゝ》の

淺見《せんけん》の笑《わらひ》を免《まぬか》れず且《かつ》貫勢《きせ》は範圍《はんゐ》祕鑰《ひやく》に於《おい》て「孔子《こうし》歿後凡幾千《ぼつごおよそいく》歳《さい》の間古人和《あひだこじんわ》漢《かん》の學者《がくしや》一人《にん》として知《し》ることなき大祕《たいひ》密《みつ》の生卦法云《せいくわはふうん》〳〵」と揚言《やうげん》したるは恰《あたか》も鳥《とり》なき村里《そんり》に蝙蝠《かうもり》の翼《つばさ》を張《は》るの觀《くわん》あり依《よつ》て六子《し》を包容《はうやう》するを至《し》當《たう》とす。

○全卦一に曰大象

全卦《せんくわ》とは二爻《かう》を合《あ》はせて一爻《かう》と爲《な》し八卦《くわ》に當《あ》つるなり即《すなは》ち大壯《たいさう》の如《ごと》き☱之《これ》を目《もく》して兌《だ》とするが如《ごと》し是亦採《これまたとつ》て以《もつ》て占用《せんよう》に供《きやう》し効驗《かうけん》あることなり。

大壯 ䷡ 全卦兌　中孚 ䷼ 全卦離

臨 ䷒ 全卦震　遯 ䷠ 全卦巽

小過 ䷽ 全卦坎　觀 ䷓ 全卦艮

色面《いろめん》より白《しろ》く鬚髪《しゆはつ》清《きよ》くして纖線《いとすぢ》の如《ごと》く其他《そのた》各部《かくぶ》整《とゝの》ふ者《もの》は皆《みな》官貴《くわんき》の相格《さうかく》なり。

▲福徳格《ふくとくかく》　頭《かしら》圓《まる》くして鼻梁《びりやう》天中《てんちう》に通《とほ》り人中《じんちう》竹《たけ》を割《わ》りし半片《はんぺん》の如《ごと》く口《くち》正《たゞ》しく偏《かたよ》らず眉《まゆ》新月《しんげつ》の如《ごと》く眉《まゆ》清《きよ》くして眼《め》より長《なが》く上中下停《じやうちうかてい》平等《へいとう》に地閣《ちかく》骨隆《ほねたか》く起《おこ》り福堂《ふくどう》潤《うるほ》ひあり背骨《はいこつ》隆然《りうぜん》として起《おこ》る者《もの》皆《みな》福徳《ふくとく》の相格《さうかく》なり。

▲聰明格《そうめいかく》　眉《まゆ》清《きよ》く目秀《めひい》で眼睛《まなこ》黒白《こくびやく》分明《ぶんめう》にして耳《みゝ》輪廓《りんくわく》正《たゞ》しく山根《さんこん》豐《ゆたか》に滿《み》ちて口《くち》四字形《じけい》を爲《な》し齒《は》白《しろ》

以上《いじやう》六卦《くわ》に限《かぎ》りて全卦《ぜんくわ》を具《そな》ふ。

○裏面用不用

乾《けん》、坤《こん》、剝《はく》、復《ふく》、坎《かん》、離《り》、大過《たいくわ》、小過《せうくわ》、中孚《ちうふ》、頤《い》、夬《くわい》、姤《こう》の十二卦《くわ》は不變《ふへん》なりとも裏面《りめん》を用《もち》ふべし此他《このた》は初上《しよじやう》共《とも》に變《へん》じたるとき裏面《りめん》を用《もち》ふべし世《よ》の占考者《せんかうしや》動《やゝ》もすれば裏面《りめん》を應用《おうよう》して本卦《ほんくわ》の意《い》を失《うしな》ふこと多《おほ》し是其本《これそのもと》を究《きは》めず占斷《せんだん》益《ます〳〵》困《くるし》む所《ところ》よりして種々《しゆ〴〵》なる方面《はうめん》を索捜《さくさう》し其要《そのえう》を捉《とら》へんとするの苦心《くしん》斷《だん》なり依《よつ》て漫《みだり》に裏面《りめん》を用《もち》ひず本旨《ほんし》を觀察《くわんさつ》すること肝要《かんえう》なり。

○八卦像象

卦《くわ》に形狀《けいじやう》ありて乾《けん》を天《てん》とし君《きみ》とし父《ちゝ》とし玉《たま》とするの類《るゐ》は今之《いまこれ》を

く齊《とゝの》ひ痣上《じやう》に毛《け》を生《しやう》じ久《ひさ》しく坐《ざ》して昧《くら》まず臥《ふ》して覺易《さめやす》き者皆聰明《ものみなそうめい》の相《さう》格《かく》なり。

▲頑愚格《ぐわんぐかく》　眼中白《がんちうしろ》き處《ところ》多《おほ》く眼短《めみじか》くして小《せう》に眼《がん》神浮《しんうか》みて視線定《しせんさだ》まらず魚《ぎよ》尾垂《びた》れ額低《ひたひひく》れ窪《くぼ》みて中《ちう》停短《ていみじか》く促《せま》り耳孔小《じこうせう》にして小指《せうし》の尖《とが》り入《い》り難《がた》く口小《くちせう》にして唇薄《くちびるうす》く舌短《したみじか》くして薄《うす》く掌中《しやうちう》の三才紋《さいもん》短《みじか》く臥《ふ》して覺難《さめがた》き者皆《ものみな》頑愚《ぐわんぐ》の相格《さうかく》なり。

▲居處動靜格《きよしよどうせいかく》　天倉平《てんさうたひ》らにして潤《ひろ》きは居處安靜《きよしよあんせい》なり但《たゞ》し色惡《いろあし》ければ然《しか》ら

述《の》ぶるの要《えう》なし其以外《そのいぐわい》の像象《ざうしやう》に於《おい》ては經書《けいしよ》の盡《つく》す所《ところ》にあらず依《よつ》て先人《せんじん》の考究《かうきう》したる形體《けいたい》二三を掲《かゝ》げて占斷《せんだん》の資《し》に供《きやう》す。

乾《けん》

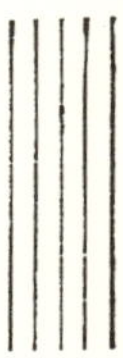

陽爻立《やうかうた》つ

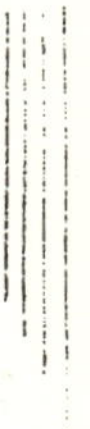

兌《だ》

上《うへ》に口《くち》あり。

離《り》

火《ひ》の燃《もゆ》る形象《けいしやう》

中陰高《ちういんたか》くなる又低《またひく》しとも見《み》る

卵《たまご》

恆《かき》

窓《まど》

震《しん》

一陽《やう》の象《かたち》

一陽長《やうなが》くなる

陰平陽尺《いんぺいやうしやく》

同上《どうじやう》

陽爻《やうかう》の象《かたち》

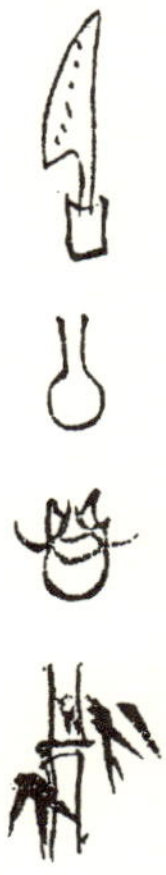

震爲雷《しんゐらい》

松葉《まつば》の形状《けいじやう》

巽《そん》

陽爻立《やうかうた》ちて陰爻平《いんかうたひら》なり

物《もの》を冠《かぶ》せる象《かたち》

ず額《ひたひ》の角《すみ》低《た》れ窪《くぼ》みあれば地宅《ちたく》を買《か》ふて我《わ》が有《いう》と為《な》し難《がた》し天地《てんち》偏《かたよ》り斜《なゝめ》なるは十居九變《きよへん》の勞《らう》あり耳皮《じひ》粗《あら》く色青黒《いろせいこく》なる者《もの》は他郷《たきやう》に奔走《ほんさう》すること多《おほ》し地閣《ちかく》に黄色《くわうしよく》あれば遠郷《ゑんきやう》の賣《ばい》買を為《な》して大利《たいり》あり印堂《いんだう》に亂《みだ》れたる理《すぢ》ありて兩眉《りやうび》交《まじ》はり或《あるひ》は逆毛生《ぎやくもうしやう》じ鼻梁尖《びりやうとが》り露《あらは》るゝ者《もの》は他《た》郷《きやう》に於《おい》て鬼籍《きせき》に登《のぼ》ることあり。

▲父母格《ふぼかく》　日角月角《じつかくげつかく》正《たゞ》しき者《もの》は父母安穩《ふぼあんをん》缺陷《けつかん》あれば父母《ふぼ》幽冥《いうめい》に歸《き》すべし日《じつ》月兩角《げつりやうかく》に暗氣《あんきい》出づるは

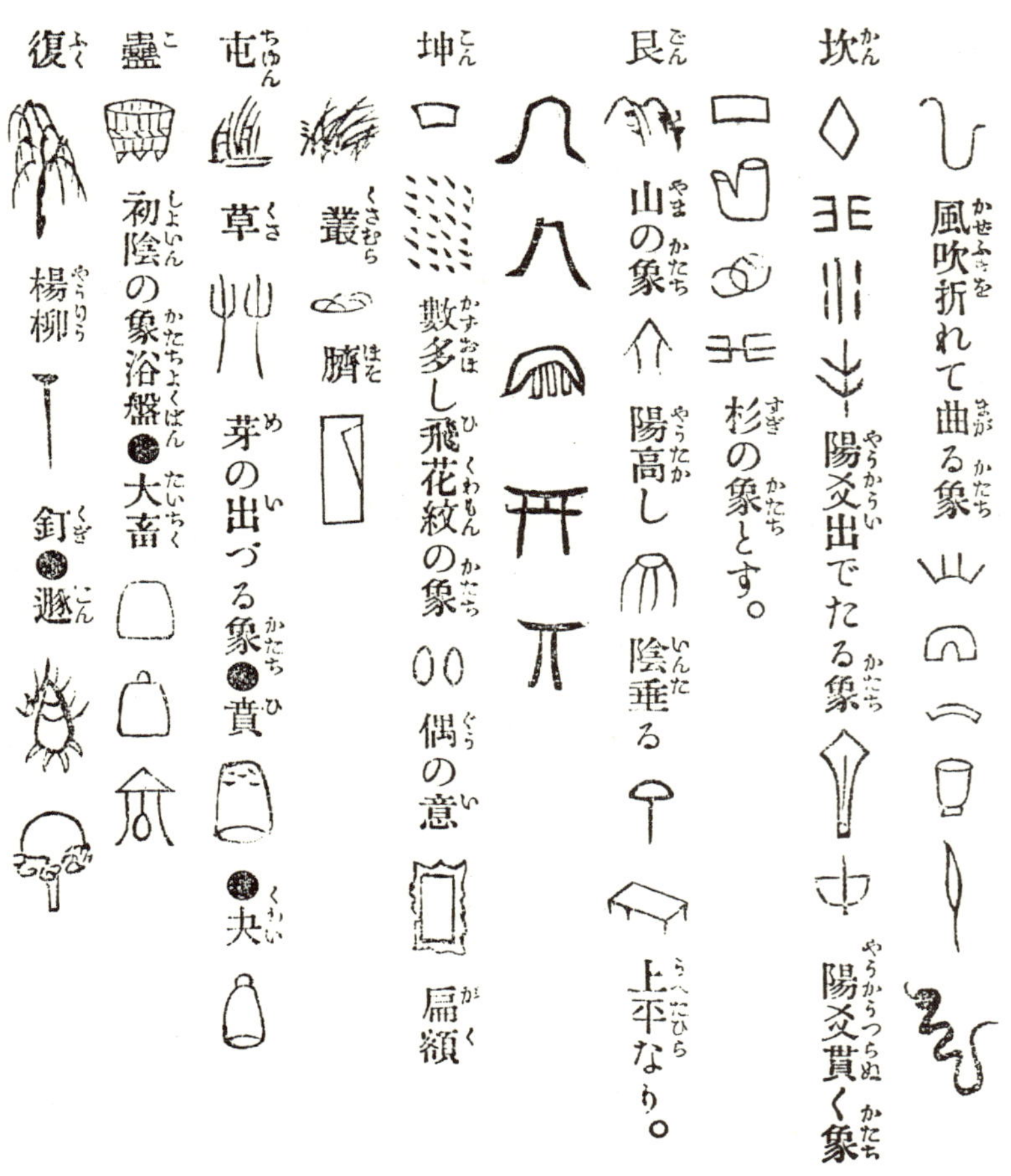

父母《ふぼ》の病災《びやうさい》とす日角《じつかく》は父《ちゝ》月角《げつかく》は母《はゝ》なり鼻偏《はなへん》なる者《もの》は父母《ふぼ》を損《そん》す鼻小《はなせう》にして挾《はさ》むが如《ごと》き者《もの》は早《はや》く父母《ふぼ》に離《はな》る額上大《がくじやうだい》なる缺陥《けつかん》あるは早年《さうねん》にして父母《ふぼ》に離《はな》る天中《てんちう》に白氣《はくき》あれば父母《ふぼ》の孝服《かうふく》あり幼弱《えうじやく》にして眉毛長《びもうなが》き者《もの》は片親《かたおや》を剋《こく》す法令《はふれい》の中《うち》に黑子《こくし》ある者《もの》は親《おや》の臨終《りんじう》に逢《あ》ひ難《がた》し但《たゞ》し左《ひだり》は父《ちゝ》とし右《みぎ》は母《はゝ》とす。

▲兄弟格《けいていかく》 眉長《まゆなが》く潤《うるは》ふ者《もの》は兄弟《けいてい》六七人《にん》あり短《みじか》くして眼《め》を過《す》ぎざる者《もの》は兄弟《けいてい》少《すくな》し粗《あら》くして短《みじか》きは兄弟分離《けいていぶんり》す眉毛中斷《びもうちうだん》する

蹇《けん》  ●革《かく》  ●睽《けい》  ●歸妹《きまい》 

剝《はく》  一陽《やう》五陰《いん》を曳《ひ》く 

兌《だ》  奇《き》 

陰爻柔逆を用ふ陰爻を毛とす夬の卦も同じ

○古易掌玉

新井流《あらゐりう》の祕書《ひしよ》にして世《よ》に傳《つた》ふる者少《ものすくな》し依《よつ》て玆《こゝ》に之《これ》を紹介《せつかい》し以《もつ》て占斷《せんだん》の資《し》に供《きやう》す。

●乾上卦《けんじやうくわ》に在《あ》りては氣高《きたか》しとす。

●兌上卦《だじやうくわ》に在《あ》りては卑《ひく》き者尊《ものたつと》くなる。

●坤爲地《こんのち》死《し》靈卦《れうくわ》の性情《せいにやう》を親《したし》むとす然《しか》れば則《すなはち》慕《した》ふて怨念其處《をんねんそこ》に止《とゞ》まり鬱《うつ》して散《さん》ぜざるなり所謂恩《いはゆるおん》を仇《あた》にて報《おく》ふるの類《るゐ》なり。

者《もの》は六親分離《しんぶんり》す山林《さんりん》に黑《こく》赤氣《せきき》あるか或《あるひ》は暗昧《あんまい》なるは兄弟《けいてい》の病難印堂《びやうなんいんだう》平《たひら》に陷《おちい》る者《もの》は兄《あに》ありとも弟《おとゝ》なし眉上《びじやう》に青色出《せいしよくい》づれば兄弟《けいてい》爭《あらそ》ひあり邊地《へんち》或《あるひ》は耳《み》の下《した》に白氣出《はくきい》づれば姉《し》妹等《まいとう》の喪服《さうふく》に逢《あ》ふ。

▲孤獨格《こどくかく》 鼻《はな》に肉《にく》なく 或《あるひ》は三曲《ぎよく》を成《な》し眉粗《まゆあら》くして八字形《じけい》に口火《くちひ》を吹《ふ》くが如《ごと》く口角《こうかく》低《た》れ地閣《ちかく》の左右肉《さいうにく》瘦《や》せて顴骨《けんこつ》峯狀《ほうじやう》を成《な》し身《み》瘦《や》せて結喉《のどほとけ》高《たか》く老《おい》て鬢髮《びんぱつ》厚《あつ》く口邊《こうへん》皺《しは》の生《しやう》ずる者《もの》皆《みな》孤獨《こどく》の相《さう》なり。

▲奸詐格《かんさかく》 鼻《はな》三曲《ぎよく》三彎《わん》し

●同卦古屋敷《どうくわふるやしき》に埋井《うもれゐ》あり住人之《ぢうにんこれ》を知《し》らずして祟《たゝ》るとす。

●屯婦人經行不順初爻變《ちゆんふじんけいかうふじゆんしよかうへん》ずれば經水下《けいすゐくだ》るべし。

●同卦病《どうくわやまひ》は進《すゝ》むと見《み》る又全快《またせんくわい》とも見《み》るなり現在初發《げんさいしよはつ》の熱病《ねつびやう》なれば治《ち》せず陰病《いんびやう》なれば稍長《やゝなが》く保《たも》つべし。

●同卦胎孕《どうくわたいよう》は安《やす》からず。

●需不變病甚凶《じゆふへんやまひはなはだきよう》 埋井《うもれゐ》の跡廁《あとかはや》となることあるべし坎水上《かんすゐかみ》に在《あ》り流《なが》れて止《とゞ》まらず故《ゆゑ》に六部巡禮回國《ぶじゆんれいくわいこく》の人《ひと》とす。

●訟疫疾等多《しようえきしつとうおほ》くは死《し》に至《いた》る。

●同卦陽病《どうくわやうびやう》は吉陰病《きついんびやう》は凶重《きようおも》きときは輕《かる》しとし輕《かる》きときは重《おも》しとす皆乖《みなそむ》き違《たが》ふの意《い》なり又大醫《またたいい》と見《み》て誤診急變《ごしんきふへん》などあり庸醫《ようい》の治療《ちれう》にて平癒《へいゆ》することあり。

●蒙胎孕《まうたいよう》は二爻變《かうへん》ぜば流産《りうさん》すべし三爻變《かうへん》ずれば死卦《しくわ》なり兒《じ》必《かならず》

或《あるひ》は鷹《たか》の嘴《はし》の如《ごと》く又《また》は鼻梁《びりやう》横《よこ》に起《おこ》り眼《め》三角《かく》或《あるひ》は細《ほそ》くして低視《ていし》する者口《ものくち》船《ふね》を覆《くつがへ》すが如《ごと》く口尖《くちとが》りて唇《くちびる》薄《うす》く眉中《びちう》鈌陷《けつかん》多《おほ》く耳邊髪《じへんかみ》少《すくな》くして腮骨《さいこつ》左《さ》右《いう》に開《ひら》き張《は》りて耳後《じご》に向《むか》ひ尖《とが》る者《もの》皆《みな》奸詐《かんさ》の相《さう》なり。

▲貧窮格《ひんきうかく》　鼻孔大《びこうだい》にして肉薄《にくうす》く準頭小《せつとうせう》にして尖《とが》り耳薄《みゝうす》く口小《くちちい》さく皺紋《しはもん》口《こう》にして眼大《めおほい》に深《ふか》く窪《くぼ》み兩《りやう》耳《じ》兎耳《とじ》の如《ごと》く或《あるひ》は反《そ》りて輪廓《りんくわく》なく上停《じやうてい》尖《とが》りて下停《かてい》棗核《なつめのたね》の如《ごと》く印堂《いんだう》川字紋《せんじもん》を成《な》し頭《かしら》小《せう》にして額《ひたひ》窄《せま》く舌《した》小《せう》にして短《みじか》

死《し》すべし。

●師胎孕《したいよう》或《あるひ》は血塊瘀血《けつくわいおけつ》とす。

●比願望水《ひぐわんまうみづ》の地《ち》に浸染《しんせん》するが如《ごと》く急《きふ》に叶《かな》ひ難《がた》し。

●同卦婚姻早《どうくわこんいんはや》ければ吉遲《きつおそ》ければ親《したし》みを失《うしな》ふ。

●小畜病治《せうちくやまひち》し難《がた》し乾《けん》の病大《やまひだい》にして巽《そん》の柔弱《じふじやく》を以《もつ》て止《とゞ》むと雖《いへど》も止《とゞ》まらず危《あやふ》き象《かたち》なり。

●同卦待人止《どうくわまちびととゞ》めても止《とゞ》まらず是《こゝ》を以《もつ》て來《きた》ること必《ひつ》せり。

●履失脱外陽《りしつだつぐわいやう》を以《もつ》て圍《かこ》む故《ゆゑ》に遠《とほ》く行《ゆ》かず然《しか》れども時過《ときす》ぐれは虎《とら》の尾《を》を履《ふ》み啌《くら》はずして行《ゆ》く故《ゆゑ》に遠《とほ》く去《さ》る。

●泰陽盛《たいやうさかん》なれば陰《いん》を好《この》むの理《り》婦人淫亂《ふじんいんらん》又泰《またたい》は安《やす》く治《をさ》まるの意《い》安《やす》く治《をさ》まり人娯《ひとたのし》めば第《だい》一色情《しきじやう》を發《はつ》す況《いはん》や淫婦《いんぷ》に於《おい》てをや又淫婦《またいんぷ》なるが故《ゆゑ》に邪智《じやち》嫉妬《しつと》あり嫉妬《しつと》深《ふか》きは婦人《ふじん》の情又淫《じやうまたいん》なるが故《ゆゑ》に

く尖《とが》り言語《げんご》を為《な》すに歯《は》を露《あらは》す者《もの》皆《みな》貧窮《ひんきう》の相《さう》なり

▲病災格《びやうさいかく》 疾厄宮《しつやくきう》青気《せいき》あり印堂《いんだう》黒気《こくき》山根《さんこん》青気《せいき》あり眼中《がんちう》赤脈《あかすぢ》を現《げん》じ鼻側《びそく》に黒子《こくし》を生《しやう》じ人中《じんちう》黒暗口《こくあんこう》辺《へん》黒気《こくき》面色《めんしよく》烟塵《えんぢん》の如《ごと》き者《もの》皆《みな》病災《びやうさい》の相《さう》なり疾厄《しつやく》宮《きう》の赤気《せきき》は病《やまひ》重《おも》く黒気《こくき》あれば死亡《しばう》を免《まぬか》れず鼻《はな》乾《かは》き黒気《こくき》口《くち》に入《い》り天中《てんちう》亦《また》黒《こく》気《き》を現《あらは》し歯《は》に黒色《こくしよく》を生《しやう》じ爪《つめ》亦《また》黒色《こくしよく》あり耳《じ》前額《ぜんがく》上《じやう》に赤色《せきしよく》を発《はつ》する者《もの》は皆《みな》疾病《しつぺい》難治《なんぢ》の相《さう》。

▲剣難格《けんなんかく》 山根《さんこん》の下《した》に黒《こく》子《し》ある者《もの》は兵刃《へいじん》に罹《かゝ》り眼《がん》

口舌《くせつ》あり婚《こん》亦《また》不可《ふか》なり。

●同卦病凶《どうくわやまひきよう》緩慢《くわんまん》なる病《やまひ》に此卦《このくわ》を得《う》るとるは急変来《きふへんきた》りて治《ち》せず多《おほ》くは死《し》に至《いた》る是泰《これたい》は否《ひ》の来《きた》り易《やす》き意《い》にして怠慢《たいまん》より仕損《しそん》ずることあり。

●同卦遺《どうくわゐ》失泰《しつたい》は懶《ものぐさ》き故《ゆゑ》に取失《とりうしな》ひたるなり又預《またあづ》かり物《もの》を懶《ものぐさ》にして失《うしな》ふことあり但《たゞ》し之《これ》を質《しち》に入《い》れ今戻《いまもど》すべき方法《はうはふ》なきか何《いづ》れ怠慢《たいまん》よりして失《うしな》ふなり。

●坎為《かんゐ》水坎《すゐかん》は始《し》終《じう》を兼《か》ぬ坎《かん》は陰伏《いんふく》して夜《よる》の象《しやう》一陽陰中《やういんちう》に伏《ふ》して其魂殘《そのこんのこ》りてあるなり故《ゆゑ》に終《をはり》とすれば死《し》人始《にんはじめ》とすれば年忌《ねんき》に当《あた》る仏《ほとけ》あらん卦毎《くわごと》に坎《かん》の三画卦《くわくくわ》を以《もつ》て指《さ》す内卦《ないくわ》を家内《かない》とし外卦《ぐわいくわ》を外事《ぐわいじ》とす。

●随病《ずゐやまひ》急症《きふしやう》には吉《きつ》と見《み》ることあり慢性《まんせい》には急変《きふへん》ありて死《し》に至《いた》

中《ちう》四白《はく》を現《あらは》す者肝門《ものかんもん》に黒痣《こくし》ある者鼻頭《ものびとう》に黒痣《こくし》ある者天庭《ものてんてい》の青色《せいしよく》或《あるひ》は印《いん》堂《だう》の赤氣結喉《せききけつこう》高《たか》く耳《みゝ》飛ぶが如《ごと》き者左右《ものさいう》の眉頭《びとう》より眉《び》尾に至《いた》り白氣《はくき》弓刀《きうたう》の形《けい》状《じやう》を成《な》す者皆剣難《ものみなけんなん》の相《さう》なり。

▲水難格《すゐなんかく》 人中《じんちう》に交紋《かうもん》ある者承漿《ものしやう〳〵》地閣《ちかく》に鈌陷《けつかん》紋痕深《もんこんふか》き者地閣《ものちかく》に黒氣《こくき》ありて口《くち》に入《い》る者地閣《ものちかく》に覆《ふく》舟紋《しうもん》を成《な》す者耳根《ものじこん》に黒痣《こくし》ある者《もの》は水難《すゐなん》の厄《やく》あり又《また》眉間《びかん》に黒痣《こくし》ある者《もの》は早年《さうねん》の水厄魚尾《すゐやくぎよび》に黒痣《こくし》ある者《もの》は中年水厄《ちうねんすゐやく》の相《さう》なり。

るとす。

●剥死《はくし》卦《くわ》なり本卦《ほんくわ》の剥《はく》は大抵死《たいていし》す或人觀之剥《あるひとくわんのはく》を得《え》て斷《だん》じて曰此《いはくこの》病人明日死《びやうにんめうにちし》せんと果《はた》して然《しか》り是則觀《これすなはちくわん》の上《かみ》二爻次《かうし》第《だい》に陰氣《いんき》昇《のぼ》りて一陽已《やうすで》に盡《つ》きんとす依《よつ》て急病《きふびやう》と見《み》る此活用萬占《このくわつようばんせん》に觸《ふ》るべし。

●離《り》爲《ゐ》火《くわ》四五の爻變《かうへん》せば病占必《びやうせんかならず》死《し》す。

●困《こん》二爻變《かうへんゐ》井又《また》は不淨場《ふじやうば》等《とう》水氣《すゐき》を埋《うづ》めたる碍《さはり》あり。

●革熱病《かくねつびやう》は卦《くわ》に應《おう》ずるが故《ゆゑ》に活《い》くると見《み》ることあり。

●巽内外共《そんないぐわいとも》に在《あ》るときは婦《ふ》人血《じんち》の道《みち》と見《み》る然《しか》れども内卦《ないくわ》に在《あ》れば氣《き》血不順《けつふじゆん》と考《かんが》ふることあり。

●賁《ひ》間違《まちがひ》にて人《ひと》と中絶《ちうせつ》することあり。

●復熱病《ふくねつびやう》即《すなはち》窒扶《ちぶ》斯《す》の如《ごと》き類《るゐ》は治《ぢ》せず然《しか》れども快氣《くわいき》に向《むか》ふとき

▲盗難格《とうなんかく》 奸門《かんもん》の下青《したせい》黒色《こくしよく》ある者《もの》左《ひだり》の眉頭《びとう》に黒痣《こくし》ある者《もの》は盗難《とうなん》あり眼光《めひか》りて鼠《ねずみ》の如《ごと》き者《もの》鬼眉《きび》にして斜眼《しやがん》なる者《もの》は賊心《ぞくしん》ありとす。

▲女難格《ぢよなんかく》 眉蠶《まゆかひこ》の如《ごと》く臥蠶《ぐわさん》水腫《すゐしゆ》の如《ごと》く眼《め》斜《なゝめ》に視《み》る者《もの》眉新月《まゆしんげつ》の如《ごと》き者《もの》舌潤《したひろ》く薄《うす》き者《もの》男子《だんし》にして女子《ぢよし》の如《ごと》き者《もの》奸門《かんもん》井字紋《せいじもん》ある者《もの》鼻梁《びりやう》縦理《たてすぢ》ある者《もの》は皆女難《みなぢよなん》の相《さう》なり。

▲姙孕格《にんようかく》 姙婦《にんぷ》顴骨《けんこつ》準《せつ》頭《とう》に火色《くわしよく》を發《はつ》する者《もの》産《さん》厄《やく》あり奸門《かんもん》に青黒色《せいこくしよく》を發《はつ》する者《もの》は産厄《さんやく》あり人中《じんちう》

此卦《このくわ》を得《う》れば吉《きつ》とす。

●坎爲水《かんゐすゐ》瞽者《こしや》と見《み》ることあり目《め》を中《なか》にし兩方《りやうはう》の耳《みゝ》を欹《そばた》てゝ物《もの》を聞《き》く象《かたち》あり。

●離爲火《りゐくわ》急病《きふびやう》は回生《くわいせい》の意《い》あり蓋離《けだしり》は麗《つく》なり麗《つ》くは病身《やまひみ》に著《つ》くなり離《はな》るゝは兩義《りやうぎ》あり病離《やまひはな》るれば治《ぢ》す身離《みはな》るれば死《し》するの外《ほか》なし此理《このり》考《かんが》ふべし。

●大壯《たいさう》産占《さんせん》胎兒《たいじ》安《やす》く母難《はゝなや》む大壯《たいさう》は死卦《しくわ》なり變卦《へんくわ》によりて兒《じ》の安《あん》否《ひ》を見《み》るべし。

●損《そん》病《びやう》人吉《にんきつ》病《やまひ》を減《げん》じて精氣《せいき》を増《ま》すの意《い》に取《と》る。

●中孚《ちうふ》男子《だんし》之《これ》を得《う》れば女《ぢよ》を孕《はら》ましむとす女子《ぢよし》之《これ》を得《う》れば孕《はら》むとす。

●兌爲澤《だゐたく》失脱《しつだつ》出難《いでがた》し殊《こと》に女子《ぢよし》小人《せうじん》の好《この》む物《もの》は出《い》でず。

青黄《せいくわう》あれば雙生《ふたご》なり奸《かん》門白氣又《もんはくきまた》は暗氣《あんき》ある者《もの》は姙娠《にんしん》なり姙婦臥蠶《にんぷぐわさん》に紫《し》色《しよく》ある者《もの》は貴子《きし》を産《う》む三陰三陽共《いんやうとも》に青《あを》き者《もの》は女兒《ちよじ》を産《う》む紫紅《しこう》なれば男子《だんし》なり顴骨紅《けんこつこう》なる者亦然《ものまたしか》り。

△散財破業格《さんざいはげふかく》　面貌灰《めんばうくわ》土《ど》の氣色《きしよく》を帶《お》び人中青《じんちうせい》氣《き》を現《あらは》じ眼下常《がんかつね》に青氣《せいき》ある者眉毛散亂低《ものびもうさんらんた》れて壓《お》すが如《ごと》く山根縦《さんこんたて》に三紋《もん》を成《な》し耳《みゝ》に輪廓《りんくわく》なく天地窄《てんちせま》り尖《とが》りて巾字面《きんじめん》を成《な》し鼻肉薄《びにくうす》く高《たか》くして孤峰《こほう》の狀《さま》を成《な》し準頭黑點《せつとうこくてん》ありて形《かたち》蜘蛛《くも》の匐《は》ふが如《ごと》き者左《ものひだり》の地庫《ちこ》

●艮上卦《ごんじやうくわ》に在《あ》りては手《て》とし下卦《かくわ》に在《あ》りては足《あし》とす。

○射覆斷例

射覆《せきふく》は占術中最《せんじゆつちうもつと》も苦心《くしん》の斷《だん》なり何《なん》となれば則《すなはち》普通問占《ふつうもんせん》の如《ごと》き事物《じぶつ》に付吉凶進退安危等《つききつきようしんたいあんきとう》を斷《だん》ずると異《こと》なり例《たと》へば其問題《そのもんだい》の鳥《とり》とか木《き》とかいふに種類甚廣《しゆるゐはなはだひろ》くして斷定《だんてい》すること容易《ようい》ならず依《よつ》て茲《こゝ》に新《あらた》井流《りう》の斷例《だんれい》二三を掲《かゝ》げて參考《さんかう》に供《きやう》す。

題《だい》　男女《なんによ》の中《うち》一　　得卦《とくくわ》　艮《ごん》之《の》剝《はく》

艮《ごん》は男《をとこ》の稈《わか》きなり艮山《ごんざん》は動《うご》かずして止《とゞ》まる剝《はく》は秋風《しうふう》吹きて落葉《らくえふ》す然《しか》れども實《じつ》は存《そん》する義《ぎ》なり是《これ》を意象《いしやう》に考《かんが》ふるに女子《ぢよし》は七歳《さい》より閨門《けいもん》の内《うち》に在《あ》りて事《こと》を治《をさ》むると云《い》ふ古言《こげん》あり乃《すなはち》艮爲山《ごんゐさん》の意《い》なり是《これ》を義象《ぎしやう》と云《い》ふ又他《またた》に嫁《か》してよりは深閨《しんけい》に居《ゐ》て萬事《ばんじ》を治《をさ》む

に鉄陥《けつかん》ある者邊地驛馬《ものへんちえきば》に鉄陥《けつかん》ある者皆散財《ものみなさんざい》の相《さう》なり又額《たびたひ》の中正《ちうせい》に雑紋《ざつもん》生《しやう》じ傷痕《しやうこん》を現《あらは》す者《もの》は官《くわん》を破《やぶ》り手腕《しゆわん》の皮上《ひじやう》に筋《すぢ》の浮《う》く者《もの》は身《み》に樂《たのし》むことあるも心《こゝろ》に憂《うれひ》あり是皆業務《これみなげふむ》を破《やぶ》るの相《さう》とす

▲孝順不遜格《かうじゆんふそんかく》　準頭豐《せつとうゆた》かにして肉厚《にくあつ》く大《だい》なる者《もの》兩歯正《りやうはたゞ》しく當門《たうもん》の位置《ゐち》を成《な》し人中明《じんめいあきらか》にして深《ふか》く清《きよ》く正《たゞ》しき者唇《ものくちびる》厚《あつ》く色紅《いろこう》なる者《もの》は孝順《かうじゆん》なり眼《め》三角眉稜《かくびりやう》の骨高《はねたか》く印《いん》堂《だう》に懸針紋《けんしんもん》ありて眼《め》露《あらは》れ睛眸高《ひとみたか》く毛髪蝟獸《もうはつはりねずみ》の

是止《これとゞ》まりて後更《のちさら》に止《とゞ》まる女《をんな》の終《をはり》と云《い》ふべし乃剝《すなはちはく》なり因《よつ》て必《かならず》女子《ぢよし》ならんと云《い》ふ果《はた》して然《しか》り。

題《だい》　人物《じんぶつ》一　　得卦《とくくわ》　大過之姤《たいくわのこう》

巽《そん》は武事《ぶじ》に通達《つうだつ》するの義秀《ぎひい》でたる人《ひと》を云《い》ふ品位《ひんゐ》は人君《じんくん》とも大將《たいしやう》とも視《み》るなり而《しか》して兌《だ》は頭《かしら》異《ことな》れり人《ひと》を愛《あい》する人《ひと》ならん和順《くわじゆん》なる人《ひと》ならん乾《けん》は位高《くらゐたか》く大過《たいくわ》は形大《かたちだい》ならん又姤《またこう》は大將《たいしやう》の象兌《かたちだ》は口《くち》空《くう》なり乾《けん》を天《てん》とし遠《とほ》き象《かたち》とす故《ゆゑ》に此人他《このひとた》國《こく》にして日本《にはん》にあらざるべし卦爻離《くわかうはな》れたるを以《もつ》て見《み》れば關羽《くわんう》ならん果《はた》して然《しか》り。

題《だい》　近江《あふみ》八景《けい》の一　　得卦《とくくわ》　蒙之渙《まうのくわん》

巽《そん》は雨月風《あめつきかぜ》なり坎《かん》は雨月動《あめつきうご》くなり艮《ごん》は雲《くも》なり二陰《いん》一陽上《やうかみ》に在《あ》り雲満《くもみ》ちて雨降《あめふ》るの象而《かたちしか》して巽《そん》は水邊《するへん》坎《かん》は水動《みづうご》くの象是唐崎夜《かたちこれからさきのよるの》雨《あめ》ならん果《はた》して然《しか》り。

如《ごと》く硬《こは》くして中停鈌陥《ちうていけつかん》短促《たんそく》ある者《もの》は皆不孝不遜《みなふかうふそん》の相《さう》なり。

▲困憂格《こんいうかく》　印堂鈌陥《いんだうけつかん》し或《あるひ》は準頭《せつとう》に青氣《せいき》ある者《もの》は百事心《じこゝろ》に叶《かな》はず印堂《いんだう》川字紋《せんじもん》を現《あらは》し又《また》は懸針《けんしん》紋《もん》を成《な》し額《ひたひ》偏頗《へんば》にして低《ひく》く陥《おちい》り唇《くちびる》薄《うす》く歯《は》を露《あらは》し耳輪廓《みゝりんくわく》なくして軟弱《なんじやく》なる者は老年安寧《らうねんあんねい》ならず憂苦《いうく》あり眼深《めふか》く陥《おちい》りて肉《にく》なく鼻梁《びりやう》薄《うす》く尖《とが》り眉上《びじやう》横紋《くわうもん》ありて壓制《あつせい》し魚尾《ぎよび》に紋《もん》なく準頭色赤《せつとういろあか》き者《もの》常《つね》に滞《とゞこほ》りありて困弊《こんぺい》す。

▲過傷格《くわしやうかく》　鼻梁《びりやう》に横《くわう》

題《だい》　四書《しよ》の一　得卦《とくくわ》　損《そん》之《の》大畜《たいちく》

兌《だ》は言語《げんご》なり萬事《ばんじ》を綜《す》ぶるの象艮《しやうごん》は義《ぎ》なり進退共《しんたいとも》に義《ぎ》に従《した》がひ正直《しやうぢき》なる象世間《しやうせけん》に用《もち》ひらるゝなり唯茫然《たゞばうぜん》として集立《しふりつ》する象卦爻《かたちくわかう》共《とも》に世《よ》に遇《あ》はざるの象《しやう》必《かならず》孟子《まうし》ならん果《はた》して然《しか》り。

題《だい》　七福神《ふくじん》の一　得卦《とくくわ》　大壯《たいさう》之《の》恆《ごう》

乾《けん》は臺《だい》なり萬物《ばんぶつ》を養育《やういく》するの意《い》巽《そん》は人《ひと》の主《しゆ》たる象震《しやうしん》は頭《かしら》に飾《かざり》あり總《すべ》て美麗《びれい》なるべし卦面《くわめん》は皆女人《みなによにん》の象《しやう》あり而《しか》して乾《けん》は體巽《たいそん》は立《た》ち震首艮手《しんしゆごんしゆ》の卦象《くわしやう》あり是必《これかならず》辨財天《べんざいてん》ならん果《はた》して然《しか》り。

題《だい》　鶴龜松竹梅《つるかみまつたけうめ》の一　得卦《とくくわ》　師《し》之《の》解《かい》

坎《かん》は中《うち》にして花開《はなひら》く象枝葉多《しやうしえふおほ》く切込《きりこみ》あるの象坤《しやうこん》は花《はな》の葉《は》よりも多《おほ》く震《しん》は花多《はなおほ》く盛《さかん》なるの象《しやう》あり而《しか》して師《し》は春陽《しゆんやう》に當《あた》れり解《かい》は花《はな》盛《さかん》なるの象爻《しやうかう》は陽實《やうじつ》にして中虚《ちうきよ》なるの象《しやう》なれば必梅《かならずうめ》ならん果《はた》

紋《もん》ある者《もの》は車馬《しやば》に依《よつ》て負《ふ》傷《しやう》することあり地閣《ちかく》又《また》口《こう》角《かく》の邊《へん》に白色《はくしよく》を現《あらは》す者《もの》は高《たか》き處《ところ》より墜《お》ちて負《ふ》傷《しやう》することあり眉上《びじやう》に白色《はくしよく》あり又《また》は頤《おとがひ》に白《はく》黑色《こくしよく》出《い》づれば落馬《らくば》の過《くわ》傷《しやう》あり額上《がくじやう》に青氣《せいき》出《い》づれば六旬《じゆん》を出《い》でずして過《あやま》ち驚《おどろ》くことあり。以上《いじやう》の外《ほか》必要《ひつえう》なる相格《さうかく》多《おほ》きも熟練《じゆくれん》を經《へ》ざれば其《その》妙處《めうしよ》を得《う》ること難《かた》かるべし他《た》は別書《べつしよ》に就《つ》きて更《さら》に其秘奥《そのひおう》を掲《かゝ》ぐべし。

●面貌五體觀

して然《しか》り。

題《だい》　十二支《し》の一　　　得卦《とくくわ》　中孚《ちうふ》之《の》益《えき》

巽《そん》は辰巳《たつみ》なり兌《だ》は酉《とり》なり震《しん》は卯《う》なり又《また》兌《だ》は羊猿《ひつじさる》の象《しやう》とす而《しか》して中孚《ちうふ》は心《いしろ》賤《いやし》き者《もの》にして常《つね》に物《もの》を銜《ふく》む益《えき》は食《しよく》を求《もと》めて却《かへつ》て得《え》ざるの義甚《ぎはなはだ》賤《いやし》き象《しやう》なれば猿《さる》ならん中《ちう》す。

題《だい》　人物《じんぶつ》の一　　　得卦《とくくわ》　大壯《たいさう》之《の》豐《ほう》

震《しん》は武《ぶ》勇乾《ゆうけん》は正直《しやうちき》なり仁信《じんしん》なり離《り》は文道《ぶんだう》に達《たつ》し萬里《ばんり》に分明《ぶんめう》なるを云《い》ふ此人《このひと》は臣下《しんか》にて忠臣後《ちうしんのち》に人君《じんくん》と爲《な》る大壯《たいさう》は武《ぶ》勇《ゆう》の意《い》豐《はう》は昇進《しやうしん》の義《ぎ》あり加《か》藤清正《とうきよまさ》ならん中《ちう》す。

題《だい》　地理《ちり》　　　得卦《とくくわ》　謙《けん》之《の》小《せう》過《くわ》

坤《こん》は地《ち》なり廣地《くわうち》なり艮《ごん》は高《たか》く靜《しづか》にして又動《またうご》く者《もの》なり震《しん》は動《うご》きて聲《こゑ》を發《はつ》す而《しか》して謙《けん》は地上《ちじやう》に在《あ》りて動《うご》くの象坎《しやうかん》の水《みづ》を坤艮《こんごん》に添《そ》へ

面貌《めんばう》は五體《たい》を表明《へうめい》するものにして榮枯窮達疾病憂《えいこきうたつしつぺいいう》虞《ぐ》は自《おのづか》ら面貌《めんばう》に顯《あらは》る故《ゆゑ》に相者之《さうしやこれ》を稱《しよう》して小《こ》人形《にんぎやう》と謂《い》ふ以《もつ》て一視其鑑《しそのかん》別《べつ》を爲《な》すに妙《めう》あるなり左《さ》に掲《かゝ》ぐる大要《だいえう》に付觀察《つきくわんさつ》を下《くだ》すは相者研究《さうしやけんきう》の一助《じよ》たるべし。

命宮《めいきう》は心《しん》に屬《ぞく》して胸《むね》に當《あた》る氣血《きけつ》の循環《じゆんくわん》を視《み》るの根元《こんげん》にして最《もつと》も大《たい》切《せつ》の部位《ぶゐ》なり神相全編《しんさうぜんぺん》に命宮鏡《めいきうかゞみ》の如《ごと》くなれば學問皆通《がくもんみなつう》ずとあり是《これ》命宮《めいきう》は氣《き》の集發《しふはつ》する所《ところ》なるが故《ゆゑ》愁眉《しうび》を開《ひら》き又《また》

て見《み》るべし必《かならず》海《うみ》ならん果《はた》して然《しか》り。

題《だい》 天象《てんしやう》　得卦《とくくわ》 睽之歸妹《けいのきまい》

離《り》は日《ひ》なり兌《だ》は月《つき》なり震《しん》は進《すゝ》み繞《めぐ》る中卦坎《ちうくわかん》は交《まじは》り掩《おほ》ひて暗《くら》くするなり又震《またしん》は陽進《やうすゝ》みて陰退《いんしりぞ》き離《り》は陰陽交《いんやうまじは》るの意《い》なり而《しか》して睽《けい》は乖《そむ》きて陰陽別々《いんやうべつ〳〵》になる必日蝕《かならずにつしよく》ならん果《はた》して然《しか》り。

題《だい》 三辰《しん》の一　得卦《とくくわ》 蠱《こ》

艮《ごん》は止《し》なり雲《くも》なり巽《そん》は往來《わうらい》して月《つき》なり此卦日《このくわひ》にも月《つき》にも非《あら》ず定《さだ》めて星《ほし》ならん果《はた》して然《しか》り。

題《だい》 創業《さうげふ》の人君《じんくん》一　得卦《とくくわ》 巽之姤《そんのこう》

巽《そん》は下《した》に一陰《いん》あり上《かみ》に陽出《やうい》づるの象又秀《しやうまたひい》づる義《ぎ》あり乾《けん》は龍《りう》なり故《ゆゑ》に此人君《このじんくん》は卑賤《ひせん》より出《い》でゝ怜悧《れいり》なる意《い》あり武勇《ぶゆう》の士《し》にして乾《けん》の謀略《ぼうりやく》を以《もつ》て往來《わうらい》し乾《けん》の高城《かうじやう》を巽風《そんぷう》にて破《やぶ》り萬將《ばんしやう》を殺《ころ》し諸國《しよこく》を

顰蹙《ひんしゆく》するといふも命《めい》宮《きう》によりて先其如何《まづそのいかん》を知《し》るなり此宮《このきう》は清中《せいちう》の濁濁中《だくだくちう》の淸《せい》となし面部《めんぶ》一體《たい》に關《くわん》することなれば痕紋氣色《こんもんきしよく》血色《けつしよく》の吉凶《きつきよう》を示《しめ》すこと疾患《しつくわん》は胸《むね》に屬《ぞく》し賢愚亦之《けんぐまたこれ》を表示《へうし》す。

財帛《ざいはく》は五臟《ざう》に屬《ぞく》して一身《しん》一體《たい》なり依《よつ》て生涯《しやうがい》の財《さい》帛壽命《はくじゆめう》の長短《ちやうたん》に關《くわん》す此宮暗昧《このきうあんまい》なれば五臟《ざう》の疾病《やまひ》とし又金錢《またきんせん》の勞《らう》あれば其血色《そのけつしよく》を變《へん》じ形狀《けいじやう》の可否《かひ》は壽夭《じゆえう》に關《くわん》する等最《とうもつと》も主要《しゆえう》

我《わ》が意《い》に服《ふく》さしめて天下《てんか》歸順《きじゆん》す必《かならず》秀吉《ひでよし》ならん果《はた》して然《しか》り。

題《たい》　木《き》一種《しゆ》　　得卦《とくくわ》　大壯《たいさう》之《の》夬《くわい》

震《しん》は根《ね》の強《つよ》く蔓莚《まんえん》する性乾《せいけん》は常磐《ときは》木《ぎ》なり兌《だ》は根《ね》元大《もとおほい》に細《ほそ》く長《なが》し大壯《たいさう》は木《き》にして大《だい》なり夬《くわい》は枝葉《しえふ》強《つよ》く花開《はなひら》くことなし必《かならず》松《まつ》ならん果《はた》して然《しか》り。

前來記述《せんらいきじゆつ》する所《ところ》の初項《しよかう》より此條《このでう》に至《いた》りて占斷《せんだん》の法大抵盡《はふたいていつく》せり以《い》下大《かおほい》に進《すゝ》みて納甲生尅法《なつかふせいこくはふ》の占術《せんじゆつ》を示《しめ》すべし。

○納甲生尅占斷法

納甲生尅《なつかふせいこく》の占斷《せんだん》は古來斷易大全《こらいだんえきだいぜん》ありて世《よ》に行《おこな》はれ卜筮正宗《ぼくせいせいそう》最《もつと》も良書《りやうしよ》と爲《な》す其摘要譯述《そのてきえうやくじゆつ》に虎門鼓垂子《こもんこふし》の五行易指南《ぎやうえきしなん》ありて占術家《せんじゆつか》の珍《ちん》とすること久《ひさ》し後野《のちや》鶴老人《かくらうじん》の增删卜易《ぞうさんぼくえき》出《い》でゝ其用《そのよう》あるを增《ま》

の部位《ぶゐ》なりとす。

兄弟《けいてい》は左右《さいう》の手《て》に屬《ぞく》し厚《かう》薄間斷等皆《はくかんだんとうみな》手《て》に關《くわん》するなり又氣質《またきしつ》の剛柔才《がうじふさい》力《りよく》の有無《うむ》皆此部位《みなこのぶゐ》に表《あらは》る。

田宅《でんたく》は左右《さいう》の乳《ちゝ》に屬《ぞく》し生《せい》命《めい》を養《やしな》ふの根元《こんげん》なり蓋田《けだした》は人《ひと》を養《やしな》ふの本《ほん》宅《たく》は身《み》を安《やす》んずるの家《いへ》なり依《よつ》て賢愚正邪《けんぐせいじや》は立命《りつめい》の可否《かひ》に關《くわん》して此宮《このきう》に之《これ》を表明《へうめい》す。

男女《だんぢよ》は左右《さいう》の腋下《わきのした》に屬《ぞく》し即《すなは》ち三陰三陽《いんやう》にして子孫《しそん》の性行善惡強《せいかうぜんあくきやう》弱壽天等皆此部位《じやくじゆえうとうみなこのぶゐ》

し其用《そのよう》なきを刪《けづ》りて完全《くわんぜん》の占書《せんしよ》と爲《な》る因《よつ》て其概要《そのがいえう》を掲《かゝ》げ占斷《せんだん》の資料《しれう》に供《きやう》す讀者《どくしや》一閲《えつ》して其妙《そのめう》を悟《さと》るべし。(此占法《このせんぱふ》は中筮以上《ちうぜいいじやう》を用《もち》ふべし)

● 純卦《じゆんくわ》世《せ》應《おう》納《なつ》甲《かふ》六親《しん》

八純卦《じゆんくわ》とは乾兌離震巽坎艮坤《けんだりしんそんかんごんこん》の八卦《くわ》にして是《これ》を本宮《ほんきう》と云《い》ふ此本《このほん》宮《きう》よりして他《た》の五十六卦《くわ》を作成《さくせい》するなり。

世《よ》とは我應《われおう》とは彼《かれ》にして本宮《ほんきう》の卦《くわ》は世《せ》爻上爻《かうじやうかう》に在《あ》り一世《せ》の卦《くわ》と云《い》ふは其本宮《そのほんきう》なる乾爲《けんゐ》天《てん》の初爻《しよかう》を反《かへ》して姤《こう》と爲《な》し二世《せ》の卦《くわ》は二爻《かう》を反《かへ》して遯《とん》と爲《な》し次《つい》で三世《せ》四世《せ》五世《せ》と昇《のぼ》りで剝《はく》と爲《な》し次《つぎ》に四爻《かう》に戻《もど》りて之《これ》を反《かへ》し是《これ》を游魂《いうこん》とし次《つぎ》に内卦《ないくわ》三爻《かう》を皆反《みなかへ》して大有《たいいう》と爲《な》るを歸魂《きこん》の卦《くわ》とす應爻《おうかう》は何《いつ》れも二爻隔《かうへだ》ちたる爻《かう》なり餘《よ》之《これ》に傚《なら》ふて知《し》るべし。

の痕紋氣血色《こんもんきけつしよく》に關《くわん》するなり。

奴僕《ごぼく》は足心《つちふまず》に屬《ぞく》し地閣《ちかく》一體財帛《にいざいはく》に隷《れい》し貧富《ひんぷ》に關《くわん》す乃《すなは》ち缺陷痕紋《けつかんこんもん》等脚部《とうきやくぶ》の不具疾病《ふぐしつぺい》に係《かゝ》り又奴僕《またごぼく》の可否有無《かひうむ》を表《へう》するなり。

妻妾《さいせふ》は奸門《かんもん》と並列《へいれつ》して夫《ふ》妻《さい》の吉凶《きつきよう》に關《くわん》するは諸書《しよ〳〵》之《これ》を説述《せつじゆつ》し五體《ごたい》に屬《ぞく》する切要輕《せつえうかる》きを以《もつ》て之《これ》を略《りやく》す。

疾厄《しつやく》は鳩尾《みづおち》に屬《ぞく》し萬病《まんびやう》の發生《はつせい》驚愕《おどろき》の有無《うむ》を顯《あらは》すこと著《いちじる》し即《すなは》ち一身上《しんじやう》の事多《ことおほ》く此宮《このきう》

納甲《なつかふ》とは卦《くわ》に干支《かんし》を配《はい》するなり次《つぎ》の圖《づ》に依《よ》りて知《し》るべし但《たゞ》し干《かん》の効用《かうよう》は通常之《つうじやうこれ》を採《と》らざる者多《ものおほ》しと雖《いへど》も支《し》に至《いた》りては百占皆主《せんみなしゆ》眼《かん》なり。

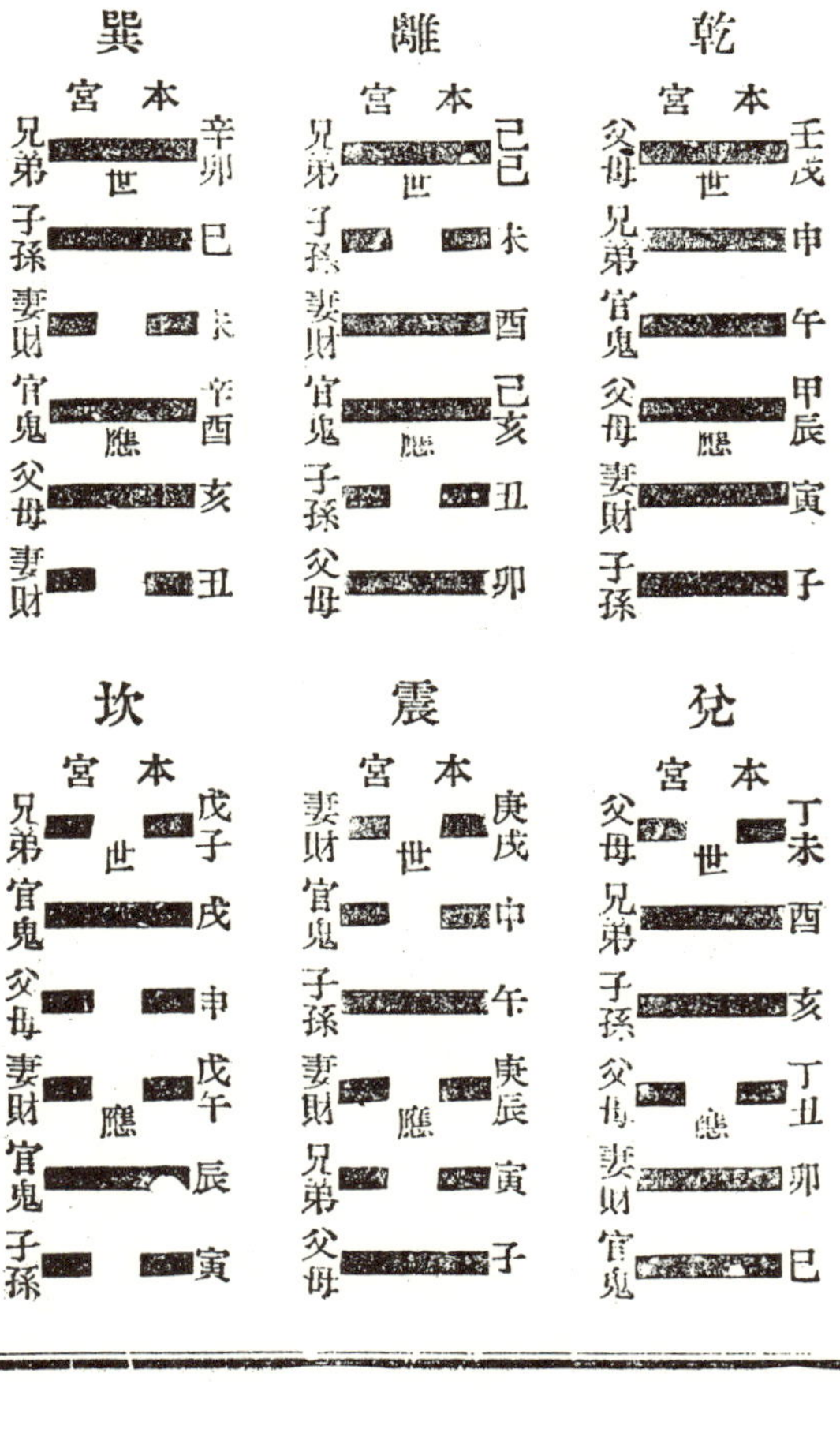

に聚《あつま》るは諸書《しよ〳〵》之《これ》を明《あきらか》にせり。遷移《せんい》は右《みぎ》を遷《せん》とし左《ひだり》を移《い》とす其吉《そのきつきよう》凶亦諸書《またしよ〳〵》に在《あ》り之《これ》を五體《たい》に取《と》りては其用《そのよう》なしと云《い》ふも可《か》なるべし。

官祿《くわんろく》は頭《かしら》に屬《ぞく》して諸《しよ》陽《やう》の會《くわい》する所《ところ》四肢《し》の主《しゆ》なり故《ゆゑ》に五體何《たいいづ》れの部《ぶ》に疾患《しつくわん》異《い》狀《じやう》あるも其部分《そのぶぶん》に關係《くわんけい》するの外《ほか》此宮《このきう》も亦其氣《またそのき》色《しよく》血《けつ》色《しよく》に異動《いどう》を生《しやう》ず又《また》官祿《くわんろく》の左右日月角《さいうじつげつかく》に接《せつ》するを以《もつ》て父母《ふぼ》に關《くわん》することも參酌《さんしやく》すべし

艮

本宮

丙寅	━━━ 世	官鬼
子	━ ━	妻財
戌	━ ━	兄弟
丙申	━━━ 應	子孫
午	━ ━	父母
辰	━ ━	兄弟

坤

本宮

癸酉	━ ━ 世	子孫
亥	━ ━	妻財
丑	━ ━	兄弟
乙卯	━ ━ 應	官鬼
巳	━ ━	父母
未	━ ━	兄弟

六親《しん》とは前記《せんき》卦《くわ》に配《はい》する父母《ふぼ》妻財官鬼兄弟子孫《さいざいくわんきけいていしそん》を云《い》ふ之《これ》に屬《ぞく》する品類《ひんるゐ》は左《さ》の如《ごと》し此品類以外《このひんるゐいぐわい》の者《もの》は其性質効用《そのせいしつかうよう》により研究《けんきう》して其屬類《そのぞくるゐ》を定《さだ》むべし。

●父母《ふぼ》の屬《ぞく》　高祖《かうそ》曾祖《そうそ》父母《ふぼ》、父母《ふぼ》、師匠《ししやう》、家主《いへぬし》、寄親《よりおや》、伯叔父《はくしゆくふ》母《ぼ》、舅姑《しゆうと》、父母《ふぼ》の同僚朋友《どうれうほういう》又《また》は父母《ふぼ》と年齡《ねんれい》等《ひと》しき親友《しんいう》、城壁《じやうへき》墻垣《しやうえん》、館《やかた》、宮室《きうしつ》、宅舍《たくしや》、屋宇《をくう》、舟車《しうしや》、駕輿《がよ》、衣服《いふく》、雨具《あまぐ》、絹《きぬ》紬布木綿《つむぎぬのもめん》の類《るゐ》、服紗《ふくさ》風呂《ふろ》敷《しき》、手帕《てぬぐひ》、蓑《みの》、笠《かさ》、甲冑《かつちう》、楯幕《たてまく》、書《しよ》冊書簡《さつしよかん》、證書文契《しようしよてがた》、辭令書免狀總《じれいしよめんじやうすべ》て文書帳簿《ぶんしよちやうぼ》の類《るゐ》、亦身邊《またしんぺん》に在《あ》りて庇護《ひご》する物等皆屬《ものとうみなぞう》す、天時《てんじ》雨《あめ》。

福徳《ふくとく》は左右《さいう》の手《て》に屬《ぞく》し兄《けい》弟宮《ていきう》と其例《そのれい》同《おな》じ。

以上《いじやう》五體《たい》に關《くわん》する部分《ぶぶん》の大略《たいりやく》を示《しめ》す祕奥《ひあう》は各《かく》種目《しゆもく》に就《つ》きて究《きは》むべし。

●太乙照神經

抄解

此書《このしよ》は左郁劉學誠《さそんりうがくせい》の輯《あつ》むる所《ところ》にして最《もつと》も確《くわく》實簡明其妙《じつかんめいそのめう》を得《う》る者《もの》少《すくな》しとせず因《よつ》て玆《こゝ》に錄《ろく》し諸子《しよし》の資《し》に供《きやう》す。

●富相格

形《かたち》豐《ゆたは》に神安《しんやす》く聲《こゑ》揚《あが》り眉長《まゆなが》く耳《みゝ》大《だい》にして唇《くちびる》紅《こう》なり鼻《はな》豐《ゆたか》に背厚《はいあつ》く腹《はら》

●官鬼《くわんき》の屬《ぞく》　官府《くわんぷ》、事務長《じむちやう》の類《るゐ》、夫《をつと》（婦女占《ふぢよせん》を問《と》ふとき官鬼《くわんき》を以《もつ》て夫《をつと》とす）夫《をつと》の兄弟又《けいていまた》は同僚朋友親友等《どうれうはういうしんいうとう》（同上《どうじやう》）亂臣《らんしん》、盜《とう》賊《ぞく》、邪祟《じやすい》、憂苦《いうく》艱難《かんなん》、病《やまひ》、死體《したい》、刀劍銃器《たうけんじうき》の類《るゐ》、鬼神怪物《きしんくわいぶつ》、神佛位牌幣束《しんぶつゐはいへいそく》の類《るゐ》、亦我身《またわがみ》を拘束《こうそく》する者《もの》一切《さい》、天時《てんじ》雷電《らいでん》。

●兄弟《けいてい》の屬《ぞく》　兄弟姉妹《けいていしまい》、從兄弟姉妹《じゆうけいていしまい》、姉妹《しまい》の婿《むこ》、妻《つま》の兄弟《けいてい》、同《どう》僚學友知人《れうがくいうちじん》の類《るゐ》、天時《てんじ》風《かぜ》、雲《くも》。

●妻財《さいざい》の屬《ぞく》　妻妾《さいせふ》、友人《いうじん》の妻妾及總《さいせふおよびすべ》ての婦人《ふじん》（父母兄弟《ふぼけいてい》に屬《ぞく》する者《もの》を除《のぞ》く）嫂《あによめ》、弟婦《をとゝよめ》、下婢《かひ》奴僕《どぼく》、傭人《やとひにん》、諸物價《しよぶつか》、金銀珠寶《きん〱しゆはう》貨財《くわざい》の類《るゐ》、倉庫《さうこ》錢糧《せんりやう》、納屋《なや》薪炭庫《すみまきくら》の類《るゐ》、膳椀器《せんわんき》皿鍋釜簞笥《さらなべかまたんす》長《なが》持《もち》總《すべ》て一家經濟《かけいざい》の要具《えうぐ》、食物類《しよくもつるゐ》、天時《てんじ》晴明《せいめい》。

●子孫《しそん》の屬《ぞく》　男子女子《だんしぢよし》、孫曾孫玄孫《まごひこやしやご》、甥姪婿《おいめいむこ》、孫姪《まごめい》の婿《むこ》、孫婦《まごよめ》、甥婦《おいよめ》の類《るゐ》、門人子分《もんじんこぶん》、忠臣良將《ちうしんりやうしやう》、醫《い》師《し》、僧道《そうだう》、兵卒《へいそつ》、藥劑《やくざい》、垂《た》れて臍《ほぞ》深《ふか》き者《もの》。

●貴相格

面《めん》黒《くろ》く身《み》白《しろ》く眼《め》に神光《しんくわう》あり身《み》重《おも》く歩《は》すること輕《かる》し人《ひと》小《せう》にして聲《こゑ》大《だい》に掌《しやう》方《はう》にして指《ゆび》長《なが》く面《めん》短《みじか》く眉《まゆ》長《なが》き者《もの》。

●壽相格

顴骨《けんこつ》耳《みゝ》を貫《つらぬ》く者《もの》は壽命《じゆめい》門《もん》光澤《くわうたく》ある者《もの》耳後《じご》骨《ほね》高《たか》き者《もの》年壽《ねんじゆ》隆起《りうき》する者《もの》法令《はふれい》深《ふか》く長《なが》き者《もの》耳眉《じび》長毫《ちやうがう》ある者《もの》背肉《はいにく》高《たか》く厚《あつ》者《もの》枕骨《ちんこつ》豐《ゆたか》に起《おこ》る者《もの》。

●進相格

紅黄《こうくわう》にして敗《やぶ》れず聲《こゑ》震《ふる》

牛馬《ぎうば》狗《いぬ》猫《ねこ》畜鳥《かひどり》養魚《かひうを》の類《るゐ》、盃《さかづき》銚子《てうし》、團扇《うちは》、鼻紙《はながみ》、烟草《たばこ》入《いれ》烟管《きせる》、酒肴《さけさかな》烟草《たばこ》菓子《くわし》類《るゐ》、天時《てんじ》順風《じゆんぷう》、日月星《じつげつせい》、晴《はれ》。

●用神《ようじん》原神《げんじん》忌神《きじん》仇神《きうじん》

用神《ようじん》は前記《せんき》六親《しんし》所屬《よぞく》にして占《せん》に臨《のぞ》み主眼《しゆがん》とする爻《かう》なり原神《げんじん》は用《よう》神《じん》を生《しやう》ずる者《もの》忌神《きじん》は用神《ようじん》を尅《こく》する者《もの》仇神《きうじん》は忌神《きじん》を生《しやう》じて原神《げんじん》を尅《こく》する者《もの》を云《い》ふ例《たと》へば用神《ようじん》木爻《もくかう》なるときは水爻《するかう》を原神《げんじん》とし金爻《きんかう》を忌神《きじん》とし土爻《どかう》を仇神《きうじん》とするの類《るゐ》なり諸占《しよせん》原神《げんじん》發動氣《はつどうき》あれば上《じやう》吉《きつ》忌《き》神《じん》仇神《きうじん》發動《はつどう》するは大凶《たいきよう》。

附言　木爻《もくかう》は寅卯《とらう》、火爻《くわかう》は巳午《みうま》、土爻《どかう》は丑辰未戌《うしたつひつじいぬ》、金爻《きんかう》は申《さる》酉《とり》、水爻《するかう》は亥子《ゐね》の屬《ぞく》する爻《かう》を云《い》ふ。

原神《げんじん》旺相《わうさう》し或《あるひ》は月建《げつけん》日辰《につしん》に臨《のぞ》み或《あるひ》は日辰《につしん》月建《げつけん》動爻《どうかう》の生扶《せいふ》する者《もの》又《また》原神《げんじん》動《うご》きて回頭生《くわいとうせい》に化《くわ》し進神《しんじん》に化《くわ》する者《もの》原神《げんじん》日辰《につしん》に長生《ちやうせい》し帝《てい》

ふて暢《の》び額鼻口《がくびこう》両耳《りやうじ》整《とゝの》ひたる者《もの》。

●退相格

額上《がくじやう》断紋《だんもん》あり口《くち》偏《かたよ》り眼《め》斜《なゝめ》に肩《かた》聳《そび》えて背《せ》凹《くぼ》み両耳《りやうじ》焦黒《せうこく》氣《き》滞《とゞこほ》り色《いろ》暗《くろ》き者《もの》。

●孤神格

顴骨《こんこつ》峰《みね》の如《ごと》く耳《みゝ》弦《げん》なく眉《び》稜骨《りやうこつ》起《おこ》り瞼《けん》上《じやう》肉《にく》なく面《めん》に和氣《わき》なく眼下《がんか》紋《もん》暗《くら》き者《もの》。

●寡宿格

額凹《がくたか》く頤《をとがひ》削《けづ》り眼《め》露《あらは》れて白《しろ》く乾《かは》き口《くち》窄《すぼ》みて嚢《ふくろ》を縮《ちゞ》むるが如《ごと》く頭《かしら》低《た》れて

旺《わう》する者《もの》原神《げんじん》旺《わう》して空亡《くうばう》し空亡《くうばう》に化《くわ》する者《もの》は吉《きつ》又《また》原神《げんじん》忌神《きじん》共《とも》に動《うご》く者《もの》は是《これ》を貪生忘尅《たんせいばうこく》と為《な》し忌神《きじん》は發《はつ》して原神《げんじん》を生《しやう》じ原神《げんじん》は動《うご》きて用神《ようじん》を生《しやう》ずるを以《もつ》て吉《きつ》とするなり。

附言　月建《げつけん》とは二月《ぐわつ》を寅《とら》の月《つき》（陰暦《いんれき》にては正月《しやうぐわつ》）とするが如《ごと》き即《すなは》ち月建《げつけん》なり日辰《につしん》とは日《ひ》の十二支《し》にして寅《とら》の日《ひ》卯《う》の日《ひ》と云《い》ふが如《ごと》し。

回頭生《くわいとうせい》とは例《たと》へば亥子《ゐね》の爻動《かううご》きて申酉《さるとり》の爻《かう》に化《くわ》するとき變出申酉《へんしゆつさるとり》の金《きん》は亥子《ゐね》の水《みづ》を生《しやう》ずるが如《ごと》き類《るゐ》なり回頭《くわいとう》尅《こく》は之《これ》に反《はん》し亥子《ゐね》の爻丑辰未戌《かううしたつひつじいぬ》の土《ど》爻《かう》に化《くわ》するが如《ごと》き類《るゐ》なり。

進神《しんじん》とは同性《どうせい》の五行《ぎやう》に進《すゝ》み化《くわ》するを云《い》ふ例《たと》へば亥《ゐ》の爻《かう》子《ね》の爻《かう》に化《くわ》し丑《うし》の爻辰《かうたつ》の爻《かう》に化《くわ》するが如《ごと》き類《るゐ》なり退神《たいじん》

下《した》を視《み》る者面色乾黒《ものめんしよくかんこく》人中平滿《じんちうへいまん》にして口角涎《こうかくよだれ》を流《なが》す者《もの》。

●亡神格

頭尖《かしらとが》りて面大《かほおほき》く面小《かほせう》にして鼻低《はなひく》く頭垂《かしらた》れて頸縮《くびちゞ》み眉散《まゆさん》じて眼暗《めくら》く身《み》短《みじか》く脚長《あしなが》く立《た》つも坐《ざ》するも偏倚《へんい》する者《もの》。

●刑賤格

涙堂枯色《るいだうこしよく》にして暗《くら》く山《さん》根低《こんた》れて折《を》るが如《ごと》く年上《ねんじやう》壽上黑暗《じゆじやうこくあん》にして人中《じんちう》紋痣《もんし》あり鼻骨《びこつ》横《よこ》に起《おこ》り奸《かん》門陷《もんおちい》り髮際《はつさい》眉《まゆ》を壓《お》し顴《けん》骨尖《こつとが》りて露《あらは》れ印堂破《いんだうは》

亦左表《またさへう》に就《つ》て見《み》るべし。

進神	亥子	丑辰	寅卯	辰未	退神
亥より子に化するの類	巳午	未戌	申酉	戌丑	子より亥に化するの類

長生《ちやうせい》とは十二運《うん》の長生《ちやうせい》に當《あた》るもの即《すなは》ち亥《ゐ》の日《ひ》に占《うらな》ひ得《え》たる木爻《もくかう》（寅卯《とらう》の爻《かう》）は日辰《につしん》に長生《ちやうせい》するの類《るゐ》にして此《この》十二運《うん》は日辰《につしん》を標準《へうじゆん》とし又長生帝旺墓絶《またちやうせいていわうぼせつ》の外《ほか》は用《もち》ふるに及《およ》ばず繰方《くりかた》は左表《さへう》に就《つい》て知《し》るべし。

五行＼十二運	長生	沐浴	冠帯	臨官	帝旺	衰	病	死	墓	絶	胎	養
木爻即寅卯の爻	亥	子	丑	寅	卯	辰	巳	午	未	申	酉	戌
火爻即巳午の爻	寅	卯	辰	巳	午	未	申	酉	戌	亥	子	丑
土水爻即亥子丑辰未戌の亥	申	酉	戌	亥	子	丑	寅	卯	辰	巳	午	未
金爻即申酉の爻	巳	午	未	申	酉	戌	亥	子	丑	寅	卯	辰

紋《もん》あり眼眶《がんけう》三角形をなす者《もの》。

●十大空亡格

額《ひたい》尖《とが》りて皮緊縮《きんしゆく》すれば官貴分《くわんきぶん》なく祖業《そげふ》を敗《やぶ》り妻子《さいし》を刑尅《けいこく》し父母《ふぼ》を損《そん》傷《しやう》して一生《しやう》利《よろ》しからず是《これ》を天空《てんくう》と爲《な》す地閣《ちかく》尖《とが》りて削《けづ》るは晩年孤苦《ばんねんこく》妻子《さいし》を尅《こく》し六親和《しんくわ》せず田產敗《でんさんはい》絕《ぜつ》し老《おい》て結局《けつきよく》なし是《これ》を地《ち》空《くう》と爲《な》す。

年上壽上起節《ねんじやうじゆじやうきせつ》ある者《もの》四十二歲《さい》を過《す》ぎ難《がた》し縱令《たとひ》身《み》富貴《ふうき》なりとも壯年《さうねん》にして亡《ほろ》ぶ是《これ》を入空《じんくう》と爲《な》す。

空亡《くうばう》とは一旬中《じゆんちう》になき十二支《し》を云《い》ふ例《たと》へば甲子《きのえね》より癸酉《みづのととり》までの十日《か》內《ない》に戌亥《いぬゐ》なきにより卦中戌亥《くわちういぬゐ》の爻《かう》あれば之《これ》を空亡又旬空《くうばうまたじゆんくう》と云《い》ふ總《すべ》て目的《もくてき》空《むな》しく用《よう》を爲《な》さゞるなり永遠《えいゑん》の事《こと》には敢《あへ》て妨《さまた》げなしと雖《いへど》も當座《たうざ》の事《こと》には總《すべ》て空《むな》しとす。

甲子の旬中	戌亥空亡
甲申の旬中	午未空亡
甲辰の旬中	寅卯空亡
甲戌の旬中	申酉空亡
甲午の旬中	辰巳空亡
甲寅の旬中	子丑空亡

原神休囚不《げんじんきうしうふ》動或《どうあるひ》は動《うご》きて休囚《きうしう》し又《また》は傷尅《しやうこく》せらるゝ者原神空亡《ものげんじんくうばう》して月破《げつぱ》に逢《あ》ふ者休囚《ものきうしう》し動《うご》きて退神《たいじん》に化《くわ》し絕《ぜつ》に化《くわ》し破《は》に化《くわ》し冲《ちう》に化《くわ》する者又衰《ものまたおとろ》へて絕《ぜつ》に入《い》る者《もの》三墓《ぼ》に入《い》る者《もの》は其効《そのかう》なく凶《きやう》なり

天倉低《てんさうひく》く凹《くぼ》み食祿淺《しよくろくせん》薄《はく》なるは妻子助《さいしたす》けなく性《せい》情鄙惡《じやうひあく》にして衣食《いしよく》に乏《とぼ》しく晩年奔走苦心《ばんねんほんさうくしん》す。面《めん》に城廓《じやうくわく》なき者人《くのひと》の助《たす》け少《すくな》く諸事成《しよじな》らず祖業《そげふ》守《まも》らず虛名《きよめい》にして實《じつ》なく孤苦零丁《こくれいてい》すべし。山根陷《さんこんおちい》る者《もの》は親《おや》の後《のち》を嗣《つ》がず家《いへ》を離《はな》れて六親《しん》の助力《じよりよく》なく兄弟《けいてい》の情愛《じやうあい》なし災害身《さいがいみ》に纏《まと》ふて祿《ろく》なく短命《たんめい》なり。口《くち》を掀《うご》かして齒《は》を露《あらは》す者《もの》は財散《ざいさん》じ人離《ひとはな》れ偶言《たま〳〵げん》論笑語《ろんせうご》を爲《な》すも夫妻親《ふさいした》しまず兒孫《じそん》心《こゝろ》に忤《さか》ふべし。

(三)墓《ぼ》とは日辰《につしん》に墓《ぼ》し、化《くわ》して墓《ぼ》に入《い》り飛神《ひじん》に墓《ぼ》するを云《い》ふ十二運表中《うんへうちう》に因《よ》るべし)

附言　休囚《きうしう》とは春令《しゆんれい》に金水《きんすゐ》の爻《かう》を得《う》るが如《ごと》き金《きん》の春令《しゆんれい》の木《き》を剋《こく》するを囚《しう》と云《い》ひ水《みづ》の春木《しゆんぼく》を生《しやう》ずるは泄氣《えいき》にして休《きう》と云《い》ふ其効《そのかう》なきなり。

	旺	相	死	四	休
春令	木	火	土	金	水
夏令	火	土	金	水	木
四季土用	土	金	水	木	火
秋令	金	水	木	火	土
冬令	水	木	火	土	金

傷剋《しやうこく》とは官鬼發《くわんきはつ》して日辰《につしん》に長生《ちやうせい》するを云《い》ふ。月破《げつぱ》とは月建《げつけん》の七つ目《め》に當《あた》るを云《い》ふ例《たと》へば寅《とら》の月《つき》に得《え》たる卦《くわ》に申《さる》の爻《かう》あるの類《るゐ》なり又《また》は破に化《くわ》すると云《い》ふは寅《とら》の爻動《かうどう》きて申《さる》の爻《かう》に化《くわ》するが如《ごと》し冲《ちう》に化《くわ》すると云《い》ふも同《おな》じ。

●用神剋《ようじんこく》に逢《あ》ふの占《せん》

卯月戊辰日父《ちゝ》の官事《くわんじ》に係《かゝ》り重罪《ちうざい》に擬《ぎ》する可否《かひ》を問《と》ふ。

本卦萃《ほんくわすゐ》　變卦同人《へんくわどうじん》

外卦未《ぐわいくわひつじ》の父母《ふぼ》を用神《ようじん》とす月建《げつけん》に剋《こく》せられ內卦亥卯未《ないくわゐうひつじ》の三合會《がふくわい》局《きよく》(木局)を成《な》して父母爻《ふぼかう》を剋《こく》し

鬚短《ひげみじか》く少《すくな》くして脣《くちびる》を過《す》ぎず色黃《いろき》なる者《もの》は人《ひと》の爲《ため》に勞力《らうりよく》し朋友情《ほういうじやう》なく貨財《くわざい》散《さん》じて子孫《しそん》に緣《えん》なく老年《らうねん》に至《いた》りて艱難辛《かんなんしん》苦《く》す。

耳《みゝ》に弦根《げんこん》なき者《もの》は災難《さいなん》病苦《びやうく》身《み》に纏《まと》ふて妻子《さいし》なく衣食《いしよく》に困《くるし》みて壽短《じゆみじか》し。

脣《くちびる》の上下鬚《じやうかひげ》なき者《もの》は兒《じ》子《し》なくして金錢《きんせん》身《み》に著《つ》かず家產《かさん》を敗《やぶ》り祖家《そか》を離《はな》れ老《らう》年《ねん》に至《いた》り何《なん》の得《う》る所《ところ》なし。

●溺水格《てきすゐかく》

人中《じんちう》に紋《もん》を交《まじ》へ額《ひたひ》塵《ちり》汚《よごれ》の如《ごと》く眉間《びかん》に黑子《こくし》あり

痣魚尾《あざぎよび》に生《しやう》じ口角黒《こうかくくろ》く窪《くぼ》みて地閣《ちかく》に暗昧《あんまい》なる紋《もん》ある者《もの》。

●火災格《くわさいかく》

山根赤《さんこんあか》く眉《まゆ》に痣《あざ》を生《しやう》じて色赤《いろあか》く準頭赤黒《せつとうせきこく》にして眼《め》に睫毛《まつげ》なく髪赤《かみあか》く鬚《ひげ》焦《こげ》る丶者《もの》。

●奸詐格

口尖《くちとが》り唇《くちびる》薄《うす》く冷笑《れいせう》して上下《うへした》を視《み》又横《またよこ》に偷眼《ぬすみめ》を為《な》し歯尖《はとが》りて疎《まばら》なる者《もの》。

●秘傳口訣

●眉骨横《びこつよこ》に露《あらは》る丶者《もの》は性凶《せいきよう》なり●鬚分《ひげわか》れて燕尾《えんび》を成《な》す者《もの》は刑剋《けいこく》を主《つかさど》る

且辰《かつたつ》は卯《う》の刑《けい》に逢《あ》ふ全《まつた》く救助《きうじよ》の途《みち》なし果《はた》して重刑《ちうけい》に處《しよ》せられしと云《い》ふ。

附言　三合會局《がふくわいきよく》とは寅午戌《とらうまいぬ》(火局《くわきよく》)巳《み》酉丑《とりうし》(金局《きんきよく》)申子《さるね》辰《たつ》(水《すゐ》局《きよく》)亥《ゐ》卯《う》未《ひつじ》(木局《もくきよく》)の會局《くわいきよく》するものにして例《たと》へば亥卯《ゐう》未《ひつじ》の支《し》の日月動爻《じつげつどうかう》に現《あらは》るるときは四時《じ》の休囚《きうしう》を論《ろん》ぜず其勢力強《そのせいりよくつよ》しとす然《しか》れども其《その》一爻《かう》は必《かならず》世《よ》を持《ち》すべきことなり。

●剋處逢生《こくしよほうせい》の占《せん》

辰月丙申日弟《おとゝ》の痘瘡危《とうさうあやふ》きにより其吉凶《そのきつきよう》を問《と》ふ。

本卦既濟《ほんくわきせい》　變卦革《へんくわかく》

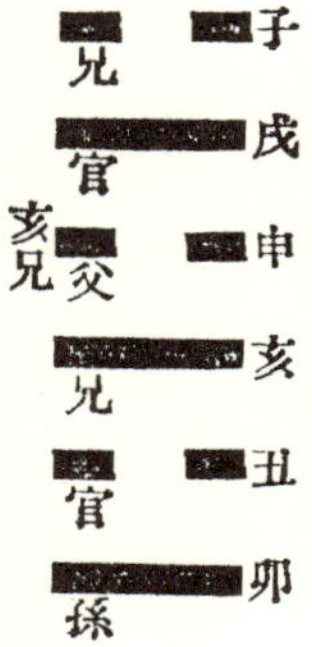

用神兄弟月建《ようじんけいていげつけん》に剋《こく》せらる丶と雖《いへど》も申日《さるのひ》に長生《ちやうせい》し又動爻《またどうかう》に生《しやう》ぜら

●眼惡《めあし》く光《ひかり》を發《はつ》する者《もの》は法《はふ》を犯《おか》す●年壽《ねんじゆ》の起節《きせつ》は四十五歳《さい》に至《いた》らずして死《し》す●頭《かしら》低《た》れ項《うなじ》弱《よわ》きは三十歳《さい》に及《およ》ばずして死《し》す●肥《こえ》たる人面《ひとめん》赤《あか》きは性惡《せいあし》く心《こゝろ》狼《おほかみ》の如《ごと》し●瘦《やせ》たる人《ひと》髮《かみ》黄《き》なるは心《こゝろ》貪《むさぼ》りて殺《せつ》生《しやう》を好《この》む●項《うなじ》圓《まる》く頭《かしら》偏小《へんせう》なるは家業《かげふ》を成《な》さず●頭《かしら》低《た》れて反顧《はんこ》する者《もの》は奸物《かんぶつ》にして貪欲《どんよく》なり●眉《まゆ》淡細《うすぼそ》にして口《くち》濶《ひろ》きは水災《すゐさい》を招《まね》く●面白《めんしろ》く身《み》の粗《あら》きは賤《いや》し●身輕《みかる》く脚重《あしおも》きも賤《いや》し●短身《たんしん》にして腿《もゝ》長《なが》きは賤《いや》うして苦勞《くらう》あり●歩《は》す

る危《あやふ》きに臨《のぞ》みて救《すく》ふあり必《かならず》癒《い》ゆべし果《はた》して本日酉時《ほんじつとりのとき》名醫《めいい》を得《え》て救治《きうぢ》効《かう》あり己亥《つちのとゐ》の日《ひ》に至《いた》りて全癒《ぜんゆ》せり。

●動變生剋沖合《どうへんせいこくちうがふ》

卦《くわ》に動爻《どうかう》ありて其變出《そのへんしゆつ》の爻《かう》能《よ》く本位《ほんゐ》の動爻《どうかう》を生剋沖合《せいこくちうがふ》して他爻《たかう》を生剋沖合《せいこくちうがふ》する能《あた》はず又他爻《またたかう》本位《ほんゐ》の動爻《どうかう》に與《くみ》するときも變出《へんしゆつ》の爻《かう》を生剋《せいこく》する能《あた》はず例《たと》へば

子月卯日占　坤之晋《こんのしん》

酉	世	孫	巳
亥		妻	
丑		兄	酉
卯	應	官	
巳		父	
未		兄	

此卦《このくわ》世爻《せかう》酉金《とりきん》發動《はつどう》し巳火《みくわ》を變出《へんしゆつ》す即《すなは》ち回頭剋《くわいとうこく》にして世爻《せかう》を剋《こく》するも他爻《たかう》を剋《こく》する能《あた》はず又《また》四爻《かう》丑土《うしど》動《うご》きて世《せ》爻酉金《かうゆうきん》を生《しやう》ず依《よつ》て變出《へんしゆつ》の酉金《とりきん》を生《しやう》ぜず變出《へんしゆつ》の酉金《とりきん》も亦他《またた》爻《かう》を生剋《せいこく》する能《あた》はざるなり。

るに頭《かしら》の先《さき》に出《い》づるは老《らう》年《ねん》に窮《きう》す●手足《てあし》の筋浮《すぢう》きて骨《ほね》を露《あらは》す者《もの》は窮忙《きうばう》す●聲尾乾《せいびかは》く者《もの》は即死《そくし》す●耳《みゝ》乾《かは》きて色暗《いろくら》きは久《ひさ》しからずして亡《ほろ》ぶ●形雨中《かたちちう》の雛《とり》の如《ごと》きは困苦《こんく》あり●面肥《おもてこ》えて身瘦《みやせ》る者《もの》は夭《えう》す●面《おもて》肥《こ》えて頭尖《かしらとが》る者《もの》は一敗地《ばいち》に塗《まみ》る●頭偏《かしらへん》にして耳《みゝ》薄《うす》きは人才《じんざい》を成《な》さず●耳《じ》後骨低《ごはねひく》きは壽促《じゆせつ》る●腦後《なうご》枕骨《ちんこつ》なき者《もの》は子《こ》なくして嗣《し》を絶《た》つ●面爪《おもてつめ》を削《けづ》るが如《ごと》きは貧賤孤苦《ひんせんこく》●兩脚杖《りやうあしつえ》の如《ごと》きは勞力貧賤《らうりよくひんせん》なり●準頭赤《せつとうあか》くして黑色《こくしよく》を

●月將《げつしやう》(即月建《げつけん》又《また》月令《げつれい》と云《い》ふ)

月建《げつけん》は權《けん》に當《あた》るの主帥《しゆする》にして萬卜《ばんぼく》の綱領《かうれう》なり其用左《そのようさ》の如《ごと》し。

爻《かう》の衰《おとろ》ふる者《もの》は月將《げつしやう》能《よ》く之《これ》を生合比《せいがふひ》扶《ふ》し衰《おとろ》へて又旺《またわう》す。

爻《かう》の旺《わう》する者《もの》は月將《げつしやう》能《よ》く之《これ》を冲剋刑破《ちうこくけいは》し旺《わう》するも亦衰《またおとろ》ふるとす封《くわ》に變爻《へんかう》ありて動爻《どうかう》を剋制《こくせい》する者《もの》は月建《げつけん》能《よ》く變爻《へんかう》を制服《せいふく》するなり。

卦《くわ》に動爻《どうかう》ありて靜爻《せいかう》を剋制《こくせい》する者《もの》も亦《また》能《よ》く變爻《へんかう》を制服《せいふく》するなり

用神伏藏《ようじんふくざう》して飛神《ひじん》に壓住《あつちう》せらるゝ者《もの》は月建《げつけん》能《よ》く飛神《ひじん》を冲剋《ちうこく》して伏神《ふくじん》を生助《せいじよ》す(伏藏《ふくざう》とは用神卦《ようじんくわ》に上《のぼ》らず隱伏《いんぷく》する者飛神《ものひじん》とは卦《くわ》に現《あらは》れたる納甲《なつかふ》を云《い》ふ)

月建卦《げつけんくわ》に入《い》り動《うご》きて原神《げんじん》となる者《もの》は福更《ふくさら》に大《だい》なり動《うご》きて忌神《きじん》となる者《もの》は禍《わざはひ》甚《はなはだ》し。

帯《お》ぶれば死《し》に至《いた》る●掌《てのひら》薄《うす》く指《ゆび》短《みじか》きは窮苦《きうく》す●聲《こゑ》鑼《どら》を割《わ》るが如《ごと》きは横死《わうし》す●耳後腮骨《じごさいこつ》を見《み》るは佞奸鄙《ねいかんひ》悋《りん》なり●牙《きば》を露《あらは》し唇《くちびる》縮《ちゞ》むは短命《たんめい》●口大《くちだい》にして唇薄《くちびるうす》きは好《この》みて是非《せひ》を説《と》く●坐《ざ》して常《つね》に膝《ひざ》を搖《うご》かす者《もの》は破財《はざい》●人中《じんちう》の一線《せん》は子《こ》なくして夭《えう》す●口角《こうかく》涎《よだれ》を流《なが》すは饑寒《きかん》●髮際《はつさい》眉《まゆ》を壓《あつ》するは父《ちゝ》を刑《けい》し母《はゝ》を剋《こく》す●髮赤《かみあか》く鬚黄《ひげき》なるは不孝《ふかう》●唇《くちびるうご》動きて齒疎《はそ》なるも亦不孝《またふかう》●牙《きば》を咬《か》み目《め》を露出《むきだ》すも不孝《ふかう》なり●耳聳《みゝそび》えて腮《あご》尖《とが》る者《もの》は奸物《かんぶつ》にし

爻月建《からげつけん》に値《あ》へば旺《わう》と爲《な》す或《あるひ》は他爻《たから》に尅《こく》せらるれば之《これ》を傷《しやう》に逢《あ》ふと爲《な》す病者《びやうしや》を占《うらな》へば目下《もくか》癒《い》えず事《こと》を占《うらな》へば目下《もくか》成《な》らず其傷爻《そのしやうかう》を冲《ちう》するの日《ひ》に至《いた》れば傷《しやう》を受《う》けず病者《びやうしや》は必《かならず》癒《い》え事《こと》を圖《はか》るは必《かならず》成《な》るべし。

酉月丙寅日貴官《きくわん》に謁《えつ》するを占《うらな》ふ　蠱之蒙《このまう》

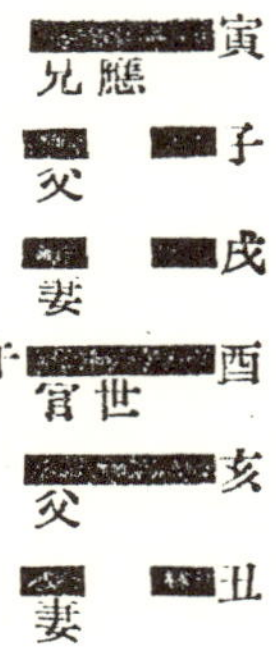

世《せ》爻月建《からげつけん》の官《くわん》に臨《のぞ》む面謁《めんえつ》を得《う》べしと雖《いへど》も午火《うまくわ》の回頭尅《くわいとうこく》に逢《あ》ふ依《よつ》て午火《うまくわ》を冲去《ちうきよ》する子日《ねのひ》に至《いた》り謁《えつ》するを得《う》べし是《これ》を時《じき》を待《ま》つの用《よう》ありと云《い》ふ。

爻月建《からげつけん》に値《あ》へば月《つき》に墓《ぼ》絶《せつ》し日辰《につしん》に冲尅《ちうこく》せらるゝも之《これ》に敵《てき》すべし但《たゞ》し吉《きつ》なく凶《きよう》なきの象《しやう》なり若他爻《もしたから》又動《またうご》きて生扶《せいふ》を得《う》る者《もの》は吉兆《きつてう》とす他交《たかう》を尅制《こくせい》すれば月建《げつけん》に臨《のぞ》むと雖《いへど》も敵《てき》し難《がた》し。

て貪欲《たんよく》なり●眉垂《まゆた》れて耳《みゝ》低《ひく》きは懦《だ》弱《じやく》にして能《のう》なし●婦人《ふじん》の面《めん》を仰《あふ》ぐは奸淫《かんいん》なり●男子《だんし》頭《かしら》を垂《た》るゝは甚《はなはだ》貪欲《たんよく》なり●身大《みだい》にして手小《てせう》なるは財《さい》聚《あつま》らず●身小《みせう》にして手大《てだい》なるは下愚《かぐ》なり●婦人面大《ふじんめんだい》なるは不孝《ふかう》●鼻頭《はなさき》の垂肉《たれにく》は貪淫《たんいん》にして慊《あきた》らず●肚小《はらせう》にして背《せ》陥《おちい》る者《もの》は衣食《いしよく》無《な》し●目《め》細《ほそ》くして言語《げんご》結《むす》ぶが如《ごと》き者《もの》は男女《なんによ》共《とも》に好色《かうしよく》●右《みぎ》の肩高《かたたか》く左《ひだり》の肩大《かただい》なるは窮《きう》して大《おほい》に苦《くるし》む●唇《くちびる》薄《うす》くして常《つね》に動《うご》くは奸計《かんけい》貪欲《たんよく》にして財聚《ざいあつま》ら

寅月丙申日官途《くわんと》の昇遷《しやうせん》を占《うらな》ふ　艮之頤《ごんのんい》

	官	世	━━━	寅
	妻		━ ━	子
	兄		━ ━	亥
辰兄	孫	應	━━━	申
	父		━ ━	午
子妻	兄		━ ━	辰

此卦寅《このくわいとら》の官爻世《くわんからよ》を持《ち》して月建《げつけん》に臨《のぞ》み旺相《わうさう》す日辰《につしん》に冲尅《ちうこく》せらるゝも申子《さるね》辰《たつ》の三合水局《がふするきよく》を成《な》して寅《とら》木《き》を生《しやう》ず是害《これがい》なきのみならず辰月必《たつつきかならず》高遷《かうせん》せん果《はた》して三月陞《ぐわつしやう》目《もく》任《にん》せり是《これ》三合水局《がふするきよく》の生扶力《せいふりよく》あればなり而《しか》して辰月《たつのつき》に應《おう》ずるは目下《か》空亡《くうばう》の辰出空《たつしゆつくう》の月《つき》なるに因《よ》るなり。

●日辰《につしん》(又日建《またにつけん》と云《い》ふ)

日辰《につしん》は即《すなは》ち日支《につし》なり此占法中第《このせんぱふちうだい》一の主眼《しゆがん》なり萬占皆日辰《ばんせんみなにつしん》を以《もつ》て爻《から》の生尅冲合《せいこくちうがふ》を観《み》て以《もつ》て要《えう》とする所《ところ》なり。

空亡《くうばう》の爻日辰《からにつしん》の冲起《ちうき》に逢《あ》へば之《これ》を冲空《ちうくう》と云《い》ふ　則實《すなはちじつ》なり合住《がふちう》の爻日辰《からにつしん》の冲開《ちうかい》すれば之《これ》を合處逢冲《がふしよはうちう》と云《い》ふ但《たゞ》し凶神《きようじん》の合處《がふしよ》は冲《ちう》に

ず● 唇《くちびる》青黒《せいこく》なれば餓死《がし》す● 婦人額骨《ふじんけんこつ》高《たか》く眼角《がんかく》を過《す》ぐるは夫《をつと》を打擲《ちやうちやく》することあり● 老人頭項耳《らうじんとうかうみゝ》の皮乾《かはかは》くは即死《そくし》● 脚根削《きやくこんさく》小《せう》なるは子孫《しそん》好からず 承《しよう》漿に鬚《ひげ》なくして唇《くちびる》紫色《しゝよく》なるは危難に遭《あ》ふ● 左右《さいう》の眉尾《びび》低《た》る、者は性懦弱《せいだじやく》なり● 兩口角《りやうこうかく》低《た》る、者《もの》は老《おい》て孤窮《こきう》なり● 男子唇《だんしくちびる》上《うへ》を包《つゝ》む者《もの》は口舌《くぜつ》● 唇《くちびる》下《した》を包《つゝ》む者《もの》は子無《こな》くして不仁《ふじん》なり● 足指《あしのゆび》短《みじか》く足《あしの》骨《はね》多《おは》き者《もの》は賤《いやし》うして勞力《らうりよく》す● 耳《みゝ》薄《うす》く紙《かみ》の如《ごと》き者《もの》は榮《さか》えずして早《はや》く死《し》す●

逢《あ》ふを喜《よろこ》び吉神《きつじん》の合處《がふしよ》は沖《ちう》するに宜《よろ》しからず（合住《がふちう》とは六合卦《がふくわ》の用神日辰《ようじんにつしん》の沖《ちう》に逢《あ》ふの類《るゐ》なり）

爻《かう》の衰弱《すゐじやく》は日辰《につしん》能《よ》く之《これ》を生《しやう》じ之《これ》に合《がふ》し之《これ》に旺《わう》す類《るゐ》を同《おなじ》うする者《もの》は之《これ》に比《ひ》し之《これ》を扶《たす》く。

爻《かう》の强旺《きやうわう》なる者《もの》は日辰《につしん》能《よ》く之《これ》を刑《けい》し之《これ》を沖《ちう》し之《これ》を尅《こく》し之《これ》を絶《せつ》し之《これ》を墓《ぼ》す。

爻日辰《からにつしん》に臨《のぞ》めば月建之《げつけんこれ》を沖《ちう》するも破《は》せず月建之《げつけんこれ》を尅《こく》するも傷《しやう》なし動爻《どうかう》の尅《こく》に逢《あ》ふも亦害《またがい》とせず回頭《くわいとう》の尅《こく》に逢《あ》ふも亦《また》殃《わざはひ》とせず。

爻日辰《からにつしん》に臨《のぞ》みて動爻《どうかう》の生扶《せいふ》あれば上吉《じやうきつ》。

爻日辰《からにつしん》に臨《のぞ》むも月建動爻《げつけんどうかう》の尅《こく》するあれば衆寡敵《しゆうくわてき》せず。

申月戊午日病《やまひ》を占《うらな》ふ

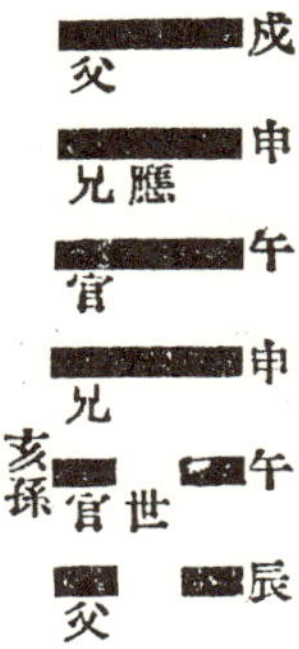

遯之姤《とんのこう》

世爻《せかう》の午火日辰《うまくわにつしん》に臨《のぞ》む本旺相《もとわうさう》すと雖《いへど》も申《さる》の月建亥水《げつけんゐみづ》を生《しやう》じて回《くわい》

臍下毛《へそのしたけ》を生《しやう》ずるは淫《いん》にして賤《いや》し●面色黄《めんしよくき》なる婦《ふ》人《じん》は好色《かうしよく》なり●唇青《くちびるあを》く或《あるひ》は白《しろ》きは決《けつ》して兒《こ》なし●臉薄《はゝうす》く青筋露《あをすぢあらは》るゝ者《もの》は貪淫《たんいん》にして夭《えう》なり●少《せう》年《ねん》にして面《おもて》に斑痕《はんこん》を生《しやう》ずるは短命《たんめい》なり●額上《がくじやう》旋毛亂紋《せんせうらんもん》あるは房事《ばうじ》を過《す》ごすなり●眉毛黄色《びまうきいろ》なるは妻妾淫亂《さいせふいんらん》なり●年壽《ねんじゆ》に紋痕《もんこん》あるは家《いへ》を敗《やぶ》りて命《いのち》短《みじか》し●手足《てあし》の指蛇頭鴨嘴《ゆびだいとうあふし》の如《ごと》きは孤獨《こどく》にして貪欲《たんよく》奸物《かんぶつ》なり●男女共《なんによとも》に鴨《あふ》脚《きやく》の者《もの》は下愚《かぐ》なり●山《さん》根《こん》の横紋《くわうもん》は家《いへ》を敗《やぶ》り故《こ》

頭尅《とうこく》となる甚《はなはだ》不吉《ふきつ》なり果《はた》して亥《ゐ》の月《つき》に死《し》せり。

●六神《しん》(又《また》六獸《じう》と云《い》ふ)

六神《しん》は日《ひ》の干《かん》を以《もつ》て卦《くわ》に付《ふ》す即《すなは》ち甲乙《かふおつ》の日《ひ》は初爻《しよかう》に青龍《せいりう》を付《ふ》し丙丁《へいてい》の日《ひ》は初爻《しよかう》に朱雀《しゆじやく》を付《ふ》し戊《ぼ》の日《ひ》は初爻《しよかう》に勾陳《こうちん》を付《ふ》するの類《るゐ》初爻《しよかう》より數《かぞ》へて上爻《じやうかう》に至《いた》る。

甲乙の日	青龍
丙丁の日	朱雀
戊の日	勾陳
己の日	螣蛇
庚辛の日	白虎
壬癸の日	玄武

●青龍《せいりう》　東方《とうはう》の神《しん》とす用神《ようじん》に就《つ》きて動《うご》くは吉忌神仇神《きつきじんきうじん》に就《つ》きて動《うご》くは諸占皆不利《しよせんみなふり》或《あるひ》は酒色《しゆしよく》の災《さい》あり發動《はつどう》して用神旺《ようじんさかん》なるは金銀《きんぎん》を得《う》るか俸《はう》を増《ま》すの喜《よろこび》あり日辰月建《につしんげつけん》に臨《のぞ》みて動《うご》くも同《おな》じ●家宅《かたく》を占《うらな》ふに妻爻《さいかう》に就《つ》きて旺相《わうさう》すれば富《とみ》を致《いた》すの象《しやう》●逃走者《とうさうしや》を占《うらな》ふに用神不《ようじんふ》動青龍《どうせいりう》に就《つ》きて世爻之《せかうこれ》を尅《こく》すれ

郷《きやう》を離《はな》る●老《おい》て睡《ねむり》多《おほ》きは死《し》を主《つかさど》る●少年《せうねん》にして睡《ねむり》多《おほ》きは愚《ぐ》を主《つかさど》る●魚尾《ぎよび》に横直紋《くわうちよくもん》ある者《もの》は妻妾《さいせふ》の家《いへ》を破《やぶ》ることあり●男女共《なんによとも》に伏《ふ》して寢《いぬ》る者《もの》は死兆《してう》なり●臥寢中火《ぐわしんちうひ》を吹《ふ》くが如《ごと》き者《もの》少年《せうねん》は刑《けい》死《し》の厄《やく》あり老者《らうしや》は終《をはり》を善《よ》くせず●指甲《つめ》の軟薄《なんぱく》なる者《もの》は懦弱《だじやく》にして膽小《たんせう》なり●肉《にく》多《おほ》くして骨弱《ほねよわ》き者《もの》は三十六歳《さい》の命《めい》を保《たも》たず●目小《めせう》にして光《ひかり》なき者《もの》は祿《ろく》絶《た》えて命短《いのちみじか》し●形瘦《かたちや》せて皮乾《かはかは》く者《もの》は三十六歳《さい》にして死《し》すべし●印堂暗《いんだうあん》

ば劇場《げきぢやう》又《また》は酒舗《しゆほ》等《とう》に於《おい》て捕《とら》ふることあり。

●朱雀《しゆじやく》　南方《なんばう》の神《しん》とす兄弟爻《けいていかう》に就《つ》きて動《うご》けば口舌《くせつ》あり●日辰《につしん》月建《げつけん》に臨《のぞ》みて動《うご》けば總《すべ》て事《こと》を爲《な》すべし●動《うご》きて世爻《せかう》又《また》は用《よう》神《じん》を生《しやう》ずれば官邊《くわんぺん》の事《こと》に利《よろ》し又文書《またぶんしよ》の類《るゐ》を得《う》べし●午《うま》の爻《かう》官鬼《くわんき》に就《つ》きて動《うご》けば火《ひ》を注意《ちうい》すべし若亥子《もしゐね》の爻《かう》に化《くわ》すれば災《さい》なし。

●勾陳《こうちん》　四支《し》の神《しん》とす動《うご》きて用神《ようじん》を生《しやう》ずれば吉然《きつしか》らずして動《うご》くは土地《とち》田園等《でんゑんとう》の事《こと》に係《かゝ》る●空亡《くうばう》すれば田畑不熟《でんばたふじゆく》とす●旺《わう》相生扶《さうせいふ》ありて世《よ》を尅《こく》すれば官事《くわんじ》に拘《かゝは》る。

●螣蛇《とうだ》　四支《し》の神《しん》とす日辰月建《につしんげつけん》に臨《のぞ》みて動《うご》けば怪事《くわいじ》多《おほ》し驚《おどろ》く事《こと》あり●官鬼《くわんき》に就《つ》きて用神《ようじん》を尅《こく》すれば憂《うれひ》多《おほ》し●寅卯《とらう》の爻《かう》に就《つ》きて空亡《くうばう》に逢《あ》ひ日辰《につしん》より冲《ちう》するは凶《きやう》甚《はなはだ》し。

味準頭黑色《まいせつとうこくしよく》の者《もの》は身《み》亡《ほろ》ぶ●鼻低《はなひく》く神氣滯《しんきとどこほ》る者《もの》は世《よ》に處《しよ》すること久《ひさ》しからず●耳尖《みゝとが》り腮潤《あごひろ》き者《もの》は奸物《かんぶつ》にして貪欲心毒《たんよくしんどく》なり●髮際低《はへぎはた》れて眉促《まゆせま》る者《もの》は一世辛苦《せいしんく》あり●面光《めんくわう》油《あぶら》の如《ごと》きは刑尅淫貪《けいこくいんたん》なり。

●人生舊因

人《ひと》の世《よ》に處《しよ》する貴賤賢愚《きせんけんぐ》窮達榮枯《きうたつえいこ》あり是皆過去《これみなくわこ》の因縁《いんえん》に由《よ》る者少《ものすくな》しとせず此說或《このせつあるひ》は佛敎《ぶつけう》に似《に》たるありと雖《いへど》も必《かなら》ずしも誣《し》ふべきにあらず依《よつ》て其《その》

●白虎《びやくこ》　西方《せいはう》の神《しん》とす動《うご》けば喪事《さうじ》あり●日辰月建之《につしんげつけんこれ》に臨《のぞ》めば破財《はざい》とす●官途又《くわんとまた》は疾病《しつぺい》の占《せん》に動《うご》くは凶《きよう》●臨産《りんさん》には白虎《びやくこ》の動《うご》くを吉《きつ》とす●巳午《みうま》の爻《かう》に就《つ》きて世爻用神《せかうようじん》を生《しやう》ずるは吉《きつ》。

●玄武《げんぶ》　北方《はくはう》の神《しん》とす動《うご》けば暗昧《あんまい》なる事多《ことおほ》し●官鬼《くわんき》に就《つ》きて動《うご》けば盜難《とうなん》あり世爻《せかう》を生《しやう》ずれば害《がい》なし●忌神仇神《きじんきうじん》に就《つ》きて動《うご》けば姦盜《かんとう》の厄《やく》あり●日辰月建《につしんげつけん》に臨《のぞ》めば陰密《いんみつ》の支障《さはり》あり●官鬼《くわんき》に就《つ》きても世爻《せかう》動《うご》かず之《これ》に生《しやう》ぜらるれば連累《れんるゐ》の難《なん》なし

辰月巳日試驗《しけん》の成績《せいせき》を占《うらな》ふ　觀之否《くわんのひ》

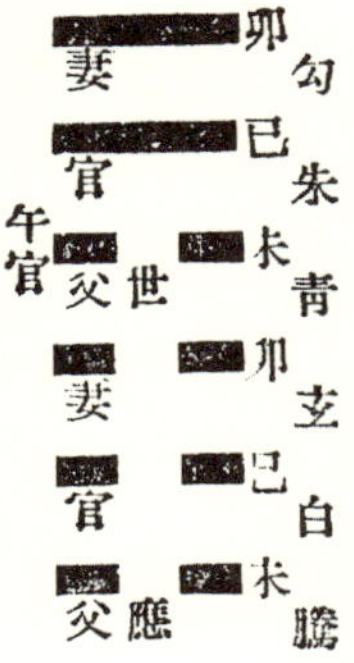

青龍未《せいりうひつじ》の土爻《どかう》に就《つ》き文星《ぶんせい》（父母《ふぼ》爻《かう》）世《よ》を持《ぢ》して回頭生《くわいとうせい》に逢《あ》ひ日《につ》辰《しん》五爻《かう》の官星《くわんせい》に臨《のぞ》む必然及第《ひつぜんきふだい》の成績顯著《せいせきけんちよ》なり果《はた》して然《しか》り。

靈妙《れいめう》なる一説《せつ》を掲《かゝ》げ示《しめ》す是又《これまた》大《おほい》に益《えき》する所《ところ》あらん取捨《しゆしや》は讀者《どくしや》の意思《いし》に任《まか》す。

●修業中より來る者

徳《とく》を積《つ》みて根氣深《こんきふか》く體格《たいかく》高超目《かうてうめ》に眞光《しんくわう》ありて慈善《じせん》の心《こころ》に富《と》み相貎《さうばう》舒《の》びて氣寛《きゆるやか》に聲清《こゑきよ》く手掌厚《てのひらあつ》く紋理深《もんりふか》く細《こまか》に肌膚潤《きめうるは》ひ恭儉謙讓《きやうけんけんじやう》なる者《もの》は官《くわん》に在《あ》りて中正《ちうせい》を得君《えきみ》を愛《あい》して民《たみ》を憂《うれ》ふる者《もの》なり是即《これすなは》ち修行中《しゆぎやうちう》より來《きた》る者《もの》。

●六合《がふ》(又支合《またしがふ》と云《い》ふ)

子	寅	卯	辰	巳	午
丑	亥	戌	酉	申	未

子と丑と合し寅と亥と合するの類

一　日月爻《じつげつかう》に合《がふ》する者《もの》
二　爻《かう》と爻《かう》と合《がふ》する者《もの》
三　爻動《かうどう》きて合《がふ》に化《くわ》する者《もの》
四　卦六合《くわがふ》に逢《あ》ふ者《もの》
五　沖卦合卦《ちうくわがふくわ》に變《へん》ずる者《もの》
六　合卦合卦《がふくわがふくわ》に變《へん》ずる者《もの》

日月爻《じつげつかう》に合《がふ》する者《もの》は例《たと》へば丑月《うしのつき》の占坎卦世《せんかんくわせ》爻子《かうね》水月建《みづげつけん》に合《がふ》し丑《うし》の日《ひ》の占坎卦世《せんかんくわせ》爻子《かうね》水日辰《みづにつしん》に合《がふ》するが如《ごと》し。

爻《かう》と爻《かう》と合《がふ》する者《もの》は例《たと》へば否卦《ひくわ》を得《え》て世《せ》應倶《おうとも》に動《うご》けば卯《う》戌《いぬ》の合《がふ》と爲《な》す但《たゞ》し一爻動《かうどう》かざれば不合《ふがふ》とす。

卦《くわ》六合《がふ》に逢《あ》ふとは否《ひ》、泰《たい》、豫《よ》、復《ふく》、賁《ひ》、旅《りよ》、困《こん》、節《せつ》の八卦《くわ》を六合卦《がふくわ》とす。

●精靈中より來る者

形貌古怪《けいばうこくわい》或《あるひ》は獅王《しゝわう》猴相《こうさう》の如《ごと》く或《あるひ》は目廣《めひろ》く視《み》るに威《ゐ》あり聲雄《こゑゆう》にして掌《しやう》に奇紋《きもん》あり面《めん》に殺氣《さつき》あり或《あるひ》は行爲《かうゐ》害毒《がいどく》或《あるひ》は猛勇《まうゆう》剛强《がうきやう》或《あるひ》は邪言《じやげん》喧噪《けんさう》或《あるひ》は譎詐《きつさ》奸險《かんけん》にして常《つね》に殺伐《さつばつ》を事《こと》とする者《もの》の類《るゐ》業《げふ》を安《やす》んじ身《み》を守《まも》る能《あた》はざるなり。

●神仙中より來る者

骨格《こくかく》凡《ぼん》ならず形貌《けいばう》清雅《せいが》擧動《きよどう》飄然《へうぜん》として自《おのづか》ら

沖卦《ちうくわ》合卦《がふくわ》に變《へん》ずる者《もの》は八純《じゆん》の卦《くわ》及《および》无妄《むばう》、大壯《たいさう》の二卦《くわ》を六沖封《ちうくわ》とするを以《もつ》て此等《これら》の卦《くわ》の六合卦《がふくわ》に變《へん》ずるを云《い》ふ。

合卦《がふくわ》合卦《がふくわ》に變《へん》ずる者《もの》とは六合卦《がふくわ》の六合卦《がふくわ》に變《へん》ずるなり。

●靜爻合《せいかうがふ》に逢《あ》ふを合起《がふき》と云《い》ひ休囚《きうしう》に値《あ》ふも亦旺相《またわうさう》の意《い》あり動《うご》きて合《がふ》に逢《あ》ふを合絆《がふはん》と云《い》ふ動《うご》く能《あた》はざるなり。

●爻《かう》と爻《かう》と合《がふ》するを合好《がふかう》と云《い》ひ動《うご》きて合《がふ》に化《くわ》するを化扶《くわふ》と云《い》ふ

●六合《がふ》に逢《あ》へば諸占皆吉然《しよせんみなきつしか》れども用神《ようじん》必《かならず》氣《き》あるべし用神失陷《ようじんしつかん》すれば益《えき》なしとす。

戌月丁卯日訴訟《そしよう》を占《うらな》ふ　泰不變《たいふへん》

六合卦《がふくわ》と雖《いへど》も戌《いぬ》の月建世《げつけんよ》を沖《ちう》し卯日《うのひ》世《よ》を剋《こく》するに宜《よろ》しからず殊《こと》に應爻暗動《おうかうあんどう》して月建之《げつけんこれ》を生《しやう》ず甚《はなはだ》不吉《ふきつ》なり果《はた》して杖責《ちやうせき》せらる是《これ》卯木世《うぼくよ》を剋《こく》するの故《ゆゑ》にして用神剋《ようじんこく》を受《う》くれば六合《がふ》するも亦益《またえき》な

秀異《しうい》あり眼光碧色聲《がんくわうへきしよくこゑ》清《きよ》く音暢《おんの》びて心《こゝろ》を山林《さんりん》に樂《たのし》ましめ常《つね》に修養《しうやう》の功《こう》を存《そん》し富貴《ふうき》の日《ひ》あるも貧賤《ひんせん》の時《とき》に異《こと》ならず胸中《けうちう》豁達《くわつたつ》にして自然風塵外《しぜんふうぢんぐわい》の人物《じんぶつ》なり。

●星宿中より來る者

奇形怪狀目光暴露《きけいくわいじやうもくくわうばうろ》心靈性急殺伐《しんれいせいきふさつばつ》の心《こゝろ》ある者凶星世《ものきようせいよ》に降《くだ》るなり眼《がん》光《くわう》人《ひと》を射《い》て神氣秀發聲《しんきしうはつせい》音喨々《いんれり〱》たる者吉星世《ものきつせいよ》に降《くだ》るなり。

●神祇中より來る者

し。

酉	⚋	應	孫
亥	⚋		妻
丑	⚋		兄
辰	⚊	世	兄
寅	⚊		官
子	⚊		妻

是即《これすなは》ち戌《いぬ》の月建辰《げつけんたつ》の世爻《せかう》と同氣《どうき》旺《わう》すれども沖《ちう》するが上《うへ》に又日辰《またにつしん》の剋《こく》あれば旺《わう》を言《い》はずして衰《する》を言《い》ふものなり。

附言

沖《ちう》とは支《し》の七數《すう》に當《あた》る者即《ものすなは》ち子《ね》は午《うま》を沖《ちう》とし戌《いぬ》は辰《たつ》を沖《ちう》するが如《ごと》き類《るゐ》なり。

暗動《あんどう》とは日辰《につしん》の七數《すう》に當《あた》る即《すなは》ち沖《ちう》と同《おな》じ然《しか》れども月建《げつけん》より旺相《わうさう》する爻《かう》にして日辰《につしん》の沖《ちう》に當《あた》るを暗動《あんどう》とし現時《げんじ》動《うご》かざるも動《うご》く意《い》ありとす旺相《わうさう》せざる爻《かう》の沖《ちう》に逢《あ》ふ者《もの》は暗動《あんどう》とせず日破《につぱ》とするなり。

六合卦《がふくわ》六合卦《がふくわ》に變《へん》ずれば墳墓《ふんぼ》の占《せん》百代子《だいし》孫連綿《そんれんめん》宅舍《たくしや》の占《せん》千秋基《しうき》

形貌《けいばう》奇異《きい》神光《しんくわう》面《めん》に満《み》ち聲《こゑ》和《くわ》して目《め》静《しづか》に聰明《そうめい》正直《しやうぢき》にして常《つね》に敬愛《けいあい》の心《こゝろ》あり邪佞《じやねい》を避《さ》けて忠《ちう》烈《れつ》なる者《もの》。

●地獄中より來る者

目《め》泛《うか》び神《しん》敗《やぶ》れ瞼《けん》上《じやう》肉《にく》なく腮《あご》鷹《たか》の如《ごと》く耳《みゝ》鼠《ねづみ》の如《ごと》く人《ひと》に媚《こ》び人《ひと》を損《そん》じ己《おのれ》を利《り》して騙債《へんさい》を事《こと》とし衣食《いしよく》に缺乏《けつばう》する者《もの》終《つひ》に結果《けつくわ》なし。

●面貌百格

第一

三停《てい》相應《さうおう》して齊《とゝの》ひたる

業《げふ》婚姻《こんいん》占《せん》偕老同契《かいらうどうけい》夥計《くわけい》の占《せん》親睦《しんぼく》隔意《かくい》なし功名《こうめう》占《せん》仕途《しと》順成《じゆんせい》なり財《ざい》帛《はく》占《せん》は貨錢《くわせん》積《つみ》で山《やま》の如《ごと》く弟兄《ていけい》占《せん》累世《るいせい》同居《どうきよ》閲《せめ》ぐなく學藝《がくげい》占《せん》進科《しんくわ》疑《うたが》ひなし。

六合《がふ》卦《くわ》六合《がふ》に變《へん》ずる者《もの》諸占《しよせん》用神《ようじん》旺《わう》して日月《じつげつ》に臨《のぞ》めば吉《きつ》にして又《また》吉《きつ》なる者《もの》なり惟《ひとり》訟獄《しようごく》占《せん》は寃仇《えんきう》解《とけ》難《がた》し憂疑《いうぎ》占《せん》は怪事《くわいじ》開《ひら》けず胎孕《たいよう》占《せん》は安《やす》く生產《せいさん》占《せん》は難《なん》あり。

●合中帶剋《がふちうたいこく》

子《ね》と丑《うし》と合《がふ》するも丑土《うしど》は子水《ねみづ》を剋《こく》す是《これ》を剋《こく》三合《がふ》七と云《い》ふと雖《いへど》も効驗《かうけん》あること稀《まれ》なり依《よつ》て用《もち》ふるに足《た》らず。

●三合會局《がふくわいきよく》

用神《ようじん》剋《こく》に逢《あ》ふの占《せん》に於《おい》て略述《りやくじゆつ》したるが如《ごと》し。

卦中《くわちう》三合爻《がふかう》ありて共《とも》に動《うご》く者《もの》●兩爻《りやうかう》動《うご》きて一爻《かう》動《うご》かざる者《もの》●內《ない》

は一生衣食《しやういしよく》に不足《ふそく》なし婦人《ふじん》は貴《たつと》き夫《をつと》に縁《えん》あり

第二

上停尖《じやうていとが》りて窄《せま》く又《また》は肉《にく》薄《うす》く缺陥《けつかん》あれば發達《はつたつ》することなく父母《ふは》に縁薄《えんうす》くして其身卑賤《そのみひせん》なり。

第三

天庭《てんてい》の紋理能く整《とゝの》ひたるは子孫《しそん》によろし亂紋《らんもん》なれば孤獨《こどく》にして卑賤《ひせん》なり。

第四

天紋《てんもん》は三條《でう》あるを上《じやう》とす長《なが》きは親《おや》に優《まさ》り短《みじか》きは養子《やうし》の相《さう》とす。

第五

卦初《くわしよ》三爻動《かうどう》きて變出《へんしゆつ》の爻《かう》と三合《がふ》する者《もの》●外卦《ぐわいくわ》四上爻動《じやうかうどう》きて變出《へんしゆつ》の爻《かう》と三合《がふ》する者《もの》あり。

功名占《こうめいせん》に官爻《くわんかう》三合《がふ》すれば吉財爻《きつざいかう》三合《がふ》するも亦吉只孫爻《またきつたゞそんかう》の三合《がふ》するあれば凶《きよう》。

求財占《きうざいせん》に財爻《ざいかう》三合《がふ》すれば吉孫爻《きつそんかう》三合《がふ》するも亦吉只兄爻《またきつたゞけいかう》の三合《がふ》するあれば凶《きよう》。

婚姻占《こんいんせん》に財爻官爻旺《ざいかうくわんかうわう》して三合《がふ》すれば吉《きつ》。

官訟占《くわんしようせん》に三合《がふ》する者《もの》あれば事消釋《ことせうしやく》し難《がた》し。

以上《いじやう》三合《がふ》の爻《かう》は世《せ》爻其局中《かうそのきよくちう》に在《あ》るを要《えう》す若世爻局《もしせかうきよく》に入《い》らざれば世《よ》を生《しやう》ずるの爻《かう》三合《がふ》するを吉《きつ》とす。

三合局《がふきよく》の中《うち》二爻《かう》ありて動《うご》き一爻足《かうた》らざれば後其局《のちそのきよく》に當《あた》る日月《じつげつ》を待《ま》ちて三合《がふ》の應《おう》あり是《これ》を一を虚《きよ》にして以《もつ》て用《よう》を待《ま》つと云《い》ふ。

天庭《てんてい》の紋《もん》歪《ゆが》む者《もの》は目上《めうへ》の人《ひと》より災禍《わざはひ》を受《う》く鍵《かぎ》の如《ごと》き状《じやう》なれば劍難《けんなん》あり。

第六

天庭《てんてい》に黑子《こくし》ある者《もの》は住所《ぢうしよ》度々《たび〳〵》動《うご》くべし。

第七

婦人《ふじん》の天庭《てんてい》に横紋《わうもん》三條《でう》ある者《もの》は夫《をつと》を剋《こく》す。

第八

天中《てんちう》より顴骨《けんこつ》まで一面《めん》に摺剝《すりむき》たる如《ごと》く赤氣《せきしい》出づれば便毒《べんどく》の患《うれい》あり。

第九

天中《てんちう》に黑氣《こくきい》出づれば急病《きふびやう》を患《うれ》ふ。

三合局中《がふきよくちう》に空亾月破《くうばうげつぱ》の爻《かう》あれば出空出破《しゆつくうしゆつぱ》の日月《にちげつ》に至《いた》りて應《おう》あり

三合中《がふちう》一爻墓《かうは》に入《い》れば沖開《ちうかい》の日《ひ》に至《いた》りて應《おう》あり。

卯月丁巳日甲乙兩村《かふおつりやうそん》田水《でんすい》を爭《あらそ》ふて相打《あひう》つ其吉《そのきつ》を占《うらな》ふ

離之坤《りのこん》

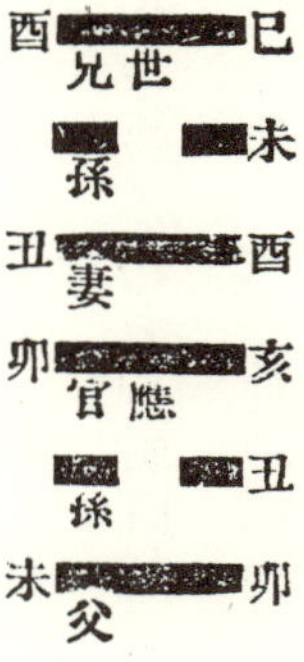

內卦《ないくわ》を我村《わがむら》とす亥卯未《ゐうひつじ》三合木局《がふもくきよく》を成《な》す然《しか》れども卯月金衰《うのつききんおとろ》へ木旺《きわう》するを以《もつ》て畏《おそ》るゝに足《た》らず況《いはん》や六沖卦《ちうくわ》にして六沖卦《ちうくわ》に變《へん》ず必《かならず》人《ひと》の仲裁《ちうさい》ありて融解《ゆうかい》すべし後果《のちはた》して散解《さんかい》せり。

●六沖《ちう》

六沖《ちう》は七《なゝ》つ目《め》の支《し》を云《い》ふ即《すなは》ち子《ね》は午《うま》とし午《うま》は子《ね》とするが如《ごと》き孰《いづれ》よりするも沖《ちう》する二支《し》は同《おな》じことなり左《さ》の如《ごと》し。

第十

司空《しくう》に黒子《こくし》ありて光澤《くわうたく》あれば何職《なにしよく》によらず物《もの》の頭《かしら》となるべし若色惡《もしいろあし》ければ災難《さいなん》を免《まぬか》れず。

第十一

官祿《くわんろく》と顴骨《けんこつ》に紅氣《こうきい》出づれば心願成就《しんぐわんじやうじゆ》すべし。

第十二

額《ひたひ》に竹《たけ》をひしぎたる如《ごと》き横紋《くわうもん》あれば萬事滯《ばんじとゞこほ》り多《おほ》し。

第十三

子午　丑未　寅申　卯酉　辰戌　巳亥

六冲《ちう》は日月《じつげつ》の爻《かう》を冲《ちう》する者《もの》●卦六冲《くわちう》に逢《あ》ふ者《もの》●六合卦《がふくわ》の六冲卦《ちうくわ》に變《へん》ずる者《もの》●六冲卦《ちうくわ》の六冲卦《ちうくわ》に變《へん》ずる者《もの》●動爻冲《どうかうちう》に變《へん》ずる者《もの》●爻《かう》と爻《かう》と冲《ちう》する者《もの》の六種《しゆ》あり。

冲《ちう》とは散《ち》るを云《い》ふ故《ゆゑ》に凶事《きようじ》を占《うらな》ふて冲散《ちうさん》に逢《あ》ふを好《この》み吉事《きつじ》には冲散《ちうさん》を嫌《きら》ふ但《たゞ》し用神旺相《ようじんわうさう》すれば妨《さまた》げず用神失陷《ようじんしつかん》すれば凶《きよう》にして更《さら》に凶《きよう》なり六合卦《がふくわ》の六冲卦《ちうくわ》に變《へん》ずる者用神旺相《ものようじんわうさう》すれば始《はじめ》は吉終《きつをは》りは凶《きよう》。

爻冲《かうちう》に五あり爻月冲《かうげつちう》に遇《あ》へば月破《げつぱ》とし爻日冲《かうにつちう》に遇《あ》へば暗動《あんどう》とす但《たゞ》し休囚《きうしう》して日冲《につちう》に逢《あ》へば是《これ》を日破《につぱ》とす動爻回頭《どうかうくわいとう》して冲《ちう》に化《くわ》すれば仇敵《きうてき》に逢《あ》ふが如《ごと》し爻《かう》と爻《かう》と冲《ちう》すれば之《これ》を相撃《さうげき》と云《い》ふ。

官祿《くわんろく》に肉《にく》ある者《もの》又《また》は頬《ほゝ》に肉《にく》ある者《もの》は親《おや》の家《いへ》を繼《つ》ぐべし。

第十四

官祿《くわんろく》の肉《にく》に光澤《くわうたく》あるときは運《うん》よくして官《くわん》に進《すゝ》み僧侶《そうりよ》は寺院《じゐん》に名《な》を揚《あ》げ平《へい》人《にん》は家業《かげふ》の幸福《かうふく》下人《げにん》は目《め》上《うへ》の人《ひと》の援引《ひきたて》あるべし。

第十五

官祿《くわんろく》に黑子《こくし》又《また》缺陷《けつかん》あるは孤獨《こゝく》にして奸佞《かんねい》なり。

第十六

年老《としお》いて頭《かしら》の禿《よ》げざる者《もの》は官廳《くわんちやう》に在《あ》りて屬僚《ぞくれう》の首席《しゆせき》を占《し》むる能《あた》はず會《くわい》

巳月戊戌日求財《きうさい》を占《うらな》ふ

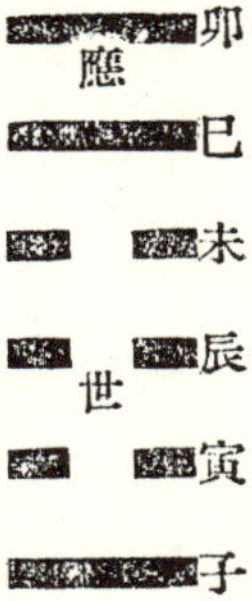

益不變《えきふへん》

辰土《たつど》の財爻《ざいかうよ》世を持《ち》す空亾《くうばう》に値《あ》ふと雖《いへど》も戌《いぬ》の日《ひ》空爻《くうかう》を冲《ちう》するを以《もつ》て是《これ》を實《じつ》とす本日得《ほんじつう》べし果《はた》して然《しか》り。

酉月乙未日子《こ》の久《ひさ》しく出《い》でゝ歸《かへ》らず生死如何《しやうしいかん》を占《うらな》ふ

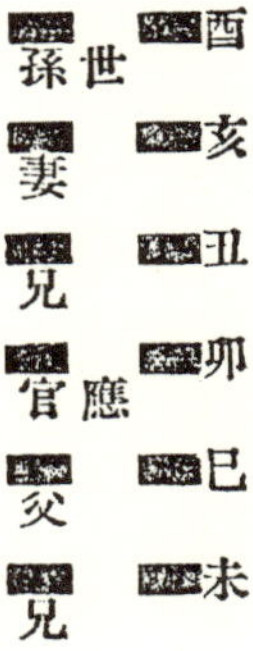

坤不變《こんふへん》

此卦用神孫爻月建《このくわようじんそんかうげつけん》に臨《のぞ》みて日辰《につしん》の生《せい》あり六冲卦《ちうくわ》と雖《いへど》も必《かならず》歸《かへ》るべし果《はた》して卯年《うどし》に歸《かへ》れり（子年《ねどし》の占《せん》）是靜《これしづか》にして冲《ちう》に逢《あ》ふの年《とし》に應《おう》ずるなり。

●三刑《けい》

社等《しやとう》に在《あ》りて重役《ちうやく》の任《にん》を負《お》ふことなし。

第十七

印堂《いんだう》より青筋《あをすぢ》五六條《でう》昇《のぼ》るときは官位《くわんゐ》を削《けづ》らるゝことあるべし。

第十八

命宮《めいきう》に黒子《こくし》を生《しやう》ずれば大病《だいびやう》を患《うれ》ひ缺陷《けつかん》あれば急死《きふし》の厄《やく》あり。

第十九

命宮肉《めいきうにく》なく骨高《ほねたか》きは三十六歳《さい》にて困《くるし》むことあり。

第二十

命宮《めいきう》に竪理《たてすぢ》ある者《もの》は不實《ふじつ》なり横紋《くわうもん》あるは破財《はざい》を

寅刑巳　巳刑申　子刑卯　卯刑子　丑戌亥刑　未辰相刑

三刑《けい》は卦中巳《くわちうみ》の爻《かう》ありて日月又動爻《じつげつまたどうかう》に寅《とら》の就《つ》くの類《るゐ》なり之《これ》を犯《おか》せば凶《きやう》なりとすれども其驗《そのけん》を得《う》ること稀《まれ》なり。

●暗《あん》動《どう》

旺相《わうさう》の靜爻日辰《せいかうにつしん》の冲《ちう》に逢《あ》へば暗動《あんどう》とす靜《しづか》なれども動《うご》く氣《き》あり休《きう》囚《しう》の靜爻日辰《せいかうにつしん》の冲《ちう》に逢《あ》へば日破《につぱ》とす効果《かうくわ》なし此項《このかう》六合章中《がふしやうちう》に附《ふ》言《げん》したれども必要眼目《ひつえうがんもく》に付再錄《つきさいろく》す。

●動《どう》散《さん》

日辰動爻《につしんどうかう》を冲《ちう》するも用神旺相《ようじんわうさう》すれば冲散《ちうさん》せず休囚《きうしう》する者《もの》は冲散《ちうさん》するも百占稀《せんまれ》に見《み》る所是則《ところこれすなはち》神兆《しんてう》は動《うご》くに兆《てう》す今日制《こんにちせい》を受《う》くと雖《いへど》も後値日《のちちよくじつ》に逢《あ》ふて散《さん》せざるなり。

丑月丁酉日父《ちゝ》の他《た》に出《いで》て一年音信《ねんいんしん》なし依《よつ》て占《うらな》ふ　渙之坎《くわんのかん》

免《まぬか》れず。

第二十一

額《ひたひ》に横紋《くわうもん》ありて眉尾《びび》を壓《お》すが如《ごと》き者萬事滞《ものばんじとどこほ》りありて貧苦《ひんく》なり。

第二十二

天倉《てんさう》地庫《ちこ》に肉《にく》ありて眉《まゆ》豐《ゆたか》に長《なが》き者《もの》は足《た》る事《こと》を知《し》るの人《ひと》なり。

第二十三

眉毛《びもう》粗《あら》く間《あひだ》窄《せま》りて眼《め》深《ふか》く陷《おちい》る者《もの》は足《た》る事《こと》を知《し》らざ

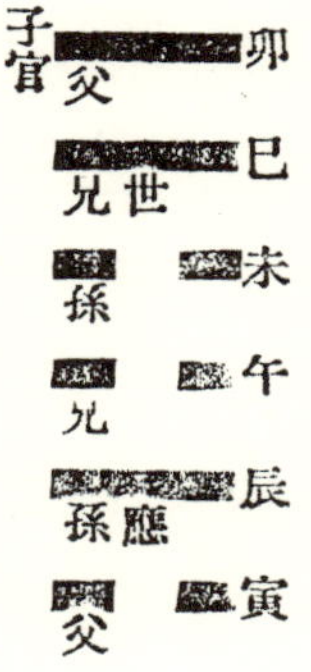

用神卯《ようじんう》木《ぼく》父《ふ》爻《かう》動《うご》きて世《よ》を生《しやう》じ回《くわい》頭《とう》生《せい》に化《くわ》す然《しか》れば則《すなはち》外《ほか》に在《あ》りて平安《へいあん》なるべし世《せ》爻空《かうくう》する者《もの》は速《すみやか》に至《いた》らん春《はる》に至《いた》りて歸《かへ》るべし果《はた》して卯《う》の月意《つきい》を得《え》て歸《かへ》れり是用神動《これようじんうご》きて日辰《につしん》の冲《ちう》を受《う》くるに非《あら》ず散《さん》とは言《い》ひ難《かた》し。

●反吟《はんぎん》伏吟《ふくさん》

反吟《はんぎん》に二種《しゆ》あり卦反吟爻反吟《くわはんぎんかうばんぎん》とす爻反吟《かうはんぎん》は坤卦巽《こんくわそん》に變《へん》じ巽卦坤《そんくわこん》に變《へん》ずるを云《い》ふ卦反吟《くわはんぎん》は乾卦巽《けんくわそん》に變《へん》じ坤卦艮《こんくわごん》に變《へん》ずるが如《ごと》く孰《いづれ》も八方位《はうゐ》反對《はんたい》の卦《くわ》なり而《しか》して内卦反吟《ないくわはんぎん》は内事《ないじ》安《やす》からず外卦反吟《ぐわいくわはんぎん》は外事寧《ぐわいじやす》からず内外反吟《ないぐわいはんぎん》は内外共《ないぐわいとも》に安《やす》からざるの象《しやう》とす百占成《せんな》るに似《に》て就《な》らず敗《やぶ》れんとして成《な》るが如《ごと》く得《え》て失《うしな》ひ失《うしな》ふて得《う》るあり來《きた》りて去《さ》り去《さ》りて又來《またきた》る聚散常《しうさんつね》なく動靜定《どうせいさだ》まらざるなり。

る人《ひと》なり。

第二十四

左右《さいう》の眉尾《びび》に白氣現《はくきげん》すれば剣難《けんなん》を免《まぬか》れず。

第二十五

眉毛《びまう》の中間《ちうかん》絶《た》えたる者《もの》は兄弟分離《けいていぶんり》し又《また》は兄弟《けいてい》不和《ふわ》なり。

第二十六

印堂《いんだう》に川字紋《せんじもん》あるは孝心《かうしん》にして忠信《ちうしん》なる人《ひと》なり。

第二十七

印堂《いんだう》の上《うへ》に三角紋《かくもん》ある者《もの》は火難《くわなん》の厄《やく》あり平生《へいせい》の愼《つゝし》み肝要《かんえう》なり。

伏吟《ふくぎん》とは乾卦《けんくわ》震《しん》に變《へん》じ震卦《しんくわ》乾《けん》に變《へん》ずるを云《い》ふ百事《じ》憂鬱《いううつ》意の如《ごと》くならず官途占《くわんとせん》は沈滞《ちんたい》し賣買占《ばいばいせん》は本利《ほんり》共《とも》に損失婚姻占《そんしつこんいんせん》成《な》らず家宅《かたく》占《せん》は移徙《いし》叶《かな》はず旅行占《りよかうせん》は躊躇決行《ちうちよけつかう》し難《がた》く行人占《かうじんせん》は外《ほか》に在《あ》りて憂《いう》悶《もん》するの類反吟《るゐはんぎん》と同《おな》くして稍《やゝ》重《おも》し然《しか》れども用神旺相《ようじんわうさう》すれば冲開《ちうかい》の年月《ねんげつ》を待《ま》ちて伸《の》び用神休囚《ようじんきうしう》すれば冲開《ちうかい》の年月《ねんげつ》に至《いた》りて尚憂鬱《なほいううつ》す。

●用神多現《ようじんたげん》

用神多現《ようじんたげん》とは例《たと》へば乾爲天《けんゐてん》の卦《くわ》を得《う》るが如《ごと》き父母爻《ふぼかう》二あり變《へん》じて巽爲風《そんゐふう》に之《ゆ》けば又父母爻《またふぼかう》二あり然《しか》るに占事《せんじ》父爻《ふかう》を用神《ようじん》とするときは孰《いづれ》を採《と》るべきか其主《そのおも》なる者《もの》は必《かならず》一爻《かう》なるべし此時《このとき》は第《だい》一世爻《せかう》に在《あ》る者第《ものだい》二月建日辰《げつけんにつしん》の臨《のぞ》む者第《ものだい》三動爻第《どうかうだい》四月破第《げつぱだい》五旬《じゆん》空《くう》の爻《かう》を採《と》りて以《もつ》て用神《ようじん》と爲《な》す若此《もしこの》五種《しゆ》に係《かゝは》らざれば我事《わがこと》は内《ない》

第二十八

眉尾《びび》垂下《たれさが》りて八字形《じけい》をなし眼《め》を壓《お》す者《もの》は滞《とどこほ》り多《おほ》し。

第二十九

魚尾《ぎよび》に雀子斑《そばかす》の如《ごと》き狀《じやう》ある者《もの》は家族《かぞく》に疎《うと》まるゝなり

第三十

魚尾奸門《ぎよびかんもん》に赤氣《せきゝ》出《い》づれば夫妻《ふさい》の爭《あらそ》ひあり。

第三十一

奸門《かんもん》に紅氣紅點《こうきこうてん》あれば良《りやう》妻《さい》を得《う》るか已《すで》に妻《さい》ある者《もの》は妻《さい》によりて吉事來《きつじきた》るべし。

第三十二

卦《くわ》に在《あ》る者《もの》を採《と》り他《た》の事《こと》は外卦《ぐわいくわ》に在《あ》る者《もの》を用《もち》ふるなり。

附言　乾爲《けんゐ》天《てん》に在《あ》りては土爻《どかう》を父母《ふぼ》とし巽爲《そんゐ》風《ふう》に在《あ》りては水《すゐ》爻《かう》を父母《ふぼ》とすれども本卦乾金《ほんくわけんきん》より變《へん》じたる者《もの》なれば乾《けん》に在《あ》るが如《ごと》く巽《そん》に於《おい》ても土爻《どかう》を父母《ふぼ》とす諸占皆本卦《しよせんみなほんくわ》の六親《しん》に依《よ》りて變卦《へんくわ》の屬類《ぞくるゐ》を定《さだ》むること此例《このれい》なり。

●用神伏藏《ようじんふくざう》

伏藏《ふくざう》とは毎卦《まいくわ》に配合《はいがふ》したる十二支《し》中《ちう》六親《しん》の具《そな》はらざるあり例《たと》へば澤山咸《たくさんかん》の如《ごと》き卦中妻財《くわちうさいざい》なし此時《このとき》は咸《かん》の本宮兌爲澤《ほんきうだゐたく》の二爻卯《かうう》の妻財《さいざい》を以《もつ》て其用《そのよう》を爲《な》す是咸《これかん》の二爻《かう》は午《うま》の官鬼《くわんき》にして之《これ》を飛神《ひじん》と云《い》ひ妻財其下《さいざいそのした》に伏藏《ふくざう》すと云《い》ふ即《すなは》ち伏神《ふくじん》なり。

●伏神用不用《ふくじんようふよう》

伏藏《ふくざう》したる用神《ようじん》は其効《そのかう》なしと雖《いへど》も生扶《せいふ》する者《もの》あれば用《よう》あり其《その》一

奸門《かんもん》外甥《ぐわいせい》賊盜《ぞくどう》宮《きう》の邊《へん》に竪紋《たてすぢ》ある者《もの》は女難をつゝし愼《つゝし》むべし。

第三十三

眼下《がんか》に横紋《よこすぢ》ある者《もの》は貧窮《ひんきう》なり或《あるひ》は他《た》の子《こ》を養《やしな》ひ老《おい》て孤獨《こどく》となるべし。

第三十四

眼《め》鋭《するど》く顴骨《けんこつ》高《たか》からずして尖《するど》き者《もの》は必《かなら》ず不敵《ふてき》の人《ひと》なり。

第三十五

額《ひたひ》に凸凹《とつあう》の角《かど》あり又《また》は疵《きづ》ある者《もの》は長者《ちやうじや》に背《そむ》くの人《ひと》なり。

第三十六

は月建日辰《げつけんにつしん》の生《しやう》ずる者其《ものその》二は旺相《わうさう》する者其《ものその》三は飛神《ひじん》に生《しやう》ぜらるゝ者其《ものその》四は動爻《どうかう》の生《せい》ある者其《ものその》五は日月動爻《じつげつどうかう》の飛神《ひじん》を沖尅《ちうこく》する者《もの》其《その》六は飛神《ひじん》空亡月破《くうばうげつぱ》に逢《あ》ひ或《あるひ》は休囚墓《きうしうぼ》絶《ぜつ》する者《もの》の六種《しゆ》なり。伏神《ふくじん》の全《まつた》く用《よう》を爲《な》さゞる者其《ものその》一は休囚氣《きうしうき》なき者其《ものその》二は月建日辰《げつけんにつしん》に沖尅《ちうこく》せらるゝ者其《ものその》三は旺相《わうさう》したる飛神《ひじん》に尅害《こくがい》せらるゝ者其《ものその》四は日月又飛神《じつげつまたひじん》に墓絶《ぼぜつ》する者其《ものその》五は休囚《きうしう》して旬空月破《じゆんくうげつぱ》に値《あ》ふ者《もの》の五種《しゆ》なり。

●隨《ずる》官《くわん》入墓《にふぼ》

官爻《くわんかう》世《よ》に隨《したが》ひて日辰《につしん》に墓《ぼ》するを世官入墓《せいくわんにふぼ》と云《い》ふ官爻生年《くわんかうせいねん》の本命《ほんめい》爻《かう》に就《つ》きて日辰《につしん》に墓《ぼ》するを命官入墓《めいくわんにふぼ》と云《い》ふ又官鬼卦身《またくわんきくわしん》に就《つ》きて日辰《につしん》に墓《ぼ》するを隨身入墓《ずるしんにふぼ》と云《い》ふ然《しか》れども卦身《くわしん》なる者《もの》は必要《ひつえう》の說《せつ》二途《と》あるを以《もつ》て詳說《しやうせつ》を付《ふ》せず前《せん》の二法《はふ》を以《もつ》て之《これ》を解說《かいせつ》す其例戌《そのれいいぬ》

鼻孔《びこう》の仰《あふ》ぎたる者《もの》は孤獨《こどく》にして貧相《ひんさう》なり。

第三十七

山根《さんこん》に竪紋《たてすぢ》ある者《もの》は兄《けい》弟親和《ていしんくわ》せず萬事不幸《ばんじふかう》にして身《み》を破《やぶ》ることあり。

第三十八

準頭《せつとう》の上《うへ》に横紋《よこすぢ》ある者《もの》は車馬《しやば》により負傷《ふしやう》することあり。

第三十九

準頭《せつとう》豐《ゆたか》にして大《だい》なる者《もの》は心《こゝろ》に邪毒《じやどく》なし斯《かく》の如《ごと》き人《ひと》は友《とも》として交《まじ》はるに益《えき》あり。

第四十

の日《ひ》の占《せん》に澤地萃《たくちすゐ》の卦《くわ》を得《う》るが如《ごと》き二爻《かう》の巳《み》火官鬼日辰《くわくわんきにつしん》に墓《ぼ》する是《これ》を世官入墓《せいくわんにふぼ》と云《い》ふ諸占皆凶《しよせんみなきよう》。

●避《ひ》凶避《きようひ》害《がい》

日月動爻《じつげつどうかう》より用神《ようじん》を沖剋《ちうこく》すと雖《いへど》も用神伏藏《ようじんふくざう》すれば其沖剋《そのちうこく》を受《う》けず是《これ》を凶《きよう》を避《さ》くと爲《な》す用神旬空《ようじんじゆんくう》に逢《あ》ふて發動《はつどう》せざれば伏藏《ふくざう》せずと雖《いへど》も亦其沖剋《またそのちうこく》を受《う》けず是《これ》を避空《ひくう》と爲《な》し凶《きよう》を免《まぬか》るゝとす然《しか》れども日月《じつげつ》の忌神《きじん》を生扶《せいふ》し又《また》は忌神重疊用神《きじんちやうでうようじん》を剋《こく》すれば伏藏《ふくざう》すと雖《いへど》も出現《しゆつげん》の時《とき》に至《いた》りて毒《どく》を受《う》け出空《しゆつくう》の時《とき》に至《いた》りて害《がい》に遇《あ》ふべし。

●彼《ひ》來《らい》尋我《じゆんが》　我《が》去《きよ》尋彼《じゆんび》

凡占動爻《はんせんどうかう》より世《せ》爻《かう》を剋《こく》するは凶《きよう》とすれども若人《もしひと》を待《ま》ち物《もの》を求《もと》むるときには其用神動《そのようじんうご》きて世《せ》爻《かう》を剋《こく》すれば彼《かれ》より來《きた》るの意《い》にして其事《そのこと》を得《う》べく却《かへつ》て吉《きつ》なり例《たと》へば臨産《りんさん》の占《せん》の如《ごと》き孫爻動《そんかううご》きて世《よ》を

人中《じんちう》の末平《すゑたいら》にして剣鋒《けんさき》の状《じやう》を為《な》さゞる者《もの》は兒子《じし》あるも皆婦女《みなふちよ》なり。

第四十一

人中《じんちう》の上廣《うへひろ》く下狹《したせま》きは女子《ちよし》多《おほ》く男子少《だんしすくな》し。

第四十二

人中上《じんちううへ》狹《せま》く下廣《したひろ》くして剣鋒《けんさき》の状《じやう》を為《な》せば男子《だんし》多《おほ》く女子少《ちよしすくな》し廣《ひろ》きに過《す》ぐるは老年《らうねん》に至《いた》りて子《こ》あり。

第四十三

額上《がくじやう》に武臣紋《ぶしんもん》あるは武人《ぶじん》の子孫《しそん》なるか武勇《ぶゆう》

尅《こく》すれば時日《じじつ》を遷《うつ》さず無事平産《ぶじへいさん》なるべく約《やく》ありて來《きた》るを待《ま》つに其人兄弟爻《そのひとけいていかう》の屬《ぞく》なるとき兄爻動《けいかうどう》きて世《よ》を尅《こく》すれば必然來《ひつせんきた》るべし又用神動《またようじんどう》きて世《よ》を冲《ちう》し生合《せいがふ》するも吉《きつ》なり但《たゞ》し幾分《いくぶん》の遲速《ちそく》あり若《もし》生《しやう》ぜず冲《ちう》せず尅《こく》せず合《がつ》せざれば是《これ》を我去《われさ》りて彼《かれ》を尋《たづ》ぬと云《い》ふ得《え》難《かた》きのみならず却《かへつ》て凶《きやう》なり。

●反徳扶人《はんとくふじん》

用神發動《ようじんはつどう》して世爻《せかう》を生合《せいがふ》せず應爻又《おうかうまた》は他爻《たかう》を生合《せいがふ》するは我《われ》の恩《おん》義《ぎ》に背《そむ》きて他《た》を助《たす》くるが故《ゆゑ》に是《これ》を徳《とく》に反《そむ》きて人《ひと》を扶《たす》くと云《い》ふ凶《きやう》なり。

●去煞留恩《きよさつりうおん》　留煞害命《りうさつがいめい》

去煞留恩《きよさつりうおん》とは日辰又《につしんまた》は變爻《へんかう》より用神《ようじん》に合《がふ》し忌神《きじん》を冲《ちう》するなり百占《せん》皆《みな》吉《きつ》。

の誉《ほまれ》ある人なるか又は仕官《しくわん》の地位《ちゐ》を占《し》むる人《ひと》なり。

第四十四

額上《がくじやう》に横紋《よこすぢ》ありて彎形《ゆみなり》を並《なら》べたるが如《ごと》きを蛇行《だぎやう》紋《もん》と云《い》ふ客死《かくし》を免《まぬか》れず。

第四十五

眉頭《びとう》の上《うへ》に竪紋《たてすぢ》ありて末《すゑ》廣《ひろ》く勢《いきほ》ひありて開《ひら》きたるは吉《きつ》なり末狹《すゑせ》ければ凶《きよう》なり左右反《さいうはん》すれば萬事《ばんじ》滞《とどこほ》り多《おほ》し。

第四十六

眉中《びちう》に旋毛《せんもう》ある者《もの》は兄弟《けいでい》蛇鼠《だそ》の如《ごと》く争《あらそ》ひ不孝《ふかう》にし

留煞害命《りうさつがいめい》とは日辰又《につしんまた》は變爻《へんかう》より用神《ようじん》を冲《ちう》し忌神《きじん》に合《がふ》するを云《い》ふ諸占皆凶此二《しよせんみなきようこの》占法《せんぱふ》は多《おほ》く冲處逢合《ちうしよほうがふ》、合處逢冲《がふしよほうちう》の卦《くわ》に在《あ》り注意《ちうい》研《けん》究《きう》すべし。

● 泄《えい》　氣《き》

諸占《しよせん》の用神刑冲尅害《ようじんけいちうこくがい》に逢《あ》はざれば凶《きよう》なりとすれども若發動《もしはつどう》して他《た》爻《かう》を生《しやう》ずれば我爲《わがため》にする者《もの》なくして彼《かれ》を助《たす》くる者《もの》なるが故《ゆゑ》に是《これ》を泄氣《えいき》と云《い》ふ諸占皆効《しよせんみなかう》なし但《たゞ》し原神《げんじん》も亦發動《まゝはつどう》して之《これ》を生《しやう》ずるか月建日辰《げつけんにつしん》の之《これ》を生《しやう》ずるあれば害《がい》なし。

● 併不併《へいふへい》　冲不冲《ちうふちう》

併《へい》とは卦中《くわちう》に在《あ》る爻《かう》に日辰月建《につしんげつけん》の臨《のぞ》むを云《い》ふ例《たと》へば子《ね》の月《つき》に得《え》たる卦中《くわちう》に子《ね》の爻《かう》あれば是《これ》を月併《げつぺい》とし子《ね》の日《ひ》の占《せん》に卦中子《くわちうね》の爻《かう》あれば是《これ》を日併《につぺい》とす。

て貪欲《どんよく》なり。

第四十七

眉長《まゆなが》くして鬢《びん》に至《いた》るは福《ふく》壽倶《じゆとも》に全《まつた》し但《たゞ》し毛《け》の軟《やはらか》なるを妙《めう》とす必《かなら》ず聰明《そうめい》の人《ひと》なり。

第四十八

眉上《びじやう》に三紋《もん》ありて火炎《くわえん》の狀《じやう》の如《ごと》きは破敗《はまい》して兄弟《けいてい》を剋《こく》するなり。

第四十九

眼下《がんか》に立皺《たてじは》の如《ごと》き三紋《もん》あるを涙紋《るいもん》と云《い》ふ子孫《しそん》を剋《こく》するなり。

第五十

眼中赤脈《がんちうせきみやく》を現《あらは》すは心《しん》

不併《ふへい》とは例《たと》へば子《ね》の日《ひ》に得《え》たる卦《くわ》に子《ね》の爻《かう》ありて用神《ようじん》とするとき日併《につぺい》とすと雖《いへど》も發動《はつどう》して墓絶冲尅《ぼせつちうこく》等《とう》に化《くわ》すれば却《かへつ》て凶《きよう》なり是《これ》を日辰變壞《につしんへんくわい》と云《い》ふ例《たと》へば亥《ゐ》の日《ひ》に得《え》たる姤卦《こうくわ》にして孫爻《そんかう》を用神《ようじん》とするとき此孫爻亥《このそんかうゐ》にして日辰《につしん》に臨《のぞ》むを以《もつ》て吉《きつ》とすれども動《うご》きて困《こん》となるときは困《こん》の二爻辰土《かうたつど》にして亥《ゐ》の水爻《すゐかう》は辰土《たつど》に墓《ぼ》するが如《ごと》き類《るゐ》なりと知《し》るべし。

冲《ちう》とは前來述《ぜんらいの》ぶる所《ところ》に在《あ》りて方位《はうゐ》の對向支《たいかうし》にして即《すなは》ち七つ目《め》なり。

不冲《ふちう》とは例《たと》へば子《ね》の日《ひ》の占《せん》に得《え》たる卦中《くわちう》に午《うま》の爻《かう》ありて用神《ようじん》とするとき日辰《につしん》に冲《ちう》せらるゝが故《ゆゑ》に凶《きよう》とすれども若其卦中《もしそのくわちう》に子《ね》の爻《かう》ありて發動《はつどう》し墓絶冲尅《ぼせつちうこく》に變《へん》ずれば日辰《につしん》の子《ね》は用神《ようじん》の午《うま》を冲尅《ちうこく》する能《あた》はず其日《そのひ》に至《いた》り却《かへつ》て吉《きつ》とするなり是日辰《これにつしん》と同性《どうせい》の者《もの》卦中《くわちう》

顴《ぐわん》ある相《さう》なり其勢《そのいきほ》ひ急《きふ》なるは願《ねがひ》も亦急《またきふ》なり若《もし》内眥《まがしら》より起《おこ》れば自身《じしん》の心《しん》願《ぐわん》なり外眥《まなじり》より起《おこ》るは他《た》人《にん》の原動《げんどう》により倶《とも》に謀《はか》らんとするの心願《しんぐわん》なり。

第五十一

赤脈《せきみやく》瞳子《ひとみ》を貫《つらぬ》く者《もの》は胸中《けうちう》悪意《あくい》を懐《いだ》く故《ゆゑ》に訴《そ》訟《しよう》事件《じけん》あるときは囹圄《れいご》に呻吟《しんぎん》することあるべし。

第五十二

眼《め》の波紋《はもん》長《なが》きは聡明《そうめい》にして功名《こうみやう》を遂《と》ぐべし。

第五十三

眉頭《びとう》相交《あひまじ》はりて形状《かたち》蜻蛉《とんぼ》

に在《あ》りて墓絶《ぼせつ》冲尅《ちうこく》に變《へん》ずるが故《ゆゑ》に日辰《につしん》の勢力《せいりよく》挫折《ざせつ》するものなり是《これ》を日辰化壊《につしんくわくわい》と云《い》ふ。

●助鬼《じよき》傷身《しやうしん》

助鬼傷身《じよきしやうしん》とは官爻發動《くわんかうはつどう》して日辰《につしん》に長生《ちやうせい》し世《せ》爻又用神《かうまたようじん》を冲尅《ちうこく》すれば是鬼《これき》を助《たす》けて身《み》を傷《きづつ》くと云《い》ふ即《すなは》ち日辰《につしん》は官鬼《くわんき》を助《たす》け世《せ》爻《かう》は用《よう》神《じん》を尅害《こくがい》して援助《えんじよ》せざるが故《ゆゑ》なり凡占《ぼんせん》甚《はなはだ》凶《きよう》殊《こと》に訴訟病占《そしようびやうせん》に於《おい》て忌《い》むことなり。

●去《きよ》身《しん》上鬼《じやうき》

諸占《しよせん》最《もつと》も世《せ》爻《かう》を尅《こく》するを怕《おそ》るゝと雖《いへど》も通常占《つうじやうせん》に於《おい》て官鬼《くわんき》の臨《のぞ》む世《せ》爻《かう》なるとき日月動爻《じつげつどうかう》の世《よ》を冲尅《ちうこく》するは却《かへつ》て吉《きつ》とす乃《すなは》ち身邊《しんぺん》の鬼《き》を尅《こく》し去《さ》るが故《ゆゑ》なり然《しか》れども官職《くわんしよく》に在《あ》る者《もの》は世爻官鬼《せかうくわんき》に臨《のぞ》むを吉《きつ》とす是占事《これせんじ》に依《よ》りて大《おほい》に差《さ》あることとなり。

の如《ごと》く印堂《いんだう》を侵《お》すは短命《たんめい》頑愚《ぐわんぐ》にして百事《じ》成《な》り難《かた》し

第五十四

眉左右《まゆさいう》に短《みじか》くして眼《め》を覆《おほ》はざるは親《したし》き人《ひと》に踈《うご》まれ遂《つひ》に孤貧《こひん》となるべし。

第五十五

奸門《かんもん》に井字紋《せいじもん》ある者《もの》は色《しき》情《じやう》により身《み》を亡《ほろぼ》すことあるべし。

第五十六

臥蠶《ぐわさん》に氣《き》を發《はつ》すれば妊娠《にんしん》疑《うたが》ひなし其《その》色《いろ》紅《べに》なれば男子《だんし》青《あを》なれば女子《ぢよし》とす。

第五十七

臥蠶《ぐわさん》の肉水腫《にくみづはれ》の如《ごと》くな

午日癸丑日妻《つま》の病《やまひ》を占《うらな》ふ

萃之《するの》比《ひ》

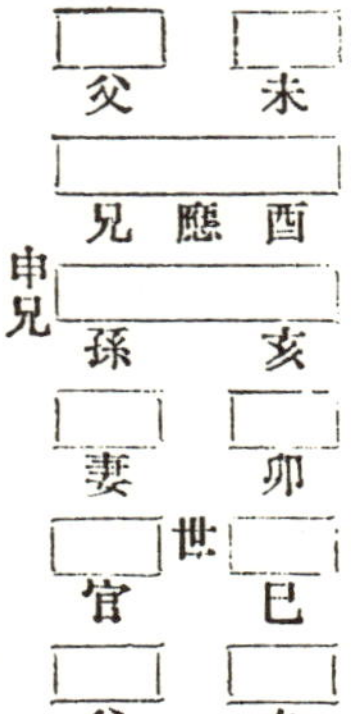

問者《もんしや》曰《いはく》三月《ぐわつ》より病發《やまひおこ》ると斷《だん》じて曰《いはく》卯木妻空《うぼくさいくう》なり明日出空《みやうにちしゆつくう》して病退《やまひの》くべし彼曰《かれいはく》醫師《いし》藥《くすり》を投《とう》ぜず故《ゆゑ》に甚《はなはだ》憂慮《いうりよ》す曰此卦亥水子《いはくこのくわゐみづし》孫《そん》獨發《どくはつ》して世《せ》爻《かう》の官鬼《くわんき》を尅《こく》し去《さ》る明日寅《めうにちとら》の日《ひ》亥《ゐ》と合《がふ》す是即《これすなは》ち子孫《しそん》を合起《がふき》するの日必痊《ひかならずい》ゆべし果《はた》して次《つぎ》の日《ひ》痊《い》えたり。

● 化《くわ》官鬼《くわんき》吉凶有二《きつきようにあり》

動爻官鬼《どうかうくわんき》を變出《へんしゆつ》するとき功名《こうめい》を占《うらな》ふ者世《ものせ》爻旺相《かうわうさう》して日月《じつげつ》に臨《のぞ》み或《あるひ》は日月《じつげつ》の生扶《せいふ》を得《う》れば官《くわん》を得《う》るの兆《てう》とす世《よ》若《も》休囚《しきうしう》して尅《こく》を受《う》け動《うご》きて官鬼《くわんき》を出《い》だす者《もの》は是《これ》を變鬼《へんき》と爲《な》し官《くわん》を得《え》ざるのみならず却《かへつ》て凶《きよう》なり。

れば陰密《いんみつ》に色情《きじやう》の兆《きざし》あり。

第五十八

奸門《かんもん》に亂紋《らんもん》ある者《もの》は平生《へいせい》妻《さい》を叱咤《しつた》し爭《あらそ》ひて剋《こく》すること多《おほ》し。

第五十九

鼻梁《はなすぢ》細《ほそ》く尖《とが》りて山根《さんこん》より絲《いと》を懸下《かけおろ》すが如《ごと》き者《もの》は大《おほい》に破敗《はばい》すべし。

第六十

年上壽上《ねんじやうじゆじやう》に當《あた》りて竪《たて》紋《すぢ》あれば多《おほ》く他子《たし》を養《やしな》ふて後嗣《あとつぎ》とするなり。

第六十一

姙娠《にんしん》の人《ひと》蘭臺廷尉《らんたいていゐ》及《および》

●占遠應近《せんゑんおうきん》

天下《てんか》の理《り》は動《どう》に生《しやう》ず機《き》あれば動《どう》あり凡占事《およそせんじ》の目前《もくぜん》に在《あ》る者《もの》は心《しん》神情《しんじやう》に迫《せま》りて相感《あひかん》ず故《ゆゑ》に吉凶《きつきよう》忽《たちま》ち顯《あらは》る若事《もしこと》尙機《なほき》なく或《あるひ》は後運《こううん》を占《うらな》ひ或《あるひ》は關切《くわんせつ》の事《こと》ならす甚《はなはだ》兒戯《じき》に類《るゐ》するの問筮《もんぜい》あり占者《せんしや》已むを得《え》ず之《これ》に應《おう》ずるも兩心毫《りやうしんがう》も相感《あひかん》ずるなく卦《くわ》も亦茫然《またばうぜん》たり是《こゝ》に於《おい》て卦《くわ》の成《な》る者遠《ものとほ》きを以《もつ》て近事《きんじ》を報《ほう》じ或《あるひ》は近事《きんじ》を以《もつ》て遠《とほ》きを報《はう》ずるあり。

●占此應彼《せんしおうひ》

神《しん》は小事《せうじ》を捨《す》てゝ大事《だいじ》を報《はう》じ小吉《せうきつ》を捨《す》てゝ大凶《だいきよう》を報《はう》ず凡機《およそき》の一動《いう》は卦《くわ》に明《あらは》る是《これ》を知《し》るは其神乎《それしんか》と云《い》ふ。

年壽《ねんじゆ》に赤氣《せききい》出で、耳《みゝ》に至《いた》れば近《ちか》き内《うち》に産死《さんし》す。

第六十二

左右《さいう》の耳大小不同《みゝだいせうふどう》なる者《もの》は根生惡《こんじやうあし》くして不幸《ふかう》なり。

第六十三

耳《みゝ》に輪《りん》ありて廓《くわく》なき者《もの》は妻子《さいし》の内《うち》孰《いづれ》にか別《わか》る然《しか》らざれば病《やまひ》多《おほ》くして辛勞《しんらう》絶《た》えず。

第六十四

耳《みゝ》の輪廓《りんくわく》共《とも》に缺《か》け破《やぶ》るゝは孤貧《こひん》にして病《やまひ》多《おほ》し。

第六十五

耳毛《じもう》ある者《もの》は横死急死《わうしきふし》の難《なん》

卯月丙午日小人《せうじん》の口舌《くぜつ》を占《うらな》ふ　乾之需《けんのじゆ》

戊	世	父	子孫
申	の	兄	
午		官	申兄
辰	應	父	
寅		妻	
子		孫	

斷《だん》に曰口舌《いはくくぜつ》の如何《いかん》を占《うらな》ふて此吉《このきつ》卦《くわ》を得《え》たり客曰何《かくいはくなに》の吉事《きつじ》かある曰青龍天喜文書《いはくせいりうてんきぶんしよ》世《よ》を持し午《ち》火《うまくわ》の官星日晨《くわんせいにつしん》に臨《のぞ》みて世《よ》を生《しやう》ず今年《ことし》太歳《たいさい》巳《み》に在《あ》り歳君《さいくん》又世《またよ》を生《しやう》ず定《さだ》めて非常《ひじやう》の喜慶《きけい》あらん十日《かい》を出でずして顯然《けんせん》たるべし是小事《これせうじ》を捨《す》てゝ大事《だいじ》を報《はう》ずる者《もの》なり。

前來記述《せんらいきじゆつ》する所《ところ》の種別《しゆべつ》を研究《けんきう》するに於《たい》ては萬占《ばんせん》の吉凶容易《きつきようようい》に判《はん》斷《だん》することを得《う》べし凡人事《およそじんじ》の進退悔吝《しんたいくわいりん》を問筮《もんせい》に託《たく》するの種類《しゆるゐ》千百を以《もつ》て數《かぞ》ふるも盡《つ》きざることとなり今其問題《いまそのもんだい》に付《つき》一々占法及類《せんぱふおよびるゐ》例《れい》を記《き》するは一朝《てう》の業《げふ》にあらず畢竟吉凶進退《ひつきやうきつきようしんたい》の係《かゝ》る所《ところ》五行《ぎやう》の理《り》に外《ほか》ならざるを以《もつ》て他《た》は宜《よろし》く活用《くわつよう》すべし又左《またさ》に吉星凶殺《きつせいきようさつ》一二を附記《ふき》し次《つい》で各門類別《かくもんるゐべつ》の應否《やうひ》を示《しめ》す。

なし聞《き》く亀《かめ》は耳《みゝ》より氣《き》を通《つう》ずと人《ひと》も耳《みゝ》に毛《け》の生《しやう》ずるは口《くち》を閉《と》ぢて臥《ふ》するが故《ゆゑ》に耳《みゝ》より息《いき》の通《つう》ずればなり。

第六十六

口《くち》より青氣《せいきい》出で、耳《みゝ》に至《いた》る者《もの》は病《やまひ》あり妊娠《にんしん》の婦人《ふじん》なれば七日内《かない》に死《し》すべし。

第六十七

口《くち》を閉《と》ぢて上唇《じやうしん》の中下《なかさが》る者《もの》は多《おほ》く貧《ひん》にして人《ひと》の悪《あし》き事《こと》を言《い》ふ。

第六十八

上下《じやうか》の唇《くちびる》厚《あつ》くして反《そ》りたるは下賤《げせん》にして短命《たんめい》なり。

●天《てん》祿《ろく》

天祿《てんろく》は吉星《きつせい》なり諸占旺相《しよせんわうさう》して發動《はつどう》すれば吉休囚氣《きつきうしうき》なくして冲剋《ちうこく》を受《う》くれば功《こう》なし例《たと》へば甲《きのえ》の日《ひ》に得《え》たる卦《くわ》に寅《とら》の爻《かう》あれば是《これ》を天祿《てんろく》とす。

	天祿
甲日	寅
乙日	卯
丙日	巳
丁日	午
戊日	巳
己日	午
庚日	申
辛日	酉
壬日	亥
癸日	子

●天《てん》乙《おつ》貴《き》人《にん》

是亦吉星《これまたきつせい》なり諸占旺相發動《しよせんわうさうはつどう》に吉休囚冲剋《きつきうしうちうこく》に遇《あ》へば凶《きよう》。

	天乙貴人
甲日	丑
乙日	子
丙日	亥
丁日	酉
戊日	未
己日	申
庚日	午
辛日	寅
壬日	卯
癸日	巳

●天《てん》喜《き》

是亦吉星《これまたきつせい》なり若卦中《もしくわちう》に動《うご》きて旺相《わうさう》の用神《ようじん》を扶助《ふじよ》すれば縦令《たとひ》月破《げつぱ》

第六十九

上唇薄《じやうしんうす》く下唇厚《かしんあつ》きか下《か》唇《しん》の薄《うす》く上唇《じやうしん》の厚《あつ》きは孰《いづ》れも孤獨《こどく》の相《さつ》なり。

第七十

口《くち》は閉《と》づるとき小《ちいさ》く開《ひら》くとき大《だい》なる者《もの》極《さは》めて富貴《ふうき》なり。

第七十一

口開《くちひら》きて頭歪《かしらゆが》む者《もの》は天《えう》死《し》を免《まぬが》れず。

第七十二

口角右《こうかくみぎ》の下《さが》りたるは女《をんな》の怨恨《うらみ》あり左《ひだり》の下《さが》りたる男《をとこ》の怨恨《うらみ》あり。

に逢《あ》ふも破《は》とせず。

天喜	春令戌の爻	夏令丑の爻	秋令辰の爻	冬令未の爻

●驛《えき》馬《ば》

驛馬《えきば》は吉星《きつせい》なり旅行《りよかう》に吉《きつ》とす又待人占《またまちびとせん》には來《きた》るとす總《すべ》て動《うご》くことあり又動《またうご》くに宜《よろ》しとす用法《ようはふ》は例《たと》へば申子《さるね》辰《たつ》の日《ひ》の占《せん》に卦中寅《くわちうとら》の爻《かう》あれば是《これ》を驛馬《えきば》とす左《さ》の如《ごと》し。

申子辰の日(寅)　亥卯未の日(巳)　己酉丑の日(亥)　寅午戌の日(申)

●劫《こう》殺《さつ》

劫殺《こうさつ》は凶星《きようせい》なり諸占宜《しよせんよろ》しからず用法《ようはふ》は例《たと》へば申子《さるね》辰《たつ》の日《ひ》の占《せん》に巳《み》の爻《かう》あれば是《これ》を劫殺《こうさつ》とす左《さ》の如《ごと》し。

第七十三

口《くち》を閉《と》づる形状《かたち》の不整《ふぞろひ》なる者《もの》は兄弟《けいてい》の縁薄《えんうす》し。

第七十四

口角《こうかく》の黒子《こくし》は目下《めした》の者《もの》に付苦勞《つきくらう》多《おほ》し色赤《いろあか》きは水《すゐ》難《なん》あり。

第七十五

口《くち》偏《かたよ》りて歪《ゆが》む者《もの》は六十歳《さい》を越《こ》えて貧苦《ひんく》なり。

第七十八

當門《たうもん》の二齒大《しだい》にして能《よ》く整《そろ》ひたるは忠孝《ちうかう》の人《ひと》なり偏《かたよ》り小《ちいさ》きは倍義《しんぎ》の行爲《かうゐ》なし。

申子辰の日(巳)　亥卯未の日(申)　巳酉丑の日(寅)　寅午戌の日(亥)

●咸《かん》池《ち》

咸池《かんち》は男女淫欲《なんによいんよく》の事《こと》ありとす婚姻占《こんいんせん》に青龍《せいりう》を帯《お》びて動《うご》けば淫夫《いんぷ》淫婦《いんぷ》とす。

申子辰の日(酉)　亥卯未の日(子)　巳酉丑の日(午)　寅午戌の日(卯)

●各門類應期《かくもんるゐおうき》

静《しづか》にして値《ちよく》に逢《あ》ひ冲《ちう》に逢《あ》ふ者例《ものたと》へば主事《しゆじ》爻子《かうね》水《みづ》に臨《のぞ》めば後《のち》子《ね》午《うま》の日《ひ》に逢《あ》ふて之《これ》に應《おう》ず。

動《うご》きて合《がふ》に逢《あ》ひ値《ちよく》に逢《あ》ふ者例《ものたと》へば主事《しゆじ》爻子《かうね》水《みづ》に臨《のぞ》みて發動《はつどう》すれば後丑《のちうし》の日《ひ》子《ね》の日《ひ》に逢《あ》ふて之《これ》に應《おう》ず。

第七十九

齒《は》の根《ね》現《あらは》れたるは僧侶《そうりよ》の相《さう》にして俗人《ぞくじん》には凶《きよう》なり。

第八十

齒圓《はまる》く小《ちいさ》くして齊《ハと》しからざる者《もの》は貧窮《ひんきう》なり。

第八十一

舌至《したいたつ》て長《なが》く鼻《はな》に及《およ》ぶ者《もの》は孤獨《こどく》なり僧侶《そうりよ》は害《がい》なし。

第八十二

舌短《したみじか》く薄《うす》き者《もの》は身《み》賤《いやし》うして貧《ひん》なり。

第八十三

舌長《したなが》くして端《はし》の尖《とが》りたる

太旺《はなはだわう》する者《もの》は墓《ぼ》に逢《あ》ひ冲《ちう》に逢《あ》ふ時例《ときたと》へば主事《しゆじ》爻午火《かううまくわ》に臨《のぞ》み又《また》巳午《みうま》の月日占卦《げつじつせんくわ》に遇《あ》ひて巳午《みうま》の爻多《かうおほ》ければ後亥子《のちゐね》の日《ひ》に逢《あ》ふて之《これ》に應《おう》ず又戌《またいぬ》の日《ひ》に應《おう》ずるあり是則《これすなはち》火爻墓《くわかうぼ》に入《い》るの日《ひ》なり。

衰絶《すゐせつ》する者《もの》は生《せい》に逢《あ》ひ旺《わう》に遇《あ》ふ時例《ときたと》へば主事《しゆじ》爻金《かうきん》に屬《ぞく》し巳午《みうま》の月日《つきひ》に得《え》たる卦《くわ》なれば休囚氣《きうしうき》なきものとするに依《よ》り後丑辰未戌《のちうしたつひつじいぬ》の月或日《つきあるひ》は秋令《しうれい》に至《いた》りて應《おう》ずべし。

墓《ぼ》に入《い》る者《もの》は冲開《ちうかい》の時例《ときたと》へば主事《しゆじ》爻午火《かううまくわ》に臨《のぞ》めば火《ひ》は戌《いぬ》に墓《ぼ》するに依《よ》り之《これ》を冲《ちう》する辰《たつ》の日《ひ》に逢《あ》ふて之《これ》に應《おう》ずるとす。

六合《がふ》に遇《あ》ふ時例《ときたと》へば主事《しゆじ》爻日月《かうじつげつ》と合《がふ》を作《な》し或《あるひ》は動《うご》きて爻《かう》と合《がふ》し或《あるひ》は動《うご》きて合《がふ》に化《くわ》するに吉凶《きつきよう》あり後冲開《のちちうかい》の日月《じつげつ》を待《ま》ちて之《これ》に應《おう》ず例《たと》へば主事《しゆじ》爻子《かうね》に臨《のぞ》み丑《うし》と合《がふ》を作《な》せば後午未《のちうまひつじ》の日《ひ》に逢《あ》ふて之《これ》に應《おう》ず。

者《もの》は心毒《しんどく》ありて僞言《いつはり》多《おほ》し。

第八十四

法令深《はふれいふか》く正《ただ》しければ長《ちやう》命《めい》の相《さう》なり。

第八十五

法令《はふれい》の紋繞門《もんぞうもん》を破《やぶ》るは業務變《げふむかは》るべし。

第八十六

法令《はふれい》なき者《もの》は短命《たんめい》なり。

第八十七

準頭曲《せつとうまが》りたる者《もの》は決《けつ》して兒子《じし》なし。

第八十八

法令左《はふれいひだり》に曲《まが》る者《もの》は他《た》よ

月破《げつぱ》は塡合《てんがふ》に逢《あ》ふを喜《よつこ》ぶ例《たと》へば子《ね》の月《つき》の占卦《せんくわ》にして主事爻午火《しゆじかうごくわ》に臨《のぞ》めば乃《すなは》ち月破《げつぱ》と爲《な》す後未《のちひつじ》の日《ひ》に逢《あ》ふて是《これ》に應《おう》ず是《これ》を破《は》して合《がふ》に逢《あ》ふと云《い》ふ又午《またうま》の日《ひ》に逢《あ》ふて應《おう》ずるなり是則《これすなは》ち塡實《てんじつ》の日《ひ》にして破《は》せざるなり。

旬空《じゆんくう》は旬内《じゆんない》の空亡《くうばう》なれども旺《わう》すれば空《くう》とせず動《うご》けば空《くう》とせず日《につ》辰動爻《しんどうかう》の生扶《せいふ》あれば空《くう》とせす動《うご》きて空《くう》に化《くわ》し伏《ふ》して旺相《わうさう》するも亦空《またくう》とせず。

進神《しんじん》に化《くわ》すれば値《ちよく》に逢《あ》ひ合《がふ》に逢《あ》ふの時例《ときたと》へば申《さる》の爻動《かうどう》きて酉《とり》に化《くわ》すれば進神《しんじん》とす其進神《そのしんじん》は占事《せんじ》に依《よ》りて吉《きつ》と爲《な》り凶《きよう》と爲《な》るに其《その》發動爻《はつどうかう》の申《さる》の月日《つきひ》に應《おう》ずるあり巳《み》の月日《つきひ》に應《おう》ずるあり。

退神《たいじん》に化《くわ》すれば値《ちよく》を忌《い》み冲《ちう》に逢《あ》ふの時例《ときたと》へば酉《とり》の爻動《かうどう》きて申《さる》に化《くわ》すれば退神《たいじん》とす此時《このとき》は後申《のちさる》の月日《つきひ》に應《おう》ずるあり寅《とら》の月日《つきひ》に應《おう》

り男《をとこ》の禍難《わざはひ》あり右《みぎ》に曲《まが》れば女《をんな》の禍難《わざはひ》とす。

第八十九

邊地《へんち》より高廣《かうくわう》まで青筋《あをすぢ》昇《のぼ》るときは證文《しようもん》の取引《とりひき》又《また》は家屋營繕《かなくえいせん》のことあり。

第九十

邊地山林《へんちさんりん》に赤氣《せきき》出《い》づれば田宅山林《でんたくさんりん》の爭《あらそ》ひあり農家《のうか》は旱《ひでり》に逢《あ》ふべし。

第九十一

地閣《ちかく》に肉《にく》なくして骨立《ほねた》つは住所《ぢうしよ》の苦勞《くらう》あり肉《にく》ありても締《しま》りなく見《み》ゆる者《もの》亦《また》同《おな》じ。

第九十二

ずるあり。

卦中《くわちう》一爻《かう》動《うご》けば之《これ》を獨發《どくはつ》といふ五爻倶《かうとも》に動《うご》けば之《これ》を獨靜《どくせい》と云《い》ふ事《こと》の成敗遲速《せいはいちそく》は用神《ようじん》の生剋旺衰《せいこくわうすゐ》に由《よ》る遠事《ゑんじ》は之《これ》を定《さだ》むるに年月《ねんげつ》を以《もつ》てし近事《きんじ》は之《これ》に應《おう》ずるに時日《じじつ》を以《もつ》てす。

卦《くわ》の恍惚《くわうこつ》なる者《もの》は再占《さいせん》して之《これ》を定《さだ》むることゝし妄斷《もうだん》すべからず世空《よくう》にして原神動《げんじんうご》けば原神《げんじん》の値《ちよく》に逢《あ》ふ時《とき》を待《ま》つべし例《たと》へば甲辰《きのえたつ》の旬中求財占《じゆんちうきうざいせん》に困之坎《こんのかん》を得《う》るが如《ごと》き用神卯《ようじんう》財《ざい》の原神亥《げんじんゐ》の日《ひ》に於《おい》て得《う》るの類《るゐ》なり。

世衰《よおとろ》へて原神靜《げんじんしづか》なれば原神《げんじん》を冲動《ちうどう》するの時《とき》に應《おう》あり。

遊魂《いうこん》の卦《くわ》は心《こころ》に定向《ていかう》なし遷改常《せんかいつね》ならざるの象《しやう》とす。

身命占《しんめいせん》に遊魂《いうこん》の卦《くわ》を得《う》れば平生安全《へいせいあんぜん》に業《げふ》を執《と》るの象《しやう》なし行人《かうじん》を占《うらな》へば他郷《たきやう》に遊變《いうへん》す旅行《りよかう》を占《うらな》へば行止《かうし》定《さだ》まらず家宅《かたく》を占《うらな》へば變《へん》

地閣《ちかく》一面《めん》に黒色《こくしよく》又《また》暗《あん》色《しよく》あれば舟行《しうかう》を警《いまし》むべし白色《はくしよく》にして枯《か》る、は親族《しんぞく》の難《なん》あり。

第九十三

地閣奴僕《ちかくぬぼく》に暗氣《あんき》出《い》づれば近《きん》日《じつ》の中《うち》に失物《うせもの》あり。

第九十四

地閣《ちかく》の肉竪《にくたて》に二《ふた》つに分《わか》りたる者《もの》は家《いへ》を分《わか》つなり骨《ほね》尖《とが》り顋《あご》反《そ》り出《い》でたる者《もの》は孤獨《こどく》にして散財《さんざい》多《おほ》し。

第九十五

喉《のど》の皮緩《かはゆる》く餘皮《よひ》あるは吉《きつ》皮急《かはきふ》なるは短命《たんめい》の相《さう》なり

遷常《せんつね》ならず。

歸魂《きこん》の卦《くわ》は百事拘泥《こうでい》して疆《さかひ》を出《い》でず遊魂《いうこん》と相反《あひはん》せり然《しか》れども用《よう》神《じん》の動靜生尅《どうせいせいこく》等《とう》を主眼《しゆがん》として之《これ》を應用《おうよう》すべし。

●年時占法《ねんじせんぱふ》

年時《ねんじ》は上爻又應爻《じやうかうまたおうかう》を天《てん》とし世爻《せかう》を地《ち》とし太歳《たいさい》を主《しゆ》とし官鬼騰蛇《くわんきとうだ》を災禍《さいくわ》とす。

爻《かう》に於《おい》て左《さ》の如《ごと》し。

是《これ》を六爻《かう》に區分《くぶん》すれば初爻《しよかう》を五穀桑麻禽獸草木《こくさうまきんじうさうもく》とす財孫《さいそん》を持《ぢ》するに宜《よろし》く官鬼《くわんき》を持《ぢ》するに凶《きよう》なり●二爻《かう》を農民商賈又《のうみんしやうこまた》は無職業《むしよくげふ》の士分游民《しぶんいうみん》とし子孫《しそん》を持《ぢ》すれば無事平安《ぶじへいあん》官鬼《くわんき》を持《ぢ》すれば其年禍害《そのとしくわがい》多《おほ》し●三爻《かう》を行政官吏税務官吏《ぎやうせいくわんりぜいむくわんり》とす世爻《せかう》を生合《せいがふ》すれば民人撫恤《みんじんぶじゆつ》の心《こころ》あり子孫《しそん》を持《ぢ》すれば吏員正道潔白《りいんせいだうけつぱく》なり官鬼《くわんき》を持《ぢ》すれば仁《じん》

●宅地家屋《たくちかおく》構造辨

宅地家屋《たくちかおく》の相書《さうしよ》世《よ》に多《おほ》しと雖《いへど》も繁雜《はんざつ》なるは尋常《じんじやう》の人《ひと》に便《べん》を與《あた》ふること難《がた》し依《よつ》て玆《こゝ》に象吉備要通書《しやうきつびえうつうしよ》の一條《でう》を摘錄《てきろく》し捷徑《せふけい》の解《かい》說《せつ》を述《の》ぶ。

第一屋舍

凡人《およそひと》の住宅《ぢうたく》は左《ひだり》に流《りう》水《する》あるを青龍《せいりう》と云《い》ひ右《みぎ》に長《なが》き道《みち》あるを白虎《びやくこ》と云《い》ひ前《まへ》に池沼《ちせう》あるを朱雀《しゆじやく》と云《い》ひ後《うしろ》に丘陵《きうりやう》あるを玄武《げんむ》と云《い》ふ是《これ》を四神相應《しじんさうおう》の地《ち》と稱《しよう》して最《もつと》も貴《たつと》き地《ち》

く義《ぎ》なく貪欲《たんよく》飽《あ》くなくして收賄《しうわい》の者《もの》とす若兄弟《もしけいてい》を持《ち》して發動《はつどう》し世《よ》を尅《こく》すれば收稅《しうせい》の處置《しよち》嚴《げん》にして部下《ぶか》の雜輩《ざつぱい》を使役《しえき》すること酷《こく》なり●四爻《かう》を官廳《くわんちやう》の長官要職《ちやうくわんえうしよく》の人《ひと》とす子孫《しそん》を持《ち》して世《よ》を生《せい》合《がふ》すれば正道《せいだう》にして私曲《しきよく》なく憂國撫民《いうこくぶみん》の人《ひと》なり●五爻《かう》を君長《くんちやう》とす妻財又《さいゝまた》は子孫《しそん》を持《ち》して世《よ》を生合《せいがふ》すれば恩澤洽《おんたくあまね》く及《およ》ぶ父母《ふぼ》に化《くわ》すれば大赦《たいしや》の令下《れいくだ》るべし空亡《くうばう》すれば其說《そのせつ》ありて實《じつ》なし若發動《もしはつどう》して世《よ》を刑尅《けいこく》すれば苛酷《かこく》の制度《せいど》あるべし●上爻《じやうかう》を天《てん》とす空亡《くうばう》に逢《あ》ひ又太歲《またたいさい》の尅害《こくがい》に逢《あ》へば其年天災怪異《そのとしてんさいくわいい》の事《こと》あり●應爻亦天《おうかうまたてん》とす世《よ》を尅害《こくがい》すれば氣候順《きこうじゆん》ならず寒暖季《かんだんき》を失《しつ》すべし世爻《よかう》を地《ち》とす空《くう》亡《ばう》すれば總《すべ》て災禍多《わざはひおほ》し●世爻亦我鄕國《せかうまたわがきやうこく》と爲《な》すことあり國民《こくみん》一統《とう》の關係《くわんけい》する所《ところ》五穀果實收穫良否《ごこくくわじつしうくわくりやうひ》に反《およ》ぼすとす財孫《さいさん》を持《ち》して旺《わう》相《さう》すれば總《すべ》て吉太歲月日又《きつたいさいげつじつまた》は動爻《どうかう》の尅《こく》を受《う》くれば障碍多《しやうがいおほ》し。

とす西京《さいきやう》の皇居《くわうきよ》の如《ごと》き即《すなは》ち是《これ》なり此地勢《このちせい》なきときは樹木《じゆもく》を植《うゑ》て之《これ》に代《か》ふべし先東《まづひがし》には桃柳《もゝやなぎ》を植《う》ゑ南《みなみ》には梅《うめ》と棗《なつめ》とを植《う》ゑ西《にし》には山梔《くちなし》楡《にれ》を植《う》ゑ北《きた》には李《すもゝ》と杏《あんず》を植《う》えるなり之《これ》に反《はん》して東《ひがし》に杏《あんず》あれば凶《きやう》とす又宅《またたく》の北《きた》に李《すもゝ》あるも西《にし》に桃《もゝ》あるも皆淫邪《みないんじや》の氣《き》を受《う》くるとして嫌《きら》ふことなり又宅《またたく》の西《にし》に柳《やなぎ》あれば刑戮《けいりく》の災厄《さいやく》に遭《あ》ふ若宅《もしたく》の東《ひがし》に柳《やなぎ》を植《う》うれば馬《うま》を飼《か》ふに益《えき》ありて農家《のうか》に宜《よろ》し宅《たく》の西《にし》に棗《なつめ》を植《う》うれば牛《うし》を飼《か》ふに

太歳《たいさい》の子孫妻財《しそんさいざい》に就《つ》くは吉《きつ》太歳官鬼《たいさいくわんき》に就《つ》きて動《うご》けば夏季雷鳴多《かきらいめいおほ》く降雹《かうはく》の爲《ため》に耕圃桑葉《かうほさうえふ》を害《がい》することあり卦中官鬼《くわちうくわんき》なく年月官鬼《ねんげつくわんき》なく或《あるひ》は現出《げんしゆつ》するも墓絶《ぼぜつ》に逢《あ》へば妨《さまたげ》なし。

太歳父母《たいさいふぼ》に就《つ》きて發動《はつどう》し子孫衰弱《しそんすゐじやく》すれば洪水《こうずゐ》あり。

太歳兄弟《たいさいけいてい》に就《つ》きて動《うご》けば風多《かぜおほ》し若世《もしよ》を剋《こく》すれば風力植物家屋《ふうりよくしよくぶつかをく》を倒《たふ》す。

官鬼巳午《くわんきみうま》の爻《かう》に就《つ》き旺相《わうさう》して發動《はつどう》すれば火災《くわさい》あり而《しか》して内卦《ないくわ》は近《ちか》く外卦《ぐわいくわ》は遠《とほ》し。

官鬼子亥《くわんきねゐ》の爻《かう》に就《つ》きて發動《はつどう》すれば水害《すゐがい》あり。

官鬼申酉《くわんきさるとり》の爻《かう》に就《つ》きて發動《はつどう》すれば兵及騒擾《へいおよびさうぜう》の事《こと》あり戰亂《せんらん》にあらざれば暴動《ばうどう》一揆《き》とす。

官鬼上爻《くわんきじやうかう》に就《つ》き旺相發動《わうさうはつどう》するか或《あるひ》は白虎《びやくこ》を帯《お》びて發動《はつどう》すれば虎《こ》

益《えき》あり又中門《ちうもん》に槐《くわんじゆ》あれば富貴《ふうき》三代《だい》に及《およ》び宅《たく》の後《うしろ》に楡《にれ》あれば百鬼《き》も近《ちか》づく能《あた》はずと云《い》ふ此言偶意《このことぐうい》に似《に》たるの感《かん》を懐《いだ》く者多《ものおほ》しと雖《いへど》も決《けつ》して誣《し》ふべきにあらず。

宅舍《たくしや》の東《ひがし》低《ひく》く西《にし》高《たか》ければ豪雄《がういう》の人《ひと》あるべし若《も》し前《まへ》高《たか》くして後《うしろ》低《ひく》ければ子孫《しそん》繼續《けいぞく》することなし四面《めん》高《たか》く中央《ちうわう》低《ひく》き地《ち》に住《ぢう》する者《もの》は先《さき》には富《と》みて後《のち》には貧《まづ》し宅舍《たくしや》は街《ちまた》に行當《ゆきあた》る處《ところ》に居《を》るべからず草木《さうもく》の生《は》へざる處《ところ》に居《を》るべからず流水《りうすゐ》に行當《ゆきあた》る處《ところ》山《やま》の

疫《えき》其他《そのた》の傳染病《でんせんびやう》あり若《もし》世《よ》を尅《こく》すれば死歿者多《しぼつしやおほ》し但《たゞ》し之《これ》を制《せい》するものあれば其害少《そのがいすくな》し。

官鬼朱雀《くわんきしゆじやく》に就《つ》きて發動《はつどう》し世《よ》を刑尅《けいこく》すれば蝗蟲《くわうちう》の災《さい》あり。

官鬼勾陳《くわんきこうちん》を帶《お》ぶるは凶歳《きようさい》なり發動《はつどう》すれば饑饉《ききん》とす。

官鬼玄武《くわんきげんむ》に就《つ》きて發動《はつどう》し世《よ》を尅《こく》すれば賊盜跋扈《ぞくとうばつこ》す。

官鬼騰蛇《くわんきとうだ》を帶《お》び乾宮《けんきう》に在《あ》りて發動《はつどう》すれば天災《てんさい》あり若艮宮《もしごんきう》に在《あ》れば山岳崩壞《さんがくほうくわい》のことあり若坤宮《もしこんきう》に在《あ》れば震災《しんさい》あり若巽宮《もしそんきう》に在《あ》れば風害《ふうがい》あり若坎宮《もしかんきう》に在《あ》れば灰土《くわいど》を雨《あめふ》らすことあり。

孫爻旺盛《そんかうわうせい》にして財爻空亡《ざいかうくうばう》せず官鬼安靜衰弱《くわんきあんせいすゐじやく》なれば豐年《うねん》なり世應《せおう》生合《せいがふ》すれば氣候順《きこうじゆん》なり官鬼《くわんき》なければ國家安穩寒暑《こくかあんおんかんしよ》を察《さつ》するは水《すゐ》爻火爻《かうくわかう》の旺衰強弱空破墓絶《わうすゐきやうじやくくうはぼせつ》に因《よ》る即《すなは》ち火爻發動《くわかうはつどう》して世《よ》を尅《こく》すれば大暑《たいしよ》とし水爻發動《すゐかうはつどう》して世《よ》を尅《こく》すれば大寒《たいかん》とす水爻空亡死絶《すゐかうくうばうしせつ》

背後《うしろ》の尖《とが》り衝《つ》く處《ところ》牢獄《らうごく》に對《たい》する處《ところ》に居《を》るべからず皆凶《みなきよう》なり。

宅舎《たくしや》の東《ひがし》に流水《りうすゐ》ありて其水江海《そのみづこうかい》に達《たつ》するは吉《きつ》なり若《も》し東《ひがし》に大路《おほぢ》あれば貧困《ひんこん》に陥《おちい》るべし北《きた》に大路《おほぢ》あるも亦凶《またきよう》なり南《みなみ》に大路《おほぢ》あるは富貴《ふうき》とす但《たゞ》し三都《と》繁《はん》盛の地《ち》に住《ぢう》する者《もの》は此例《このれい》に據《よ》り難《がた》く地方《ちはう》に在《あ》りて最《もつと》も必要《ひつえう》なり。

東《ひがし》の方建詰《かたたてつめ》て西《にし》の方《かた》空《むな》しき家《いへ》には老《おい》て妻《さい》なく西《にし》の方建詰《かたたてつめ》て東《ひがし》の方空《かたむな》しきは家《いへ》に老翁《らうをう》なし。

家《いへ》の中央《ちうわう》に柱《はしら》あれば家《か》

に逢《あ》へば冬季暖《とうきあたゝか》く火爻空亡死絶《くわかうくうばうしぜつ》に逢《あ》へば夏季涼冷《かきりやうれい》なり。

●身命《しんめい》

身命《しんめい》の占《せん》は世爻《せいかう》を自己《じこ》とし應爻《おうかう》を妻《さい》とす。

世《せ》爻旺相《かうわうさう》し日辰動爻《につしんどうかう》の生扶《せいふ》あれば富貴長命《ふうきちやうめい》とし休囚《きうしう》して生扶《せいふ》なく日辰動爻《につしんどうかう》に剋害《こくがい》せらるれば貧賤短命《ひんせんたんめい》とす年月日《ねんげつじつ》の生合《せいがふ》に逢《あ》へば衆人《しゆうじん》の崇敬《すうけい》を受《う》け冲剋《ちうこく》に逢《あ》へば輕侮《けいぶ》せらる。

世《せ》爻發動《かうはつどう》して日月動爻《じつげつどうかう》の生扶《せいふ》なくして卦宮強旺《くわきうきやうわう》なれば自己《じこ》の動《どう》力《りよく》に依《よ》りて成功《せいこう》し卦宮衰弱《くわきうすゐじやく》して動爻月日《どうかうげつじつ》の生扶《せいふ》あるは他力《たりよく》に依《よ》りて成立《せいりつ》すべし。

世《せ》爻墓《かうぼ》に入《い》るは痴愚《ちぐ》にして謀慮《ぼうりよ》成《な》らず空亡《くうばう》に逢《あ》へば百事《じ》成功《せいこう》し難《がた》し。

世《せ》爻子孫《かうしそん》を持《ち》すれば官途《くわんと》の進達《しんたつ》成《な》り難《がた》し然《しか》れども害《がい》なし仕官《しくわん》の

人散《にんさん》じて主人《しゆじん》なし。接棟《つぎむね》の建家《ていへ》に住《す》む人《ひと》は三年《ねん》に一回《ど》哭《なげ》くことあり。家屋《かおく》を築造《ちくざう》するに先《さきだ》ちて垣塀《かきへい》の外圍又門戸《そとかこひまたもんこ》を設《まう》くること勿《なか》れ百事成難《じなりがた》し宅《たく》の四邊《へん》に芭蕉《ばせう》を植《う》うべからず祟《たゝり》を招《まね》き婦人《ふじん》に病《やまひ》を發《はつ》すべし。住宅《ぢうたく》の周圍《しうゐ》に竹木《ちくぼく》ありて常《つね》に綠色《みどり》なれば財寶《ざいほう》を増《ま》す。宅《たく》の前高《まへたか》く後低《うしろひく》き建《たて》方《かた》なれば孤兒寡婦《こじくわふ》を出《い》だし男子《だんし》は懶惰《らんだ》にして婦人《ふじん》は淫《いん》奔《ぽん》なるを免《まぬか》れず。居宅《きよたく》は應接間《おうせつま》の後《うしろ》に竈《かまど》

徒《と》に非《あら》ずして世爻子孫《せかうしそん》を持《ぢ》するは兒子孝順《じしかうじゆん》なり又世爻子孫《またせかうしそん》を持《ぢ》して強旺《きやうわう》なれば衣食足《いしよくた》りて安樂《あんらく》なり●世爻子孫《せかうしそん》を持《ぢ》し父爻青龍《ふかうせいりう》に屬《ぞく》して之《これ》を生合《せいがふ》すれば兒子學藝《じしがくげい》を好《この》む然《しか》れども官父墓絶《くわんぷぼせつ》に逢へば成功《せいこう》せず●世爻財《せかうざい》を持《ぢ》し白虎《びやくこ》に就《つ》きて旺相《わうさう》すれば無學《むがく》にして餘裕《よゆう》あり●世爻父母《せかうふぼ》を持《ぢ》すれば辛苦多《しんくおほ》し●世爻官鬼《せかうくわんき》を持《ぢ》すればば生涯多病《しやうがいたびやう》●世爻兄弟《せかうけいてい》を持《ぢ》すれば破財《はざい》なるべく又貨財《またくわざい》を得難《えがた》し孫爻世《そんかうよ》を生扶《せいふ》し世爻《せかう》も亦吉神《またきつじん》を帶《お》びて旺相發動《わうさうはつどう》すれば賢子《けんし》あり●孫爻旺相不空剋害《そんかうわうさうふくうこくがい》なければ兒子賢《じしけん》なり●孫爻發動《そんかうはつどう》して月破《げつぱ》に變《へん》じ官兄相合《くわんけいあひがふ》し又《また》は動爻變爻玄武《どうかうへんかうげんむ》を帶《お》ぶるか玄武《げんむ》の官鬼《くわんき》と合《がふ》すれば兒子不肖《じしふせう》なり●孫爻空亡《そんかうくうばう》に逢《あ》へば兒子《じし》なし●孫財共《そんざいとも》に死墓《しぼ》空絶《くうぜつ》に逢《あ》へば孤獨《こどく》の兆《てう》なり●孫財共《そんざいとも》に旺相發動《わうさうはつどう》すれば目下運拙《もくかうんつたな》しと雖《いへど》も終《つひ》に發達《はつたつ》すべし●孫爻空破墓絶《そんかうくうはぼせつ》に逢《あ》ひ世爻剋制《せかうこくせい》せらる

を作《つく》るべからず不吉《ふきつ》なり。裝飾《さうしよく》ある客座數等《きやくざしきとう》は疊數偶數《たゝみすぐうすう》を用《もち》ふべし一家《か》の和睦《わぼく》を主《つかさど》る。内事《ないじ》の應接間《おうせつま》は廣《ひろ》くせずして疊《たゝみ》は奇數《きすう》を要《えう》す。應接間《おうせつま》ありて家族《かぞく》の座數《ざしき》なきは孤寡《こくわ》にして事《こと》に當《あた》りがたし。裏《うら》の方《かた》に在《あ》る座數《ざしき》を分《わか》ちて客座數又《きやくざしきまた》は應接間《おうせつま》とするは利しからず客座數又《きやくざしきまた》は應接間《おうせつま》を分《わか》ちて裏《うら》の座數《ざしき》と爲《な》すは宜《よろ》し。大樹《たいじゆ》ありて軒《のき》に近《ちか》く接《せつ》すれば住人疾病絶《ぢうにんやまひた》ゆることなし。

れば食客《しよくかく》の類《るゐ》とす●卦中孫爻《くわちうそんかう》あり又孫爻《またそんかう》を變出《へんしゆつ》して世《よ》を生合《せいがふ》すれば他人《たにん》の子女《しぢよ》を養《やしな》ふとす●孫爻發動《そんかうはつどう》すれば多《おほ》くは夫《をつと》を尅《こく》す●孫爻他宮《そんかうたきう》より化出《くわしゆつ》すれば養子《やうし》とす●孫爻大歳《そんかうたいさい》を持《ぢ》すれば其子《そのこ》大《たい》志《し》なり若官爻《もしくわんかう》に尅害《こくがい》を受《う》くるなければ大《おほい》に發達《はつたつ》す●孫爻貴《そんかうき》人天《にんてん》祿驛馬《ろくえきば》を持《ぢ》すれば兒子《じし》他日《たじつ》世《よ》に顯《あらは》るべし●孫爻休囚《そんかうきうしう》して父母《ふぼ》に化《くわ》し官鬼《くわんき》に化《くわ》すれば兒子《じし》の死兆《してう》を示《しめ》す●孫爻墓《そんかうぼ》に入《い》り或《あるひ》は官鬼《くわんき》に化《くわ》し又《また》は官鬼墓《くわんきぼ》に入《い》れば兒子《じし》死《し》す●孫爻乾宮《そんかうけんきう》に在《あ》りて青龍又《せいりうまた》は他《た》の吉神《きつじん》に逢《あ》へば兒子《じし》敏《びん》なり●兒子《じし》を占《うらな》ふて八純《じゆん》の卦《くわ》を得《う》れば頑劣《ぐわんれつ》とし六合卦《がふくわ》に逢《あ》へば聰明《そうめい》とす●孫爻陽卦《そんかうやうくわ》の陽爻《やうかう》に就《つ》けば怜悧《れいり》陰卦《いんくわ》の陰爻《いんかう》に就《つ》けば頑愚《ぐわんぐ》とす。妻爻子孫《さいかうしそん》に化《くわ》して世爻《せかう》を生合《せいがふ》すれば賢婦《けんぷ》を得《う》べし●妻爻兄弟《さいかうけいてい》に化《くわ》し沐浴《もくよく》を帶《お》ぶれば妻女貞操《さいぢよていさう》ならず●妻爻發動《さいかうはつどう》すれば親《おや》を喪《うしな》ふ

臥床《ぐわしやう》は高《たか》くすべし高《たか》ければ地氣《ちき》及《およ》ばず鬼氣《きゝ》干《おか》さず鬼《さ》氣《き》の人《ひと》を侵《おか》すは常《つね》に地氣《ちき》の逆上《ぎやくじやう》するに依《よ》るなり但《たゞ》し其高《そのたか》きとは一尺以上《しやくいじやう》を云《い》ふ。房室座敷《ねやざしき》の上手《かみて》に櫃《ひつ》を置《お》くこと勿《なか》れ又房室の入口《いりくち》の兩方《りやうはう》の壁《かべ》に窓《まど》を開《ひら》くこと勿《なか》れ門《もん》の兩方《りやうはう》の壁《かべ》は大《だい》小《せう》なく同樣《どうやう》にすべし左《ひだり》の方大《かただい》なれば妻《さい》を換《かゆ》ることあり右《みぎ》の方大《かただい》なれば孤《こ》となり寡《くわ》となる。厠《かはや》と門《もん》と對《たい》すれば常《つね》に癰癤《ようせつ》の病《やまひ》あり。倉《くら》の入口門《いりくちもん》に向《むか》へば家運《かうん》

●妻爻玄武《さいかうげんむ》を持《ち》して發動《はつどう》し他爻《たかう》又《また》は應爻《おうかう》を合《がふ》すれば妻女淫行《さいぢよいんかう》の事《こと》あり●妻爻陰《さいかういん》に屬《ぞく》し發動《はつどう》して六合卦《がふくわ》なるときは其婦人淫亂無恥《そのふじんいんらんむち》なり世爻《せかう》と合《がふ》すれば然《しか》らず。

官鬼旺相《くわんきわうさう》し世爻《せかう》も亦旺相《またわうさう》して貴人祿馬《きにんろくば》を帶《お》び父爻世《ふかうよ》を生合《せいがふ》すれば他日出身《たじつしゆつしん》すべし●官鬼本宮《くわんきほんきう》に在《あ》りて妻爻《さいかう》を沖尅《ちうこく》すれば其妻離《そのさいり》別《べつ》のことあり●官鬼日月動爻等《くわんきじつげつどうかうとう》に多《おほ》く現出《げんしゆつ》し妻爻玄武《さいかうげんむ》咸池《かんち》を帶《お》びざれば其妻再嫁《そのさいさいか》することあり●官鬼空亡衰弱《くわんきくうばうすゐじやく》するは婦人《ふじん》の身《しん》命占《めいせん》に利《よろし》からず。

父母白虎騰蛇《ふぼびやくこどうだ》を持《ち》して發動《はつどう》すれば兒子《じし》を喪《うしな》ふことあり●父交卦《ふかうくわ》中《ちう》に在《あ》りて變出《へんしゆつ》の父母世爻《ふぼせかう》を生合《せいがふ》すれば他《た》の養子《やうし》となることあり●總《すべ》て父爻發動《ふかうはつどう》すれば子《こ》を尅《こく》す。

兄弟世爻《けいていせかう》と生合《せいがふ》し本宮《ほんきう》の內卦《ないくわ》に在《あ》れば兄弟《けいてい》に親睦《しんぼく》なり外卦《ぐわいくわ》に在《あ》

退歩《たいほ》し瘟疫《うんえき》を萌《きざ》す。門口《もんくち》に水坑《すゐこう》あれば家産破《かさんやぶ》れて零落《れいらく》す。大樹門《たいじゆもん》に當《あた》れば瘟疫《うんえき》に罹《かゝ》ることあり。交路門《かうろもん》を夾《はさめ》ば人口存《じんこうそん》せず圖《づ》の如《ごと》し。

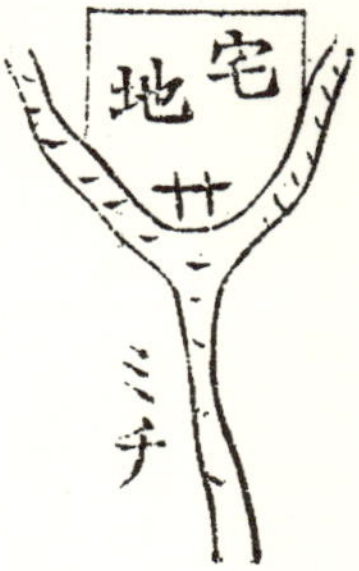

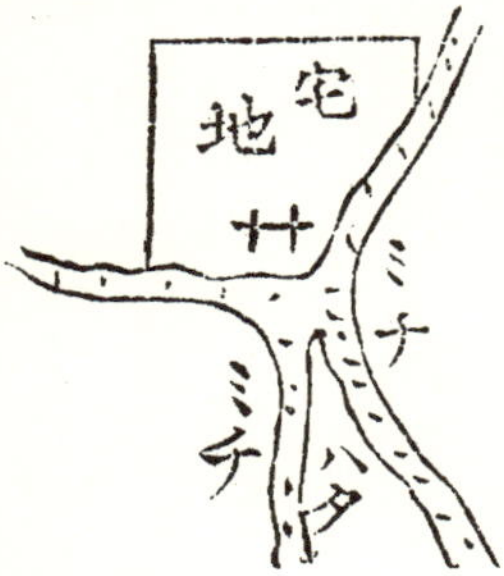

れば遠方《ゑんばう》の從兄弟《じゆういてい》に親睦《しんぼく》なり若他宮《もしたきう》に在《あ》れば朋友《はういう》に信《しん》ありとす世應生合《せおうせいがふ》すれば夫妻和睦冲剋《ふさいくわぼくちうこく》すれば和睦《くわぼく》せず●應爻世《おうかうよ》を冲剋《ちうこく》すれば凶《きよう》とす又妻《まこさい》の言《ことば》に信服《しんぷく》するなり然《しか》れども世《せ》爻兄官《かうけいくわん》 白騰《びやくとう》の凶神《きようじん》を帶《お》ぶれば却《かへつ》て吉《きつ》とす賢妻《けんさい》を得《う》べし●應爻子孫《おうかうしそん》を持《ち》し勾陳《こうちん》に屬《ぞく》して傷害《しやうがい》なければ其妻賢德《そのさいけんとく》あり但《たゞ》し醜貌《しうばう》なるべし●應爻玄《おうかうげん》武《む》に屬《ぞく》し妻財《さいざい》を持《ち》して合《がふ》する者多《ものおほ》ければ其妻或《そのさいあるひ》は藝妓《げいぎ》の類《るゐ》なるべし。

身命占《しんめいせん》に六合卦《がふくわ》を得《う》れば他《た》の親和《しんくわ》を得《え》て家聲《かせい》を發揚《はつやう》すべし若合《もしがふ》處逢冲《しよほうちう》なれば後來《こうらい》の失敗《しつぱい》あり●六爻安靜《かうあんせい》にして冲破剋害《ちうはこくがい》なく生《せい》合《がふ》するのみなれば一家親睦《かしんぼく》す。

身命占《しんめいせん》に六冲卦《ちうくわ》を得《う》れば始《はじめ》ありて終《をはり》なし若冲處逢合《もしちうしよほうがふ》なれば他年《たねん》成功《せいこう》す●六爻亂動《かうらんどう》し冲破剋害《ちうはこくがい》なれば一族《ぞく》一家不利《かふわ》にして障碍多《しやうがいおほ》

門内《もんない》に水出《みづい》づれば財散《ざいさん》じて寃罪《えんざい》を招《まね》く。井《ゐ》の水《みづ》の門《もん》に著《つ》くは神鬼《しんり》を招《まね》く。正門《せいもん》の前《まへ》には柳《やなぎ》を種《う》うべからず。庚寅《かのえとら》の日《ひ》に門《もん》を作《つく》るべからず若其門大《もしそのもんだい》なれば天《えう》死《し》の厄《やく》あり。廁《かはや》の前《まへ》の草《くさ》を掃《はら》ふて門《もん》の下《もと》に置《お》くときは白虎病《びやくこびやう》を患《うれ》ふ白虎病《びやくこびやう》は一に歴《れき》骨風《こつふう》と云《い》ひ我國古來稱《わがくにこらいしよう》する所《ところ》の痛風病《つうふうびやう》の劇《はげし》き症《しやう》に似《に》たりと云《い》ふ。宅門《たくもん》の下《もと》に水《みづ》の出《い》づることあれば決《けつ》して財寶《ざいはう》の聚《あつ》

し。晩年《はんねん》の運氣《うんき》を占《うらな》ふは世爻《せかう》休囚《きうしう》し日月動爻《じつげつどうかう》の沖剋《ちうこく》を好《この》まず若《もし》子孫《しそん》發動《はつどう》して世《よ》を生《しやう》ずれば孝養《かうやう》の子孫《しそん》を得《う》べし或《あるひ》は世《せ》爻旺相《かうわうさう》して孫《そん》爻の剋《こく》するに逢《あ》へば子孫《しそん》孝養《かうやう》ならず孫爻空亡《そんかうくうばう》して生扶《せいふ》なく財爻《ざいかう》亦氣《またき》なければ晩年孤獨《ばんねんこどく》とす子孫《しそん》の有無《うむ》を占《うらな》ふは孫爻《そんかう》の盛衰強《せいすゐきやう》弱《じやく》に由《よ》る諸占孫爻《しよせんそんかう》を用神《ようじん》とするの占《せん》に據《よ》りて宜《よろ》し。終世官途《しうせいくわんと》の進退《しんたい》を占《うらな》ふは孫爻《そんかう》の發動《はつどう》を好《この》まず官鬼世《くわんきせ》爻《かう》に就《つ》き日《じつ》月動爻《げつどうかう》の生扶《せいふ》ありて剋害《こくがい》なければ發達《はつたつ》すべし或《あるひ》は九五の爻《かう》の生《せい》合《がふ》あるも吉《きつ》とす。總《すべ》て本卦《ほんくわ》は既往《きわう》とし變卦《へんくわ》は將來《しやうらい》とす變卦《へんくわ》なきときは裏面《りめん》を用《もち》ふ然《しか》れども其占將來《そのせんしやうらい》のみの事《こと》に關《くわん》すれば本卦《ほんくわ》と雖《いへど》も將來《しやうらい》とす此法《このはふ》は古易《こえき》と其理《そのり》を異《こと》にし又眞《またま》勢《せ》派《は》と大差《たいさ》あるが故《ゆゑ》に世《よ》の術者或《じゆつしやあるひ》

まることなし。宅《たく》の戸口《とぐち》と三門相對するは不吉《ふきつ》とす圖《づ》の如《ごと》し。

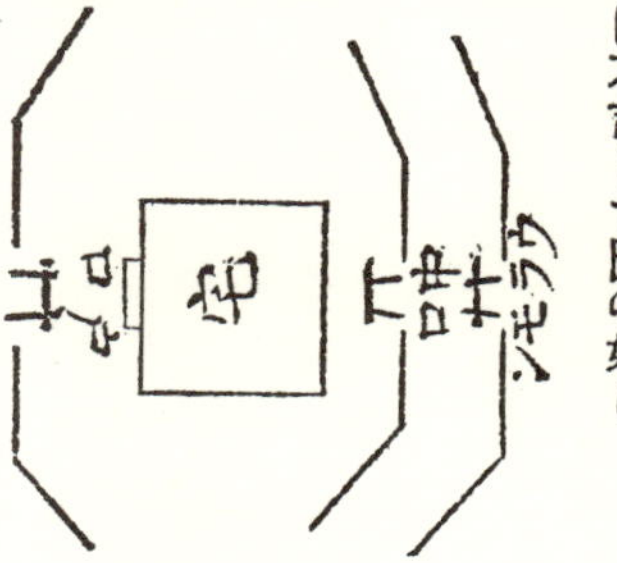

門《もん》の正面《しやうめん》に井《ゐ》あれば其《その》家《いへ》榮《さか》えず灶《かまど》の邊《へん》に井《ゐ》あれば年々《ねん〳〵》に財産《ざいさん》を耗《へら》す井《ゐ》と灶《かまど》と向《むか》ひ合《あ》ふは男女《なんによ》の内亂《ないらん》あり。北《きた》に井《ゐ》あり南《みなみ》に灶《かまど》ある家《いへ》は何事《なにごと》も悖逆《はいぎやく》す。

は疑團《ぎだん》を抱《いだ》くべしと雖《いへど》も固《もと》より占術《せんじゆつ》は各自《かくじ》の信用《しんよう》と慣習《くわんしふ》とに因《よ》ることなれば茲《こゝ》に述《の》ぶる所《ところ》の納甲占斷法《なつかふせんだんはふ》を取捨《しゆしや》するは諸氏《しよし》の意《い》見《けん》に任《まか》すのみ。

●嗣《し》子《し》占《せん》法《ぱふ》

子孫《しそん》を用神《ようじん》とす變《へん》じて官鬼《くわんき》と爲《な》り官鬼變《くわんさへん》じて子孫《しそん》と爲《な》るは嗣子《しし》なし孫爻休囚衰弱《そんかうきうしうすゐじやく》なれば生子必痴愚《せいしかならずちぐ》なり且《かつ》墓絶空破《ぼせつくうは》等《とう》の凶《きよう》に逢《あ》へば生育《せいいく》せず。

卦《くわ》に妻爻《さいかう》ありて子孫《しそん》なければ變出《へんしゆつ》の爻《かう》を看《み》るべし子孫《しそん》を變出《へんしゆつ》すれば庶子《しよし》にして正妻《せいさい》の生《う》む所《ところ》にあらず。子孫動《しそんうご》きて子孫《しそん》となれば壯年《さうねん》にして兒子《じし》なき者《もの》は多子《たし》を生《しやう》じ現在子《げんざいこ》ある者《もの》は多子多孫《たしたそん》なるべし又老年《またらうねん》にして之《これ》に逢《あ》ふ者《もの》は他人《たにん》の子《こ》を撫養《ぶやう》すべし但《たゞ》し賢愚《けんぐ》を占《うらな》ふには別《べつ》に一卦《くわ》を起《おこ》すべし。

主人《しゆじん》の座敷《ざしき》の後《うしろ》にも井《ゐ》を掘《ほ》ること勿《なか》れ。表座敷《おもてざしき》の後《うしろ》に灶《かまど》を置《お》きて火勢熾《くわせいさかん》なるは災禍《わざはひ》あり。宅舎《たくしや》は縦横《たてよこ》三重《ちう》に造《つく》りて屋宇《のき》なければ是《これ》を三陰主《いんしゆ》敗《はい》と云《い》ふ凶《きよう》なり。

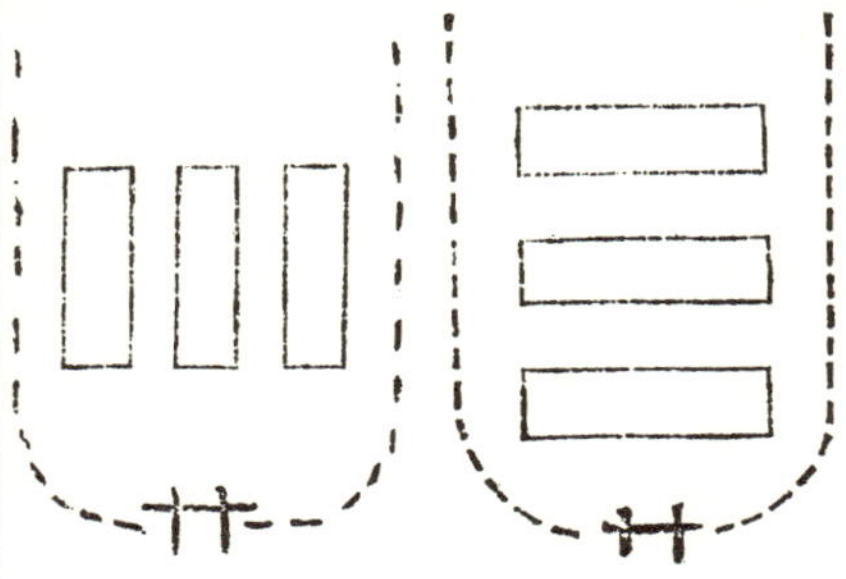

終身財福占《しうしんざいふくせん》

終身《しうしん》の財福《ざいふく》を占《うらな》ふに世爻財爻孫爻《せかうざいかうそんかう》一も失陥《しつかん》なければ家運盛《かうんさかん》にして福祿連綿《ふくろくれんめん》たり世爻財爻旺相《せかうざいかうわうさう》して孫爻旺《そんかうわう》せざれば先《さき》に富《と》み後《のち》に貧《まづ》しとす是則《これすなは》ち子孫《しそん》は財爻《ざいかう》の源《げん》なり水源《すゐげん》なければ終《つひ》に涸渇《こかつ》すべく榮華久《えいぐわひさ》しからざるが故《ゆゑ》なり。

世爻孫爻旺相《せかうそんかうわうさう》して財爻旺《ざいかうわう》せざれば財《ざい》なくして福《ふく》を享《う》くるの人《ひと》なり。

財爻孫爻旺相《ざいかうそんかうわうさう》して世爻旺《せかうわう》せざれば富屋《ふおく》の貧人《ひんじん》なり。

財爻孫爻旺《ざいかうそんかうわう》して世爻氣《せかうき》なければ吉《きつ》とせず縦令《たとひ》衣食足《いしよくた》ると雖《いへど》も疾《やま》病《ひ》に遭《あ》ふ等《とう》の厄《やく》あるべし。

世爻財爻孫爻皆氣《せかうざいかうそんかうみなき》なく或《あるひ》は空破墓絶《くうはぼせつ》し或《あるひ》は動《うご》きて凶《きよう》に變《へん》ずれば衣無《いな》く食乏《しよくとぼ》しき人《ひと》なり。

以上《いじやう》の如《ごと》く三重《ぢう》にして座《ざ》敷及廂部屋《しきおよびひさしべや》なければ三絶《せつ》と名《なづ》く二姓同居《せいどうきよ》するも凶《きよう》なり然《しか》れども前屋《せんをく》を應接間《おうせつま》とし中《なか》を座敷《ざしき》とし後《うしろ》を部屋《へや》とするは妨《さまた》げなし三重横《ぢうよこ》に列《つら》なり左右《さいう》の屋廂《をくさう》なきものは凶《きよう》。家屋《かをく》を造《つく》るに墻塀等圍《かきへいとうかこゐ》を先《さき》にするは之《これ》を困字《こんじ》と云《い》ふ凶《きよう》なり。家屋《かをく》を造《つく》るに屋後《をくご》に小《ちいさ》き家《いへ》を造《つく》ること勿《なか》れ人口《じんこう》を損《そん》することあり。家屋《かをく》は丁字形《ていじけい》に造《つく》ること勿《なか》れ共家主人完《そのいへのゆじつまだ》からずと云《い》ふ然《しか》れども現今西洋《げんこんせいやう》の

世爻孫爻氣《せからうそんかうき》ありて財爻氣《ざいかうき》なければ淸貧《せいひん》の人《ひと》なり。世《せ》爻財爻氣《からざいかうき》ありて孫爻氣《そんかうき》なければ自己《じこ》の蓄積《ちくせき》なしと雖《いへど》も常《つね》に金《きん》銀《ぐ》を扱《あつか》ひ或《あるひ》は他《た》の金銀《きんぐ》を保管《ほくわん》することあり仍日月動爻《なほじつげつどうかう》の生扶《せいふ》を得《う》れば小分《せうぶん》の蓄財《ちくざい》を得《う》べし。

●壽《じゆ》　元《げん》

壽元《じゆげん》を占《うらな》ふは世《せ》爻《かう》を以《もつ》て根本《こんぽん》と爲《な》す旺相《わうさう》し或《あるひ》は日月《じつげつ》に臨《のぞ》み或《あるひ》は日月動爻《じつげつどうかう》の生扶《せいふ》を得《え》或《あるひ》は動《うご》きて生旺又回頭生《せいわうまたくわいとうせい》に化《くわ》すれば大壽《たいじゆ》の徵《ちやう》とす休囚尅害等諸凶殺《きうしうこくがいとうしよきようさつ》に遭《あ》ふは凶《きよう》。

●終身功名占《しうしんこうめいせん》

旺相《わうさう》の父《ふ》爻世《かうよ》を持《ち》し官爻《くわんかう》動《うご》きて之《これ》を生《しやう》じ或《あるひ》は官爻世《くわんかうよ》を持《ち》し父《ふ》爻《かう》旺動《わうどう》し或《あるひ》は官父兩爻旺動《くわんぷりやうかうわうどう》して世《せ》爻《かう》を生合《せいがふ》し或《あるひ》は日月官星《じつげつくわんせい》と爲《な》り父《ふ》爻及世爻《かうおよびせかう》を生合《せいがふ》する者《もの》は皆名《みなな》を成《な》すの象《しやう》なり。

構造《こうざう》にては丁字形《ていじけい》に造《つく》るを耐震家屋《たいしんかおく》として好《この》む所《ところ》と聞《き》く。池《いけ》を埋《うづ》め塘《つゝみ》を開《ひら》きて家《いへ》を造《つく》るは凶《きよう》なり家財《かざい》を耗《へら》し人口《じんこう》を減《げん》ずることあり然《しか》れども賃貸家屋《ちんたいかおく》等《とう》には妨《さま》害《たげ》なかるべし。家《いへ》を造《つく》りて門前《もんせん》に新《あらた》に塘《つゝみ》を築《きづ》くこと勿《なか》れ其家《そのいへ》必然《かならずし》兒子なし若其距離《もしそのきより》遠《とほ》くして半月形《はんげつけい》と爲《な》すは害《がい》なし。座敷《ざしき》の後《うしろ》に倉庫《くら》を建つること勿《なか》れ其《そ》の家財貨《いへざいくわ》繁《はん》昌《じやう》せず。門《もん》の路《みち》及《および》車路《くるまみち》は直線《まつすぐ》

官星世《くわんせいよ》を持《ぢ》し財爻動《さいかううご》きて之《これ》を生《しやう》じ或《あるひ》は世爻官星《せかうくわんせい》に臨《のぞ》み動《うご》きて財《さい》爻《かう》に化《くわ》し或《あるひ》は世爻財《せかうざい》を持《ぢ》し動《うご》きて官爻《くわんかう》に化《くわ》し或《あるひ》は官爻財爻動《くわんかうさいかううご》きて世爻《せかう》を生合《せいがふ》し或《あるひ》は日月官星《じつげつくわんせい》と作《な》りて財爻世爻《さいかうせかう》を生合《せいがふ》するは皆《みな》名《な》を奏《そう》するの象《しやう》なり。

● 試驗當否占《しけんしやうひせん》

學術試驗《がくじゆつしけん》は官爻《くわんかう》を用神《ようじん》とし父爻之《ふかうこれ》に次《つ》ぐ世爻《せかう》を持《ぢ》し日月《じつげつ》を得《え》太《たい》歳生合《さいせいがふ》すれば及第《きふだい》すべし但《たゞ》し墓絶冲尅休囚空破《ぼせつちうこくきうしうくうは》に利《よろし》からず生扶《せいふ》三合長生氣《がふちやうせいき》あるを要《えう》す。

太歳官鬼《たいさいくわんき》を作《な》して世《よ》を冲尅《ちうこく》すれば不測《ふそく》の災《さい》あり。

父爻旺《ふかうわう》して官爻衰絶《くわんかうすゐせつ》すれば落第《らくだい》すべし。

父爻旺《ふかうわう》して官爻空破墓絶《くわんかうくうはぼせつ》に逢《あ》ひ及動《およびうご》きて凶《きよう》に變《へん》ずれば金科玉條《きんくわぎよくでう》の文《ぶん》あるも終《つひ》に失望《しつばう》するに至《いた》るべし。

に設《まう》くる勿《なか》れ其家主人《そのいへしゆじん》の災厄《さいやく》最《もつと》も重《おも》し此構造《このこうざう》は目下自然《もくかしぜん》に歐風《おうふう》を模倣《もはう》したる俗《ぞく》に馬《ばしや》回《まは》りと稱《しよう》するものに同《おな》じ但《たゞ》し門《もん》の直線《ちよくせん》に玄關《げんくわん》ありとも寺《じ》院教會醫師等《ゐんけうくわいいしとう》は妨害《さまたげ》なし。

家《いへ》の正後《せいご》に當《あた》りて門《もん》を開《ひら》けば盗難《とうなん》あり北方《きた》に開《ひら》くも亦同《またおな》じ少《すこ》しにても左《ひだり》の方《かた》に寄《よ》れば妨《さまた》げず又車《またくるま》門《もん》を開《ひら》くに子午坤艮方《ねうまん〻はう》なれば病者《びやうしや》あるを免《まぬか》れず。

宅地《たくち》は其形状《そのけいじやう》によりて吉凶《きつきよう》あること自然《しぜん》の理《り》なり今其《いまその》一二を掲《かゝ》げて地相《ちさう》

官爻旺《くわんかうわう》して世《よ》を生《しやう》じ世《よ》を持《ち》すれば父爻旺《ふかうわう》せずとも志望《こゝろざし》を遂《と》ぐべし。

官父兩旺《くわんぷりやうわう》して世《せ》爻旺《かうわう》せず或《あるひ》は日月《じつげつ》の生扶《せいふ》を得《え》又旺爻動《またおうかうどう》きて世《よ》を生《しやう》ずれば推薦《すゐせん》の力《ちから》を得《う》べし。

●官途《くわんと》の占《せん》

官鬼《くわんき》を用神《ようじん》とし妻財《さいざい》を俸祿《はうろく》とし九五を君上《くんじやう》とし父母《ふぼ》を辭令書《じれいしよ》とし兄弟《けいてい》を同僚《どうれう》とす。

官鬼世《くわんきよ》を持《ち》して旺相《わうさう》し或《あるひ》は動《うご》きて世《せ》爻《かう》を生合《せいがふ》し月日《げつじつ》の沖剋《ちうこく》を受《う》けざれば意《い》の如《ごと》し。

官鬼世《くわんきよ》を持《ち》し又世《またよ》を生扶《せいふ》するは中央政府《ちうわうせいふ》の任務《にんむ》なり。

官鬼發動《くわんきはつどう》すれは他縣轉任《たけんてんにん》に利《よろ》し官鬼子《くわんきね》午卯《うまう》酉《とり》に臨《のぞ》めば一部の首《しゆ》位《ゐ》と爲《な》り寅巳申亥《とらみさるゐ》に臨《のぞ》めば副官又《ふくくわんまた》は首席《しゆせき》の次位《じゐ》と爲《な》り丑辰未戌《うしたつひつじいぬ》

の資《し》に供《きやう》す左《さ》の如《ごと》し。

子午不足
午之ニ居ル者富貴
子

卯ノ不足ニ居ルモノ貧シ
卯

酉ノ不足
大富貴
酉

卯酉不足
安寧
酉
卯

は雑職《ざつしよく》即《すなは》ち庶務《しよむ》薄《ぼ》記《き》等《とう》の類《るゐ》とす。

父《ふ》爻《かう》太歳《たいさい》を持《ぢ》し氣《き》ありて世《よ》を生合《せいがふ》すれば登庸《とうよう》すべし。

父《ふ》爻《かう》空亡《くうばう》すれば出頭《しゆつとう》の召喚《せうくわん》状《じやう》を得《え》ず。

子孫《しそん》を官途《くわんと》の忌神《きじん》とするが故《ゆゑ》に衰弱氣《すゐじやくき》なく日月《じつげつ》動爻《どうかう》の尅《こく》あるを喜《よろこ》ぶ依《よつ》て發動《はつどう》するを好《この》まず但《たゞ》し墓《ぼ》絶《せつ》退神《たいじん》回頭《くわいとう》尅《こく》等《とう》に化《くわ》すれば害《がい》なし。

● 婚姻《こんいん》の占《せん》

男子《だんし》女《ぢよ》を占《うらな》ふには財爻《さいかう》を用神《ようじん》とす旺《わう》するに宜《よろ》し女子《ぢよし》男《だん》を占《うらな》ふには官爻《くわんかう》を用神《ようじん》とす發《はつ》するに宜《よろ》し共《とも》に生扶《せいふ》氣《き》あるべく尅害《こくがい》休日《きうしう》せざるを要《えう》す空破《くうは》墓《ぼ》絶《せつ》亦《また》効《かう》なし。

世《せ》爻《かう》靜《しづか》にして空《くう》すれば成《な》らず動《うご》きて空《くう》に逢《あ》へば實空《じつくう》の月《つき》に成《な》るべし世《せ》應《おう》共《とも》に空亡《くうばう》に逢《あ》へば成《な》らず。

未 申

未申不足富貴

戌 亥

戌亥不足モ富貴

巳 辰

辰巳不足仕官意ノ如クナラズ

刀 丑

丑寅不足無事

女子《ぢよし》男《だん》を占《うらな》ふに財爻《さいかう》財《ざい》に化《くわ》し又《また》は財爻重疊世《ざいかうちやうでふよ》を生《しやう》ずれば百輛門《りやうもん》に盈《み》つ喜《よろこ》ぶべし鬼爻鬼《きかうき》に化《くわ》すれば良人鬼籍《りやうじんきせき》に登《のぼ》るべし。

●求財《きうざい》の占《せん》

兄爻《けいかう》は刧財《こうざい》の神《しん》なり子孫《しそん》は財爻《さいかう》の源泉《げんせん》なり兄爻世《けいかうよ》に臨《のぞ》めば財《さい》を求《もと》め難《がた》し。父爻《ふかう》は子孫《しそん》の忌神《きじん》なり凶《きよう》なる者《もの》は生扶旺相《せいふわうさう》して動《うご》くに利《よろ》しからず吉《きつ》なる者《もの》は空破墓絶等《くうはぼせつとう》に逢《あ》ふを好《この》まず。財爻兄爻共《ざいかうけいかうとも》に動《うご》けば必《かならず》ぞ阻隔《そかく》せらる然《しか》れども官爻亦發《くわんかうまたはつ》すれば財《ざい》を得《う》べし是則《これすなは》ち官爻動《くわんかううご》きて忌神兄爻《きじんけいかう》を尅《こく》するが故《ゆゑ》なり。財爻孫爻共《ざいかうそんかうとも》に卦《くわ》に上《のぼ》らず或《あるひ》は卦《くわ》に現《あらは》るゝも休囚墓絶尅害《きうしうぼせつこくがい》に逢《あ》へば求《もと》むるも益《えき》なし殊《こと》に父兄兩爻動《ふけいりやうかううご》けば全《まつた》く効《かう》なしとす。

●出行《しゆつかう》の占《せん》

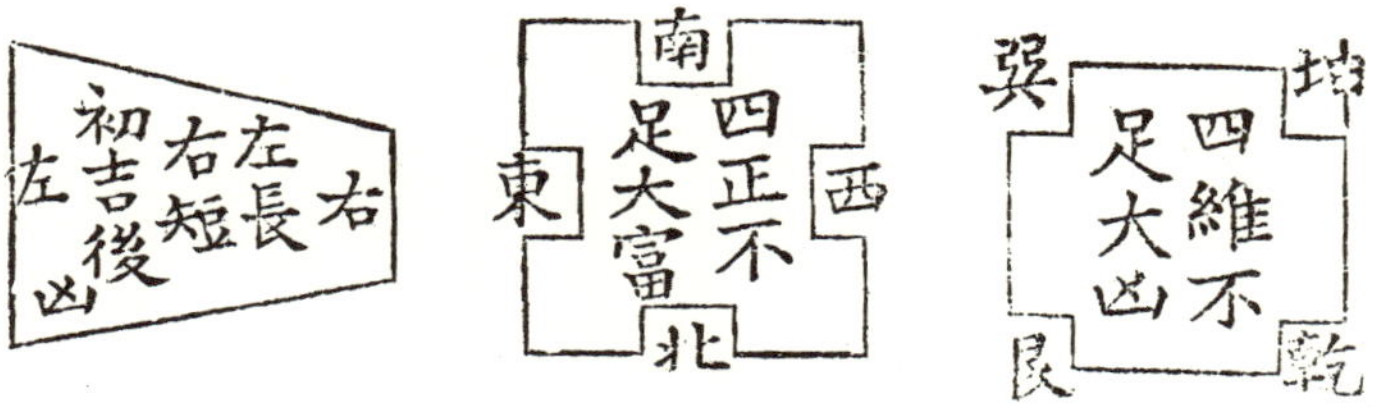

諸占《しよせん》世應《おう》の生尅《せいこく》に吉凶《きつきよう》ありと雖《いへど》も出行占《しゆつかうせん》に於《おい》て世爻《せかう》の應爻《おうかう》を傷《しやう》すれば遠近《ゑんきん》に拘《かゝは》らず相宜《あひよろ》し應爻《おうかう》の世爻《せかう》を尅《こく》するは公私《こうし》共《とも》に利《よろし》からず。

世《せ》應《おう》の間爻《かんかう》は同行《どうかう》の人《ひと》なり動《うご》きて世《よ》を尅《こく》すれば必《かならず》害《がい》に遭《あ》ふ動《うご》きて兄爻《けいかう》に臨《のぞ》めば我財《わがざい》を破《やぶ》る中爻齊《ちうかうひと》しく空亡《くうばう》すれば中途《ちうと》に阻害《そがい》あるか或《あるひ》は伴侶《はんりよ》なく獨行《どくかう》なり。

世《せ》爻旺動《かうわうどう》すれば必《かならず》土《と》地《ち》を去《さ》る世《せ》爻旺《かうわう》して靜《しづか》なれば冲《ちう》に遇《あ》ふの日《ひ》にして必行《かならずゆ》くべし。

世《せ》爻動《かううご》きて合《がふ》に化《くわ》し或《あるひ》は日辰動爻《につしんどうかう》に合《がふ》せらるゝ者《もの》は阻《そ》滯《たい》して行《ゆ》くを果《はた》さゞるなり。

玄武《げんむ》の官鬼動《くわんきうご》けば盜賊《とうぞく》を憂《うれ》ふ朱雀《しゆじやく》の官鬼發《くわんきはつ》すれば訟事《しようじ》を防《ふせ》ぐべし白虎《びやくこ》の官鬼發《くわんきはつ》すれば疾病《しつぺい》身《み》に纏《まと》ひ騰蛇《とうだ》の官鬼《くわんき》は風波《ふうは》の驚《おどろ》きあ

右
左短
右長
吉昌
左

午
午不足
ハ口舌

子不足ハ
大富貴
子

西
東西濶キハ貧ニシテ凶
東

り勾陳《こうちん》の官鬼《くわんき》は連累《れんるゐ》の厄《やく》に遭《あ》ふ官鬼動《くわんきうご》きて青龍《せいりう》に逢《あ》へば嫖客《へうかく》と爲《な》るか賭博《とばく》に類《るゐ》する損《そん》あり凡出行《およそしゆつかう》は孫爻發動《そんかうはつどう》し孫爻世《そんかうよ》を持《ぢ》し世《せ》爻孫《かうそん》に遇《あ》へば程途《ていと》萬里《ばんり》百禍潜消《くわせんせう》して吉《きつ》とす子孫世《しそんよ》を尅《こく》する者《もの》も亦吉《またきつ》。

●賣買《ばひ〱》の占《せん》

財爻外卦《ざいかうぐわいくわ》に在《あ》り旺《わう》して世爻《せかう》を生合《せいがふ》し又《また》は世《よ》を持《ぢ》すれば他郷《たきやう》に出《い》で丶業《げふ》を營《いとな》むに宜《よろ》し倘財爻世《もしざいかうよ》を生合《せいがふ》せず又《また》は動《うご》きて凶《きよう》に化《くわ》すれば他郷《たきやう》花錦《はなにしき》の如《ごと》く徒《いたづら》に望觀《ばうくわん》するのみ應爻外卦《おうかうぐわいくわ》に在《あ》りて財爻世《ざいかうよ》を持《ぢ》すれば他《た》に出《い》でずして業《げふ》を營《いとな》むに宜《よろ》し但《たゞ》し應爻動《おうかううご》きて世《よ》を生《しやう》ずるを吉《きつ》とす。

財衰《ざいおとろ》へて旺《わう》に變《へん》ずれば目下《もくか》物品《ぶつぴん》の價《か》格《かく》賤《いや》しと雖《いへど》も後必宜《のちかならずよろ》しとす財旺《ざいわう》して衰絶《するせつ》に變《へん》ずれば賣《う》る物《もの》は急《さふ》にするに宜《よろ》し買《か》ふ物《もの》は利《り》

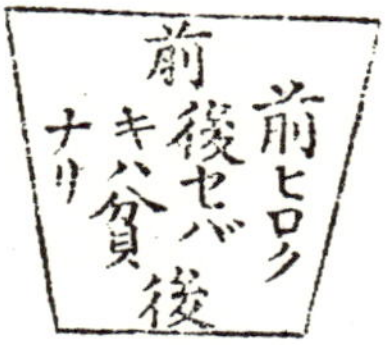

あらず。

凡《およそ》財爻旺《さいかうわう》すれば賣《う》るべく財爻衰《さいかうおとろ》ふれば買《か》ふべし内卦《ないくわ》の財爻旺《さいかうわう》すれば外《はか》に賣《う》るに宜《よろ》し世爻財《せいかうざい》を持《ぢ》して旺《わう》すれば近地《きんち》に賣《う》るに宜《よろ》し財爻進神《さいかうしんじん》に化《くわ》すれば他方《たはう》に往《ゆ》きて賣《う》るべし退神《たいじん》に化《くわ》すれば舊《きう》を守《まも》るべし。

●失脱《しつだつ》の占《せん》

失脱《しつだつ》の品物《しなもの》は六親《しん》所屬《しよぞく》に依《よつ》て分類《ぶんるゐ》を定《さだ》むべし而《しか》して官鬼《くわんき》を盗《とう》とす獨發《どくはつ》の卦《くわ》なれば其動爻亦盗《そのどうかうまたとう》とし或《あるひ》は其品《そのしな》を得《う》る人《ひと》とす。

用神内卦《ようじんないくわ》に在《あ》れば不正人物《ふせいじんぶつ》一家内《かない》に在《あ》りとし外卦《ぐわいくわ》に在《あ》れば他處《たしよ》とす。

官鬼發動《くわんきはつどう》するは盗《ぬす》まるゝとす官鬼旺相《くわんきわうさう》して發動《はつどう》し世《よ》を刑剋《けいこく》すれば盗《とう》を捕《とら》へんとして却《かへつ》て害《がい》に遭《あ》ふことあり。

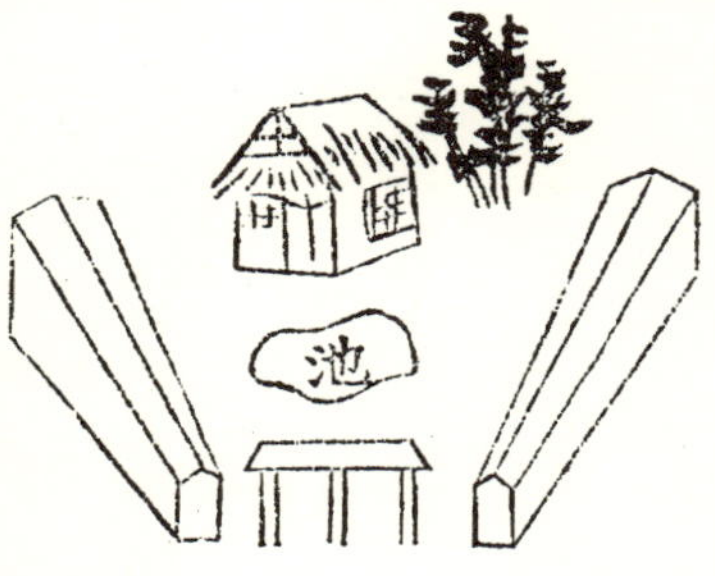

以上營造宅經《いじやうえいざうたくきやう》の要《えう》略《りやく》にして次《つぎ》に掲《かゝ》ぐるものは嘗《かつ》て宅相《たくさう》を以て著名《ちよめい》なりし先人《せんじん》の遺書を示《しめ》せり是亦地方人《これまたちはうじん》の邸宅《ていたく》に往《わう》々見る所《ところ》の者《もの》少《すくな》しとせず全圖《ぜんづ》中の二三は已《すで》に一書《しよ》の上欄《じやうらん》に説明《せつめい》せしことあるを以《もつ》て茲《こゝ》に其遺漏《そのゐろう》を輯《あつ》めたり。

官鬼陽爻《くわんきやうかう》に屬《ぞく》するは其盜《そのとう》を男《をとこ》とし陰爻《いんかう》に屬《ぞく》するは女《をんな》とするなり官鬼陽爻《くわんきやうかう》にして陰爻《いんかう》に變《へん》ずれば男子《だんし》盜《ぬす》みて女子《ちよし》に付《わた》すとし官鬼《くわんき》陰爻《いんかう》にして陽《やう》に化《くわ》するは其盜《そのとう》女子《ちよし》にして男子《だんし》に付《わた》すとす。

用神伏藏《ようじんふくざう》して動爻又《どうかうまた》は日晨《につしん》の冲《ちう》に逢《あ》ひ官鬼安靜《くわんきあんせい》なれば盜《ぬす》まれたるにあらず置處《おきどころ》の替《かは》りたるなり。

用神應下《ようたんおうか》に伏藏《ふくざう》し或《あるひ》は應爻《おうかう》に就《つ》きて世爻《せかう》に合《がふ》し官鬼安靜空亡《くわんきあんせいくうばう》し或《あるひ》は伏藏《ふくざう》すれば恐《おそ》らくは他《た》に貸與《たいよ》したるを忘却《ばうきやく》したるなり。

官鬼本宮《くわんきほんきう》の内卦《ないくわ》に在《あ》るは家内《かない》に盜《とう》あり他宮《たきう》の内卦《ないくわ》に在《あ》れば所有《しよいう》地内《ちない》に住《す》む人又《ひとまた》は借家人《しやくかじん》を盜《とう》とす。

卦中《くわちう》に官鬼《くわんき》なく或《あるひ》は空亡《くうばう》すれば自《みづか》ら忘《わす》れたるなり但《たゞ》し官鬼《くわんき》なしと雖《いへど》も玄武《げんむ》の爻發《かうはつ》すれば盜《ぬす》まれたりとす。

子孫發動《しそんはつどう》すれば盜《とう》を探知《たんち》することあり子孫旺相發動《しそんわうさうはつどう》するか或《あるひ》は

上圖《じやうづ》の如《ごと》く四圍《る》に建物《たてもの》を設《まう》け中《なか》に池《いけ》あるは食祿《しよくろく》足《た》りて貨財《くわざい》を積《つ》み文學《ぶんがく》の事達《ことこつ》すべし然《しか》れども少《すこ》し眼《め》を患《うれ》ふることあり。

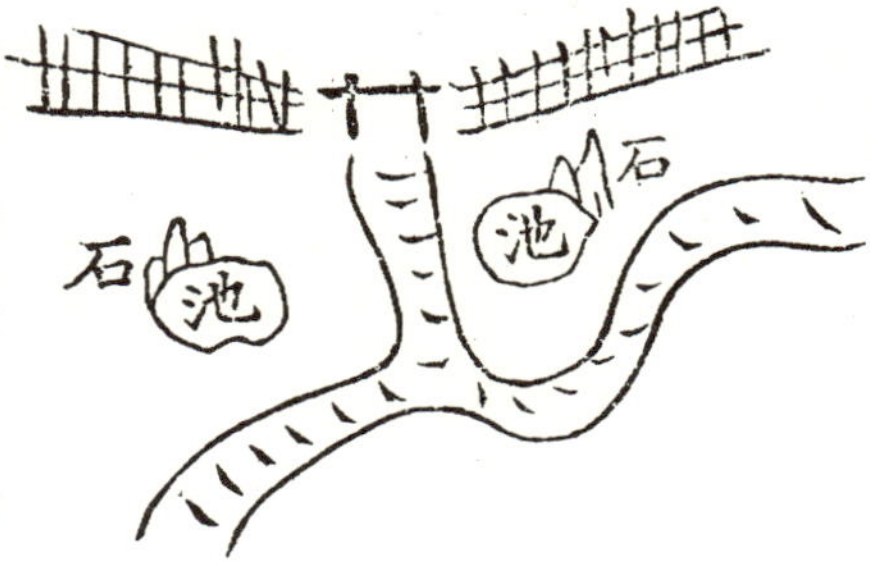

上圖《じやうづ》の如《ごと》き道《みち》あるを別字《べつじ》路《ろ》と云《い》ふ内《うち》に池《いけ》坡《つゝみ》石頂《たちいし》

世爻《せかう》に就《つ》きて日月之《じつげつこれ》を持《ぢ》するは盗《とう》を捕《とら》へ得《う》べし是子孫《これしそん》を縛吏《ばくり》とすればなり。

凡遺失占《およそゐしつせん》の在處《ありどころ》は六爻位置《かうゐち》の條《でう》に於《おい》て察知《さつち》すべし。

● 疾病安危《しつぺいあんき》

疾病《しつぺい》の占法《せんぱふ》は官鬼《くわんき》を病《やまひ》とし其旺衰《そのわうする》と輕重《けいちやう》とを要《えう》す子孫《しそん》を醫藥《いやく》とし父母《ふぼ》を醫師《いし》とす。

久病《きうびやう》は卦《くわ》六冲《ちう》に逢《あ》ひ六冲《ちう》に變《へん》ずれば用神《ようじん》の衰旺《するわう》を論《ろん》せず不治《ふち》の症《しやう》とし近病《きんびやう》は痊《いゆ》るとす此他《このた》必《かならず》用神《ようじん》を看《み》るべし。

用神旬空《ようじんじゆんくう》に遇《あ》へば近病《きんびやう》は憂慮《いうりよ》し用神月破《ようじんげつぱ》に逢《あ》へば久病安寧《きうびやうあんねい》ならず。

用神官鬼《ようじんくわんき》に化《くわ》し官鬼用神《くわんきようじん》に化《くわ》すれば甚《はなはだ》危《き》篤《とく》にして治《ち》し難《がた》し忌《き》神用爻《じんようかう》に化《くわ》し用爻忌《ようかうき》神《じん》に化《くわ》すれば醫《い》し難《がた》し。

あれば大《おほい》に富《と》みて業務繁昌《げふむはんじやう》すべし。

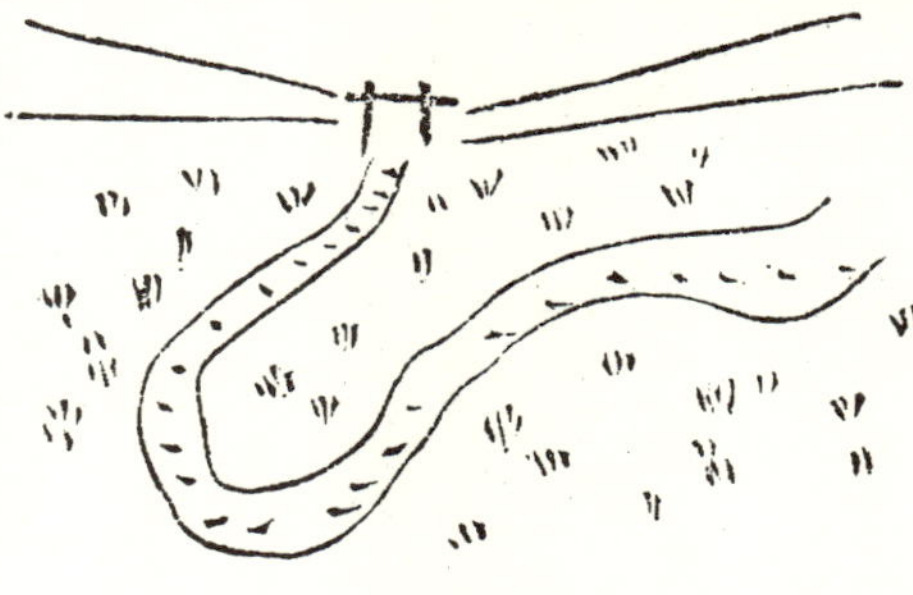

上圖《じやうづ》の如《ごと》きは是《これ》を兒子《じし》蝙《は》蝠《ふく》の形《かたち》と云《い》ふ之《これ》に住《す》む者《もの》其妻《そのさい》多《おほ》くは淫奔《いんぽん》にして姦《かん》夫《ぷ》あり一家親睦《かしんぼく》せず紊亂《びんらん》の

用神墓絶《ようじんぼせつ》に逢《あ》ひ又動《またうご》きて墓絶《ぼせつ》に化《くわ》するも旺《わう》すれば憂慮《いうりよ》するに足《た》らず衰《おとろ》ふる者《もの》は危懼《きぐ》すべし日月動爻《じつげつどうかう》の尅《こく》する者《もの》も亦衰旺《またすゐわう》に依《よ》る旺《わう》する者《もの》は尅神《こくじん》を冲居《ちうきよ》するの日《ひ》に至《いた》りて痊《い》ゆべく衰《おとろ》ふる者《もの》は尅《こく》神《じん》を生助《せいじよ》するの日《ひ》に至《いた》りて最《もつと》も危《あやふ》し。

世爻官鬼《せかうくわんき》を持《ち》すれば舊病《きうびやう》とす自身《じしん》の病占《びやうせん》に官鬼世《くわんきよ》を持《ち》すれば治《ち》し難《がた》く孫爻動《そんかううご》きて身邊《しんぺん》の鬼《き》を尅《こく》し去《さ》ると雖《いへど》も終《つひ》に病根《びやうこん》を絶《た》たず病魔身《びやうまみ》を離《はな》れざるなり。

官鬼空亡《くわんきくうばう》し又伏藏《またふくざう》すれば心《こゝろ》を安《やす》んじ難《がた》し。

子孫世《しそんよ》を持《ち》すれば服藥《ふくやく》せずして痊《い》ゆべし空亡月破《くうばうげつぱ》に臨《のぞ》む者《もの》は實《じつ》空實破《くうじつぱ》の日《ひ》に應《おう》あり代《かは》りて六親《しん》の病《やまひ》を占《うらな》ふ者《もの》は必《かならず》用神《ようじん》の衰旺《すゐわう》を看《み》るべし。

用神日月《ようじんじつげつ》に臨《のぞ》みて休《きう》すれば伏神《ふくじん》を尋《たづ》ぬべし卦《くわ》に用神《ようじん》なきときは

凶相《きようさう》なりとす。

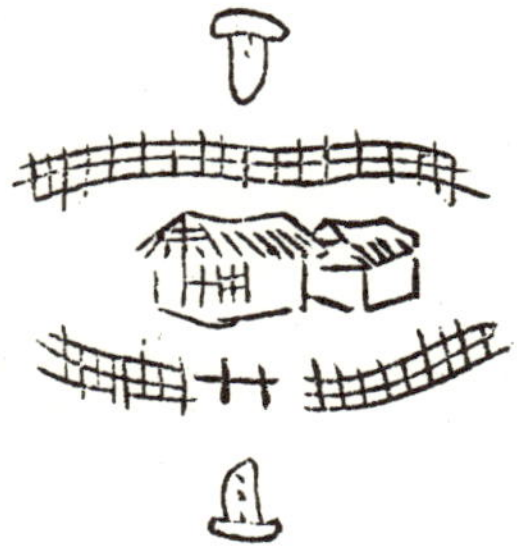

上圖《じやうづ》の如《ごと》く宅地《たくち》の前後《ぜんご》に墓《はか》あれば諸願叶《しよぐわんかな》はず相《さう》續者《そくしや》を絶《た》ち貨財散亂《くわざいさんらん》して恒《つね》に喜色《きしよく》なく屢《しばしば》騙《へん》取《しゆ》の難《なん》に遭《あ》ふことあり宅《たく》門《もん》の方向《はうかう》を替《か》へて前後《ぜんご》となるを避《さ》くるか或《あるひ》は墓《はか》を他《た》に移《うつ》すに如《し》かず。

日月《じつげつ》の用神《ようじん》と作《な》る者《もの》を以《もつ》てし伏神《ふくじん》を尋《たづ》ねず伏神衰弱《ふくじんすゐじやく》すれば再《ふたゝび》一占《せん》すべし。

●病《びやう》　源《げん》

火經《くわけい》の官鬼《くわんき》は心經發熱咽乾《しんけいはつねつのどかは》き口燥《くちかは》くの類《るゐ》、水經《するけい》の官鬼《くわんき》は腎部《じんぶ》惡《を》寒盜汗遺《かんとうかんゐ》精《せい》の類《るゐ》、木經《もくけい》の官鬼《くわんき》は肝臓《かんざう》の關係《くわんけい》、金經《きんけい》の官鬼《くわんき》は肺臓《はいざう》の關係《くわんけい》、土《ど》經《けい》の官鬼《くわんき》は脾胃《ひゐ》腹部《ふくぶ》とす。

青龍《せいりう》の官鬼《くわんき》は酒食過度《しゆしよくくわど》に因《いん》し、朱雀《しゆじやく》の官鬼《くわんき》は言語《げんご》顚狂女子《てんきやうぢよし》は血《けつ》崩血暈《ほうけつうん》の症《しやう》とし、勾陳《こうちん》の官鬼《くわんき》は腫脹《しゆちやう》の類《るゐ》、螣蛇《とうだ》の官鬼《くわんき》は心驚《しんきやう》の症《しやう》、白虎《びやくこ》の官鬼《くわんき》は氣《き》血損傷《けつそんしやう》、玄武《げんむ》の官鬼《くわんき》は憂鬱《いううつ》の類《るゐ》とす。

又官鬼《またくわんき》の臨《のぞ》める六爻《かう》を以《もつ》て患部《くわんぶ》を察《さつ》すれば左《さ》の如《ごと》し。

上爻	頭《づ》面《めん》
五爻	面部耳目《めんぶじもく》 咽喉《いんこう》
四爻	心《しん》胸《けう》 背腹《はいふく》
三爻	腰《えう》部《ぶ》
二爻	股膝腓《もゝひざこむら》
初爻	足《そく》部《ぶ》

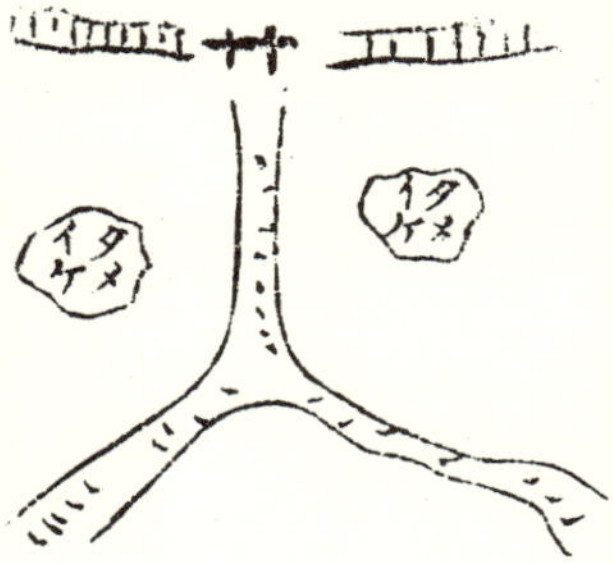

上圖《じやうづ》の如《ごと》きは是《これ》を火字形《くわじけい》と云《い》ひ別字路《べつじろ》に似《に》て異《ことな》り子孫絶滅辛勞多《しそんぜつめつしんらうおほ》くして屢《しば〳〵》回祿《くわいろく》の災厄《さいやく》を免《まぬか》れず。

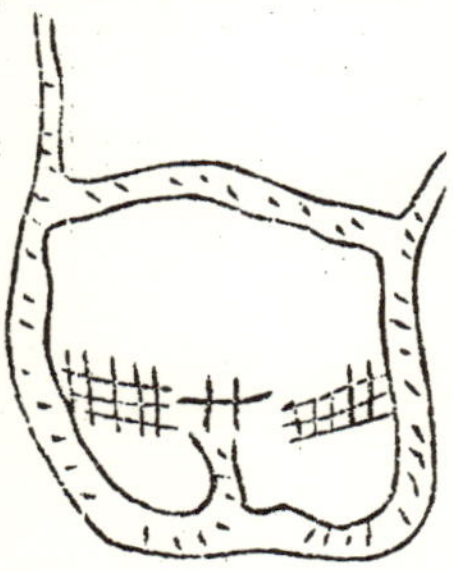

又《また》八卦《くわ》を以《もつ》て患部《くわんぶ》を察《さつ》すれば左《さ》の如《ごと》し。

●乾頭部《けんとうぶ》●兌《だ》口舌齒牙《こうぜつしが》咽喉金搶《いんこうきんさう》●離《り》眼疾諸熱症《がんしつしよねつしやう》●震足部《しんそくぶ》瘡毒《さうどく》●巽股《そんこ》肱座《こうざ》骨《こつ》●坎耳腎《かんみヽじん》の疹《ひ》癆血液《らうけつえき》不《ふ》調和酒毒《てうくわしゆどく》●艮手《ごんて》鼻脊《はなせ》又《また》は腫物《しゆもつ》●坤腹部《こんふくぶ》内傷胃病《ないしやうゐびやう》。

又官鬼《またくわんき》の臨《のぞ》める六神《しん》を以《もつ》て病因《びやういん》を察《さつ》すれば左《さ》の如《ごと》し。

●青龍《せいりう》の官鬼《くわんき》は酒食過度《しゆしよくくわど》の症《しやう》●朱雀《しゆじやく》の官鬼《くわんき》は囈語《うはごと》熱焦《ねつせう》の類《るゐ》●勾陳《こうちん》の官鬼《くわんき》は脾《ひ》胃《ゐ》腫脹《しゆちやう》●騰蛇《とうだ》の官鬼《くわんき》は神經鼓《しんけいこ》噪坐《さうざ》臥《ぐわ》不《ふ》安《あん》の症《しやう》とし●白虎《びやくこ》の官鬼《くわんき》は憂悶筋骨傷損《いうもんきんこつしやうそん》とし●玄武《げんむ》の官鬼《くわんき》は色欲過《しきよくくわ》度《ど》憂悶《いうもん》の症因《しやういん》とす。

妻財爻外卦《さいざい〳〵かうぐわいくわ》に在《あ》りて發《は》すれば吐《と》とし内卦《ないくわ》に在《あ》りて動《うご》けば瀉《しや》とす

妻財爻卦中《さいざい〳〵かうくわちう》になきは飲食《いんしよく》せず空亡《くうばう》すれば飲食《いんしよく》を欲《ほつ》せず。

●種作田圃《しゆさくでんぽ》

上圖《じやうづ》の如《ごと》く宅地《たくち》の周圍《しうゐ》に道《みち》ありて相交《あひまじ》はれば禍災《わざはひ》又散財《またさんざい》多《おほ》く縊死《いし》水難《すゐなん》等《とう》免《まぬか》れ難《かた》し。

上圖《じやうづ》の如《ごと》く本宅《ほんたく》の門戸《もんと》に立木相夾《たつきあひはさ》むは婦緣變替《ふえんへんたい》し二性同居《せいどうきよ》するか又《また》は養《やう》

種作田圃《しゆさくでんぽ》の占《せん》は財爻《さいかう》を五穀《こく》とし官爻《くわんかう》を災禍《さいくわ》とす世《よ》を地《ち》とし應《おう》を天《てん》とす。

田地《でんち》を占《うらな》ふは父爻《ふかう》を用神《ようじん》とし別《べつ》に一卦《くわ》を要《えう》す父旺《ふわう》すれば肥田《ひでん》とし墓絶《ぼぜつ》に逢《あ》ふは瘠田《せきでん》とす又水《またみづ》に屬《ぞく》するは濕地《しつち》火《ひ》に屬《ぞく》するは乾燥《かんさう》地《ち》とす父爻化《ふかうくわ》して官爻《くわんかう》となるは惡田《あくでん》なり。

財爻《さいかう》は靜《しづか》なるに宜《よろ》し但《たゞ》し子孫《しそん》に化《くわ》すれば發《はつ》するも吉《きつ》。

財旺《さいわう》して孫爻《そんかう》に化《くわ》すれば豐熟《ほうじゆく》とす。

財爻卦中《さいかうくわちう》になく又《また》は空破《くうは》墓絶《ぼぜつ》に逢《あ》ひ休囚《きうしう》すれば凶《きよう》。

孫爻發《そんかうはつ》して官鬼《くわんき》に化《くわ》すれば始茂《はじめしげ》りて終《つひ》に空虚《くうきよ》す。

孫爻空亡《そんかうくうばう》すれば損耗《そんもう》あり。

兄爻發《けいかうはつ》すれば多《おほ》くは豐熟《ほうじゆく》せず若財爻《もしざいかう》に化《くわ》すれば後宜《のちよろ》し。

父爻發《ふかうはつ》すれば辛苦《しんく》多《おほ》く收穫減《しうくわくげん》ずべし若財爻孫爻《もしざいかうそんかう》に化《くわ》すれば苦辛《くしん》

子《し》にして家財《かざい》を分割《ぶんくわつ》す孰《いづれ》凶《きよう》なり。

●九星秘訣要略

九星術《せいじゆつ》の世《よ》に行《おこな》はる、上下《じやうか》一般芻蕘《ばんすうけう》の童子《どうに》も其大體《そのだいたい》を知《し》るを以《もつ》て之《これ》に關《くわん》する著書《ちよしよ》の種類枚《しゆるゐまい》擧《きよ》すべからず然《しか》れども只《たゞ》其方位《そのはうゐ》の吉凶《きつきよう》を記《しる》するに止《とゞ》まる者多《ものおほ》く他《た》は皆《みな》秘術《じゆつ》として開放《かいはう》するを厭《いと》へり茲《こゝ》に記《しる》するは九星《せい》の性情《せいじやう》及《およ》び方災《はうさい》の有無《いうむ》一分《ぶん》を示《しめ》して其大要《そのだいえう》を知《し》らしめんとす然《しか》れども本書《ほんしよ》上欄《じやうらん》の餘白《よはく》乏《とぼし》きを以《もつ》て

して收穫《しうくわく》あるべし。

官爻木《くわんかうき》に屬《ぞく》して發《はつ》し世《よ》を剋《こく》すれば風《かぜ》に妨《さまた》げらる若水爻《もしすゐかう》に化《くわ》するか又《また》は水爻《すゐかう》と共《とも》に發《はつ》すれば大風海嘯《おほかぜつたみ》の虞《ぐ》あり。

官爻火《くわんかうひ》に屬《ぞく》し發《はつ》して旺相《わうさう》すれば水利《すゐり》に乏《とぼ》し。

官爻土《くわんかうつち》に屬《ぞく》すれば水旱調《すゐかんとゝの》はず又《また》は不熟《ふじゆく》とす。

官爻水《くわんかうみづ》に屬《ぞく》して發《はつ》すれば苗腐朽《なへふきう》す若日月動爻《もしじつげつどうかう》の生扶《せいふ》あれば水溢《みづあふ》れて流《なが》さるゝとす。

官爻金《くわんかうきん》に屬《ぞく》して世《よ》を剋《こく》すれば蟲害《ちうがい》あり。

官鬼《くわんき》二爻《かう》にあれば春耕碍害《しゆんかうさはり》あり秋作宜《しうさくよろ》し。

●養蠶得失《やうさんとくしつ》

子孫《しそん》を蠶種《さんしゆ》とし妻財《さいくゝ》を繭又桑葉《まゆまたさうえふ》とす旺相《わうさう》して生合《せいがふ》し冲剋《ちうこく》なければ繭絲《けんし》多《おほ》し。

其《その》一分《ぶん》に過《す》ぎず餘《よ》は他日《たじつ》補修《ほしう》するの期《き》あらん。

一白命《はくめい》　其場其時人《そのばそのときひと》と口《くち》を合《あは》せて表裏反覆《りめんはんぷく》なり常《つね》に用心深《ようじんふか》くして人《ひと》を疑《うたが》ひ他人《たにん》の世話《せわ》を厭《いと》ひて親族《しんぞく》の世話《せわ》多《おほ》し但《たゞ》し親族《しんぞく》と雖《いへど》も自身《じしん》の利害得失《りがいとくしつ》に係《かゝ》ることなきは顧《かへりみ》ることなし又《また》人《ひと》の頼《たの》む事《こと》は容易《ようい》に受《う》けず自身却《じしんかへつ》て人《ひと》に頼《たの》むこと多《おほ》し元來《ぐわんらい》手前《てまへ》勝手《かつて》強《つよ》し執念深《しふねんふか》し性質《せいしつ》吝《おし》くして方法《はうはふ》を計畫《けいくわく》するに勉《つと》め苦勞性《くらうしやう》にして下品《げひん》なる事《こと》を好《この》めども孝《かう》

孫爻旺相發動《そんかうわうさうはつどう》して刑冲尅害《けいちうこくがい》なければ蠶苗《さんべう》の繁殖多《はんしよくおほ》し。

孫爻衰弱《そんかうすゐじやく》すと雖《いへど》も日辰動爻《につしんどうかう》の生扶《せいふ》あれば大吉《だいきつ》三合會局《がふくわいきよく》して孫《そん》を爲《な》すは大吉《だいきつ》。

兄爻死絶空亡《けいかうしせつくうばう》に逢《あ》ひ伏藏《ふくざう》して安靜《あんせい》なれば絲《いと》を占《うらな》ふに吉蠶《きつかひこ》を占《うらな》ふに凶桑葉《きようさうえふ》の價《あたひ》を占《うらな》ふは貴《たか》し。

官爻發《くわんかうはつ》すれば總《すべ》て損毛《そんもう》あり若《もし》し孫《そん》に化《くわ》すれば妨《さまた》げなし卦中《くわちう》に官《くわん》爻《かう》なければ平安無事《へいあんぶじ》なり。

官爻發《くわんかうはつ》して火《ひ》に屬《ぞく》するは火災又《くわさいまた》は火熱《くわねつ》の害《がい》あり。

官爻發《くわんかうはつ》して金《きん》に屬《ぞく》すれば蠶多《かひこおほ》く死《し》す。

●六畜《ちく》賣《ばひ》買《ばい》

家畜野獸《かちくやじう》に拘《かゝは》らず孫爻《そんかう》を用神《ようじん》とす又兼《またかね》て財爻《さいかう》を用《もち》ふ財爻世《さいかうよ》を持《ち》し孫爻動《そんかうどう》きて之《これ》を生《しやう》じ或《あるひ》は日月《じつげつ》に臨《のぞ》み或《あるひ》は財爻動《さいかうどう》きて子孫《しそん》に化《くわ》

心深《しんふか》しとす。

二黑命《こくめい》 此性《このせい》陰氣《いんき》にして理屈《りくつ》多《おほ》く胸中《けうちう》に事《こと》を包《つゝ》み柔和《にふわ》にして逆《さから》ふ意《い》あり疑《うたが》ふ意《い》ありて人《ひと》の言《こと》を聽《き》かず又人《またひと》を便《べん》にする意《い》あり投機《とうき》の事《こと》を好《この》む質《しつ》なり故《ゆゑ》に大事《だいじ》を企《くわた》つることあり常《つね》には儉約《けんやく》なれども時《とき》として切放《きりはなれ》よし。

三碧命《へきめい》 此性《このせいこゝろ》心に動《うご》き多《おほ》し震《しん》は進《すゝ》む氣《き》あれども聲《こゑ》あり形《かち》なし故《ゆゑ》に虛事《きよじ》虛動《きよどう》を免《まぬか》れず又短氣《またたんき》なり俠氣《ふき》あれども不定《ふて》なりとす。

すれば吉賁貫畜養《きつぱひんくちくやう》に拘《かゝは》らず利益《りえき》多《おほ》し孫爻世《そんかうよ》を持《ち》し世《よ》に合《がふ》するも亦利《またり》あり。

官爻子孫《くわんかうしそん》に變《へん》じ孫爻官鬼《そんかうくわんき》に變《へん》じ父爻子孫《ふかうしそん》に化《くわ》し孫爻父母《そんかうふほ》に化《くわ》し又父兄世《またふけいよ》を持《ち》し財爻旬空月破《さいかうじゆんくうげつぱ》に逢《あ》へば凶《きよう》なり。

畜養《ちくやう》は牛馬羊豚《きうばやうとん》に拘《かゝは》らず皆父爻《みなふかう》の發動《はつどう》するを忌《い》む發動《はつどう》すれば六畜傷《ちくしやう》を受《う》く又孫爻《またそんかう》の空破《くうは》墓絶日月動爻《ぼせつじつげつどうかう》の尅害《こくがい》あるか動《うご》きて空破《くうは》墓《ぼ》絶《せつ》に化《くわ》し又《また》は官鬼《くわんき》に化《くわ》し回頭尅《くわいとうこく》に逢《あ》へば傷害《しやうがい》を免《まぬか》れず。

孫爻發動《そんかうはつどう》すれば良種《りやうしゆ》の畜類《ちくるゐ》とす。

孫爻日月及動爻《そんかうじつげつおよびどうかう》より尅害《こくがい》せらるれば斃《たふ》るゝことあり。

兄爻發動《けいかうはつどう》すれば育養《いくやう》し難《がた》し。

孫爻陰《そんかういん》に屬《ぞく》すれば牝雌《ひんし》とし陽《やう》に屬《ぞく》すれば牡雄《ほゆう》とす。

畜類《ちくるゐ》の毛色《けいろ》を辨《べん》ずるに孫爻青龍《そんかうせいりう》は青《あを》とし朱雀《しゆじやく》は赤《あか》とし。

四綠命《ろくめい》　是亦《これまた》氣《き》ありて形《かたち》なきが故《ゆゑ》に短氣《たんき》にして肝《かん》癪強《しやくつよ》し又迷《またまよひ》多《おほ》くして進退果《しんたいはた》さず商人《しやうにん》には吉《きつ》とすれども眞實《しんじつ》の情《じやう》薄《うす》し然《しか》れば商家《しうか》にあらずと雖《いへど》も商業《しやうげふ》に従《じゆう》事《じ》せんと思《おも》ふことあり元《ぐわん》來《らい》智《ち》ありとするも少《すこ》しく不義《ふぎ》の氣《き》を發《はつ》する人《ひと》もあるべし。

五黄命《くわうめい》　太極《たいきよく》の位《くらゐ》にして衆《しゆう》を統《す》ぶるが故《ゆゑ》に貴《たふと》きこと此上《このうへ》なし然《しか》れども常人《じやうじん》は此位《このくらゐ》に當《あた》らず仁義禮節《じんぎれいせつ》を守《まも》る者稀《ものまれ》なれば大抵位負《たいていくらゐまけ》

勾陳騰蛇《こうちんとうだ》は黄白相交《くわうはくあひまじ》はり白虎《びやくこ》は白《しろ》とし玄武《げんむ》は黒《くろ》とす。

●天時占考《てんちせんかう》

天時《てんじ》の陰晴風雨《いんせいふう》を占《うらな》ふは術者《じゆつしや》に於《おい》て最《もつと》も研究《けんきう》の良資《りやうし》とす何《なん》となれば明日《めうにち》の天候《てんこう》を占《うらな》ふて其斷《そのだん》ずる所中《ところちう》するや否《いなや》を知《し》ること速《すみやか》なればなり是《こゝ》を以《もつ》て其經驗《そのけいけん》に準據《じゆんきよ》し之《これ》を人事《にんじ》に活用《くわつよう》すれば其効《そのかう》果《くわ》の得失大《とくしつおほい》に曉《さと》る所《ところ》あるべし依《よつ》て玆《こゝ》に其概要《そのがいえう》を掲《かゝ》げ示《しめ》す。

子孫《しそん》を日月星斗《じつげつせいと》とす動《うご》けば則《すなは》ち萬里晴光《ばんりせいくわう》なり。

父母《ふぼ》を雨雪雹霜《うせつはくさう》とす發《はつ》すれば則《すなは》ち八方《はう》潤澤《じゆんたく》なり。

妻財《さいさい》を天氣晴明《てんきせいめい》とし官鬼《くわんき》を雷霆霧電《らいていむでん》とし兄弟《けいてい》を風雲《ふううん》とす。

孫爻發動《そんかうはつどう》すれば萬里《ばんり》雲《くも》なし財動《ざいどう》きて晴《は》るゝと雖《いへど》も倘孫爻休囚空《もしそんかうきうしうくう》破《は》し或《あるひ》は現《あらは》れて動《うご》かざれば必《かならず》大晴《たいせい》ならず浮雲薄霧《ふうんはくむ》あり。

父爻發動《ふかうはつどう》して孫爻《そんかう》を傷《きずつ》く乃《すなは》ち雲霧《うんむ》天《てん》に迷《まよ》ひ日月《じつげつ》を掩《おほ》ふ。

して賢愚判明《けんぐはんめい》し難《がた》し婦《ふ》人《じん》にして此性《このせい》を稟《う》くる者《もの》は多《おほ》く夫《おつと》を剋《こく》し寡婦《くわふ》となるを免《まぬか》れず又陰氣《またいんき》にして思《おも》ひこみ強《つよ》く柔和《にふわ》にして頑固《ぐわんこ》の氣《き》あり進《すゝ》みて人《ひと》の爲《ため》に勞《らう》を取《と》れども時《とき》として抛棄《はうき》する意《い》あり常《つね》に人《ひと》と親和《しんわ》すること薄《うす》けれども隔絶《かくせつ》するの意《い》なし。

六自命《ばくめい》　是亦位負《これまたくらゐまけ》のする意《い》あり性情《せいじやう》は常《つね》に人《ひと》に劣《おと》らぬ氣《き》あり又柔和《またにふわ》なりされば外面《ぐわいめん》に應諾《おうたく》することあるも内心《ないしん》は然《しか》らず故《ゆゑ》に親《した》しみ薄《うす》く

財爻動《ざいかうどう》きて父爻《ふかう》を剋《こく》し孫爻《そんかう》を出《い》だせば晴《はれ》を主《しゆ》とす。

巳月丁卯日何日《なんにち》にして雨降《あめふ》るやを占《うらな》ふ　恆之大過《ごうのたいくわ》

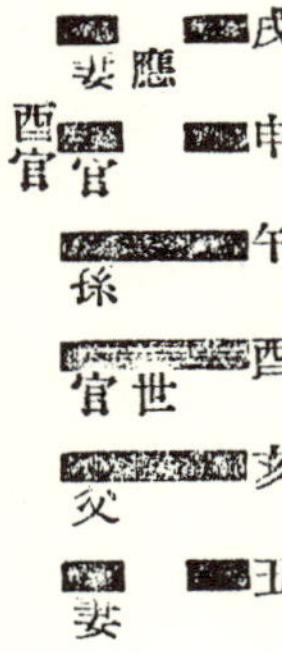

酉《とり》の官鬼日辰《くわんきにつしん》の冲《ちう》に逢《あ》ひ申《さる》の官《くわい》鬼動《きうご》きて進神《しんじん》に化《くわ》す本日申《ほんじつさる》の時《とき》霹靂天《へきれきてん》を驚《おどろ》かし遠方大雨《ゑんぱうたいう》あらん

若父爻發《もしふかうはつ》すれば本地亦大雨《ほんちまたたいう》なり。

兄爻發動《けいかうはつどう》すれば風雲《ふううん》を主《つかさど》ると雖《いへど》も淡雲輕風《たんうんけいふう》の意《い》あり晴《はれ》に非《あら》ず雨《あめ》に非《あら》ざるの天候《てんこう》なり。

官鬼動《くわんきうご》けば父《ふ》母《ほ》を生《しやう》ず故《ゆゑ》に雷霆霧電《らいていむでん》を主《つかさど》る或《あるひ》は黒雲《こくうん》と爲《な》り或《あるひ》は雷霆《らいてい》に應《おう》ず春夏秋冬《しゆんかしうとう》に拘《かゝは》らずして雷《らい》と爲《な》すべからず濃雲黒霧《のううんこくむ》なり。

雨《あめ》を占《うらな》ふに父爻《ふかう》發《はつ》せず又暗動《またあんどう》せずして官鬼動《くわんきうご》けば濃雲黒霧《のううんこくむ》にし

華美《くわび》を好《こ》みて吝《けち》なる者《もの》もあり又義《なほぎ》に堅《かた》くして目《め》上《うへ》に斟酌《しんしやく》せず目下《めした》に對《たい》して温良《おんりやう》なるもあり只《たゞ》忍耐《にんたい》に乏《とぼし》くして心《こゝろ》に變化《へんくわ》あるを免《まぬか》れず愼《つゝし》みてよし。

七赤命《せきめい》　自然言語《しぜんげんご》多《おほ》き性《せい》質《しつ》なり故《ゆゑ》に讒言虚語《ざんげんきよご》を以《も》て交《まじ》はることあれば口《くち》と心《こゝろ》と違《ちが》ふ者《もの》多《おほ》し其《その》性行《せいおこなひ》善《よ》きに進《すゝ》む者《もの》は交《から》際上《さいじやう》の利益《りえき》あり又人《またひと》の爲《ため》に仲裁《ちうさい》して信《しん》を受《う》くることあるべしされば辯護士落語家《べんごしらくごか》等《とう》に適當《てきたう》なりとす只辯舌《たゞべんせつ》の巧《たくみ》な

て雨《あめ》なし倘爻中父《もしかうちうふ》母《は》を變出《へんしゆつ》すれば雨《あめ》とす。

父爻子《ふかうし》孫《そん》に化《くわ》すれば雨《う》後《ご》晴明兄爻子《せいめいけいかうし》孫《そん》に化《くわ》すれば雲開《くもひら》きて日《ひ》出《い》づ。

孫爻回頭剋《そんかうくわいとうこく》に化《くわ》し或《あるひ》は動爻《どうかう》の剋《こく》あれば剋神《こくじん》を沖去《ちうきよ》するの日《ひ》を待《まつ》て晴《は》るべし。

天時《てんじ》の用神動《ようじんうご》く者《もの》は値《ちよく》に逢《あ》ひ合《がふ》に逢《あ》ふの日《ひ》に應《おう》あり靜《しづか》たれば値《ちよく》に逢《あ》ひ沖《ちう》に逢《あ》ふの日《ひ》に應《おう》あり靜《しづか》にして月破《げつぱ》に逢《あ》ふ者《もの》は之《これ》に應《おう》ぜず動《うご》きて破《は》する者《もの》は實破《じつぱ》の日《ひ》に應《おう》ず卦反吟《くわはんぎん》に遇《あ》へば晴雨《せいう》反復《はんぷく》すべし。

伏吟《ふくぎん》の卦孫財動《くわそんざいうご》く者《もの》は沖開《ちうかい》の日《ひ》に必《かならず》晴《は》る父爻動《ふかううご》く者《もの》は沖開《ちうかい》の日《ひ》に必《かならず》雨《あめ》あるべし。

卯月癸巳日連日《れんじつ》の雨《あめ》に因《よ》り何日《なんにち》にして晴《は》るゝを占《うらな》ふて比之革《ひのかく》を

るに任《まか》せて翻弄《ほんろう》するの癖《くせ》なきを保《は》し難《かた》し最《もつと》も慎《つゝし》みてよし。

八白命《はくめい》 薄情《はくじやう》にして頑《ぐわん》固強《ごきやう》硬《う》の意《い》あり潔白《けつぱく》なれども人和《じんわ》薄《うす》くして我《が》慢多《まんおほ》し善悪《ぜんあく》の差別《さべつ》なく一己《こ》の考《かんがへ》を以《もつ》て進《すゝ》むことなく人《ひと》を憑《たの》みて捗《はかど》らず愚《ぐ》なるが如《ごと》き質《しつ》あり然《しか》れども断念《だんねん》することに強《つよ》く何事《なにごと》も口《くち》に出《い》ださずして争《あらそ》はず強《つよ》きに敵《てき》し難《がた》し是此性《これこのせい》の缺點《けつてん》なるべし。

九紫命《しめい》 氣質變《きしつかは》り易《やす》く外《ぐわい》面《めん》を飾《かざ》ることを好《この》み虚《きよ》

得《え》たり断《だん》に曰卦中鬼父亂動《いはくくわちうきふらんどう》す連日大雨《れんじつたいう》あるなり幸《さいはひ》に申金《さるきん》の子《し》孫《そん》を得《え》化《くわ》して亥水《ゐみづ》の財爻《ざいかう》を出《い》だす申《さる》の日《ひ》必《かならずは》晴るべし果《はた》して大《おほい》に晴《は》れたり。

巳月甲申日連日《れんじつ》の大雪《たいせつ》に因《よ》り何日《なんにち》に晴《は》るゝべきや筮《せい》して損之臨《そんのりん》を得《え》たり断《だん》に曰卦中寅木鬼動《いはくくわちういんぼくきどう》く木動《きうご》きて風《かぜ》を生《しやう》ず變《へん》じて酉金《とりきん》の子《し》孫《そん》を出《い》だす今日亥《こんにちゐ》の時《ときかならずたいふう》必 大風を起《おこ》し明日酉《みやうにちとり》の日《ひ》必《かならずはれ》晴とす果《はた》して其言《そのこと》の如《ごと》し。

巳月丙申日何日《なんにち》にして雨《あめ》あるやを占《うらな》ふて臨之蒙《りんのまう》を得《え》たり断《だん》じて曰卦中酉《いはくくわちうとり》の子《し》孫巳《そんみ》の父《ふ》母《ぼ》倶《とも》に動《うご》く巳《み》火空《くわくう》するに因《よ》り亥《ゐ》の日《ひ》空《くう》を沖《ちう》すれば則《すなは》ち實《じつ》とす乃《すなは》ち亥《ゐ》の日《ひ》に雨《あめ》ありて酉《とり》の時《とり》に晴《は》るゝとす酉《とり》の時《とき》に應《おう》ずる者《もの》は酉《とり》の子《し》孫動《そんうご》きて官鬼《くわんき》を出《い》だすが故《ゆゑ》なり。

酉月癸未の何日《なんにち》にして晴《は》るゝを占《うらな》ふて訟之隨《しようのずゐ》を得《え》たり断《だん》じて曰《いはく》

言多《げんおほ》し侠氣《けふき》の質《しつ》あり故《ゆゑ》に他《た》を顧《かへり》みて自己《じこ》一家《か》の事《こと》に關《くわん》せざることあり常《つね》に金錢《きんせん》の出入多《しゆつにふおほ》くして蓄財《ちくざい》するに至《いた》らず最《もつと》も婦人《ふじん》に關《くわん》して勞《らう》を取《と》ることに注意《ちうい》すべし多《おほ》くは葛藤《かつとう》を招《まね》くことあり婦人《ふじん》は男《をとこ》に劣《おと》らぬ思想《しさう》あれども成功《せいこう》少《すくな》し。

● 方災一斑

一白命《ばくめい》二黑《こく》八白《ばく》を犯《おか》せば水毒《すゐどく》を患《わづら》ふ又《また》は腫物《しゆもつ》濕毒《しつどく》の症《しやう》を發《はつ》す。

一白命《ばくめい》八白《ばく》を犯《おか》せば喘息《ぜんそく》

寅《とら》の父母戌《ふぼいぬ》の子孫動《しそんうご》く而《しか》して孫爻《そんかう》は退神《たたじん》に化《くわ》し父爻《ふかう》は己《み》の兄爻《けいかう》に化《くわ》す又是《またこれ》一日陰雨《にちいんう》戌《いぬ》の時《とき》に至《いた》りて一天開濶星斗《てんかいくわつせいと》を見《み》るべし其《その》戌《いぬ》の時《とき》に應《おう》ずる者《もの》は戌孫時《いぬそんとき》に値《あた》ふが故《ゆゑ》なり。

酉月丙戌日連日《れんじつ》の陰雨《いんう》に因《よ》り何日《なんにち》にして晴《は》るゝや否《いなや》を問《と》ふ小過《せうくわ》之賁《のひ》を得《え》たり斷《だん》に曰卦中父母官鬼亂動《いはくくわちうふぼくわんきらんどう》す今日必然大雨《こんにちかならずたいう》あらん幸《さいはひ》に初爻辰土《しよかうたつど》の父爻卯木《ふかうぼく》の財爻《さいかう》に化《くわ》し又上爻戌土《またじやうかういぬど》の父母寅木《ふぼとらき》の妻財に化《くわ》す共《とも》に回頭尅《くわいとうこく》に逢《あ》ふ明日寅卯《めやうにちとらう》の時必晴天《とゝかならずせいてん》ならん果《はた》して次日寅卯《つぎのひとらう》の時晴《ときは》れたり。

卯月癸卯日何日《なんにち》にして雨《あめ》あるやを占《うらな》ふ小過之遯《せうくわのとん》を得《え》たり斷《だん》に曰《いはく》父爻化《ふかうくわ》して父爻《ふかう》となる共《とも》に戌《いぬ》に屬《ぞく》す是伏吟《これふくぎん》の卦明日辰《くわめやうにちたつ》の日《ひ》必然《かならず》雨《あめ》あらん伏吟《ふくぎん》は必沖開《かならずちうかい》を要《えう》すればなり果《はた》して次日辰巳《つぎのひたつみ》の時《とき》に雨《あめ》を得《え》たり。

溜飲《りうゐん》を患《わづら》ふ又《また》一家《かふ》不和《わ》にして氷炭相容《ひようたんあひい》れざることあり。

二黒命《こくめい》一白《ぱく》三碧《べき》四緑《ろく》五黄《くわう》を犯《おか》せば死別《しべつ》のことあり病難《びやうなん》は其《そ》犯《おか》したる人《ひと》に來《きた》る。

二黒命《こくめい》一白《ぱく》を犯《おか》せば公《こう》難口舌《なんくせつ》又紛紜《またふんうん》を招《まね》く何《いづ》れ争《あらそ》ひを免《まぬか》れず。

二黒命《こくめい》一白《ぱく》の中宮《ちうきう》を犯《おか》せば下部陰所《かぶいんしよ》の病《やまひ》又《また》腹中《ふくちう》に固結物《こけつもの》等《とう》即《すなは》ち胃癌《ゐがん》の如《ごと》き症《しやう》を患《わづら》ふ。

二黒命《こくめい》三碧《べき》四緑《ろく》を犯《おか》せば氣血不順《きけつふじゆん》の症《しやう》を發《はつ》し又手足《またてあし》の病《やまひ》を患《わづら》ふ且《かつ》

申月丁未日連日《れんじつ》の雨《あめ》に因《よ》りて晴《は》るゝ日《ひ》を占《うらな》ふ復之既濟《ふくのきせい》を得《え》たり斷《だん》に曰辰土《いはくたつど》の兄爻《けいかう》亥水《ゐすゐ》の財爻《さいかう》に化《くわ》す亥《ゐ》の日《ひ》晴《は》るべし然《しか》れども久《ひさ》しからず是《これ》五爻《かう》の亥《ゐ》水財爻戌土《すゐさいかういぬど》の兄爻《けいかう》に化《くわ》し回頭剋《くわいとうこく》となればなり果《はた》して亥の日《ひ》に至《いた》りて天開《てんひら》け申酉戌《さるとりいぬ》の時《とき》に至《いた》りて復雨降《またあめふ》りたり。

寅月癸酉日連日《れんじつ》の雨《あめ》に因《よ》り晴《は》るゝ日《ひ》を問《と》ふ坎之節《かんのせつ》を得《え》たり斷《だん》に曰寅木子孫獨發《いはくとらきしそんどくはつ》す亥《ゐ》の日《ひ》晴《は》れざれば寅《とら》の日《ひ》必然晴《かならずは》るゝべし其亥《そのゐ》の日《ひ》と云《い》ふ者《もの》は動《うご》きて合《がふ》に逢《あ》ふの日《ひ》寅《とら》の日《ひ》と云《い》ふ者《もの》は寅木《とらき》の月《げつ》建《けん》に値《あ》ふなり是《これ》一日《にち》を指定《してい》し難《がた》きこととなり然《しか》れども應《おう》は必《かならず》二日《か》に在《あ》り。

以上《いじやう》の占用《せんよう》尚多《なほおほ》しと雖《いへど》も術者是《じゆつしやこれ》に由《よ》りて研究《けんきう》せば正鵠《せいこう》を得《う》る難《かた》きにあらざるべし。

事物《じぶつ》纏《まとま》らずして齟齬多《そごおほ》く困窮《こんき》に陥《おちい》るべし。

二黒命《こくめい》五黄を犯《おか》せば盗《とう》難色難《なんしきなん》あり總《すべ》て一身《しん》に關《くわん》する災厄金錢《さいやくきんせん》の損《そん》失《しつ》を免《まぬか》れ難《がた》し又濕《またし》毒《どく》の症《しやう》を患《わづら》ふ。

三碧命《べきめい》六白《ぱく》七赤《せき》を犯《おか》せば死別人《しべつじん》あり若其星辰《もしそのせいしん》中宮《ちうきう》なれば其家族《そのかぞく》の喪《さう》事《じ》とす尙其上《なほそのうへ》に六白《ぱく》七赤《せき》を犯《おか》せば終生貧困《しうせいひんこん》にして開運《かいうん》を妨《さまた》ぐべし又此方《またこのはう》を犯《おか》して結婚《けんこん》すれば口舌爭論《くせつさうろん》絶《た》えずとす。

三碧命《べきめい》二黒《こく》を犯《おか》せば事物《じぶつ》

●通斷諸類《つうだんしよるゐ》

此法《このはふ》は人事《じんじ》の問筮《もんぜ》何《なん》によらず得卦《とくくわ》に就《つ》きて其兆候《そのてうこう》あるを知《し》るの要《えう》なり但《たゞ》し一の確實問題《くわくじつもんだい》あるときは必《かならず》しも之《これ》に拘泥《こうでい》すべからざることあり是研究《これけんきう》の如何《いかん》によること多《おほ》しとす然《しか》れども大抵此《たいていこの》種《しゆ》の兆候《てうこう》あるは免《まぬか》れざる所《ところ》なり因《よつ》て玆《こゝ》に掲《かゝ》げて其資《そのし》に供《きやう》ず。

卦中父母兩爻《くわちうふぼりやうかう》あるは一家内《かない》に兩姓《りやうせい》あり●父爻發動《ふかうはつどう》して子孫《しそん》を尅《こく》すれば子孫疾《しそんやまひ》あり●父爻青龍《ふかうせいりう》を持《ぢ》して旺相《わうさう》すれば家宅新《かたくあらた》なり●父爻白虎《ふかうびやくこ》を持《ぢ》して休囚《きうしう》すれば家宅敗《かたくやぶ》る●妻財發動《さいざいはつどう》すれば父母《ふぼ》災《わざはひ》あり●財爻休囚《さいかうきうしう》して兄爻發《けいかうはつ》すれば貧賤《ひんせん》なり●財爻外卦《ざいかうぐわいくわ》に在《あ》りて青龍《せいりう》を帶《お》ぶれば他《た》より財《ざい》を得《う》る●財爻旺相《ざいかうわうさう》して子孫青龍《しそんせいりう》を帶《お》ぶれば富貴《ふうき》とす●官鬼玄武《くわんきげんむ》に就《つ》きて應爻《おうかう》に在《あ》り發動《はつどう》すれば失《しつ》脱《だつ》あり●官鬼白虎《くわんきびやくこ》を帶《お》びて臨《のぞ》むの爻其人損耗《かうそのひとそんもう》す●官鬼休囚《くわんききうしう》して

纒《まとま》らずして和合《わがふ》することなし又腫物《しゆもつ》二便《べん》の患《わづら》ひあり甚《はなはだ》しき災厄《さいやく》に至《いた》りては囹圄索縄《れいごさくじよう》の奇《き》禍《くわ》を免《まぬか》れず。

三碧命《ぺきめい》五黃《わう》を犯《おか》せば盜《とう》難公難《なんこうなん》・病難損失類々として襲《おそ》ひ來《く》る。

三碧命《ぺきめい》八白《はく》を犯《おか》せば脚部《きやく》の病《やまひ》即《すなは》ち臁瘡脚《けんうかつ》氣《け》の類《るゐ》を患《わづら》ふべし。

四緑命《ろくめい》二黑《こく》を犯《おか》せば腹部《ふくぶ》の病腫物等《やまひしゆもつとう》を患《わづら》ふ又囹圄《またれいご》の厄《やく》に遭《あ》ふことあるべし。

四緑命《ろくめい》六白《ぱく》を犯《おか》せば困《こん》窮《きう》に陷《おちい》りて開運《かうん》を妨《さまた》

空亡《くうばう》に逢《あ》へば訟事已《しようじや》む●官鬼白虎《くわんきびやくこ》を帶《お》びて發動《はつどう》すれば病人《びやうにん》あり●官鬼世《くわんきよ》を持《ち》し朱雀《しゆじやく》に就《つ》けば口舌《くぜつ》あり●官鬼應爻《くわんきおうかう》に就《つ》きて世《よ》を剋《こく》すれば禍害《わざはひ》あり●官鬼金爻《くわんききんかう》に就《つ》き空亡《くうばう》すれば佛事《ぶつじ》を怠《おこた》ることあり●官鬼玄武《くわんきげんむ》を帶《お》び水爻《すうかう》に屬《ぞく》して忌煞《きさつ》を持《ち》すれば投身《とうしん》の人《ひと》あり●子孫空亡《しそんくうばう》すれば信託《しんたく》すべき人《ひと》なし●子孫青龍《しそんせいりう》に就《つ》けば家内《かない》に喜慶《よろこび》あり●子孫白虎《しそんびやくこ》を帶《お》ぶれば子孫災厄《しそんさいやく》あり●子孫白虎《しそんびやくこ》を帶《お》びて空亡《くうばう》すれば兒子《じし》死《し》す●子孫土爻《しそんどかう》に屬《ぞく》して勾陳《こうちん》を帶《お》ぶれば田《でん》地《ち》を増《ま》すことあり●兄弟白虎《けいていびやくこ》を帶《お》びて發動《はつどう》すれば妻妾災厄《さいせふわざはひ》あり●兄弟世《けいていよ》又《また》は應爻《おうかう》に就《つ》きて朱雀《しゆじやく》に屬《ぞく》すれば爭論《さうろん》多《おほ》し●兄弟旺相《けいいわうさう》發動《はつどう》して世《せ》爻《かう》の財《さい》を剋《こく》すれば金錢《きんせん》の損失《そんしつ》あり。

青龍驛馬《せいりうえきば》に臨《のぞ》めば官《くわん》を求《もと》むとす●青龍子孫《せいりうしそん》に就《つ》きて動《う》けば生産《せいさん》の喜慶《よろこび》あり●青龍土爻《せいりうどかう》に就《つ》きて動《うご》けば田庄《でんしやう》を増《ま》す●青龍世《せいりうよ》に就《つ》

ぐ又痳病《またりんびやう》の症《しやう》を患《わづら》ふ。

四緑命《ろくめい》七赤《せき》を犯《おか》せば口《こう》中《ちう》の病《やまひ》を患《わづら》ふ。

四緑命《ろくめい》六白《ばく》七赤《せき》を犯《おか》せば公難火難《こうなんくわなん》あり又家内紛《またかないふん》紜《うん》を免《まぬか》れず。

四緑命《ろくめい》八白中宮《ばくちうきう》に六白《ばく》を衝《つ》けば盗難剣難《とうなんけんなん》六白《ばく》中宮《ちうきう》の月日《じつげつ》に來《きた》る即《すなは》ち左《さ》の如《ごと》し。

年盤	月日盤
七三二	五一九
五一六	三八四
九●八四	七●六二

四緑命《ろくめい》六白《ばく》七赤《せき》を犯《おか》せば損失《そんしつ》あるが上《うへ》に又《また》六白《ばく》

きて動《うご》けば病軽《やまひかる》し●青龍沖尅《せいりうちうこく》を受《う》くれば喜成《よろこびな》らず●青龍月建《せいりうげつけん》に臨《のぞ》めば重々《ちやう〱》の喜慶《よろこび》あり●朱雀《しゆじやく》官鬼《くわんき》に就《つ》きて動《うご》けば訟廷《しようてい》の事《こと》あり●朱雀空亡《しゆじ、くくうばう》すれば口舌歇《くぜつや》む●朱雀火爻《しゆじやくくわかう》の官鬼《くわんき》に就《つ》けば災禍《わざはひ》に遭《あ》ふ●朱雀世爻《しゆじやくせかう》の官鬼《くわんき》に就《つ》きて動《うご》けば公事《こうじ》興《おこ》る●朱雀財爻《しゆじやくさいかう》に就《つ》きて發《はつ》すれば妻《さい》に付口《つきく》舌《ぜつ》あり●勾陳《こうちん》の財爻世《さいかうよ》を尅《こく》すれば産業《さんげふ》を進《すゝ》む●勾陳土爻《こうちんどかう》に屬《ぞく》して旺《わう》すれば田地《でんち》多《おほ》し●勾陳官鬼《こうちんくわんき》を沖《ちう》すれば訟事言《しようじきつ》なり●勾陳父《こうちんふ》母《ぼ》に臨《のぞ》めば宅墓《たくぼ》に近《ちか》し●勾陳兄弟《こうちんけいてい》に就《つ》きて官鬼《くわんき》に化《くわ》すれば族類《ぞくるゐ》の訟《しよう》あり●勾陳艮坤《こうちんごんこん》に臨《のぞ》めば墳墓《ふんぼ》の祟《たゝり》あり●騰蛇《とうだ》官鬼《くわんき》に就《つ》きて動《うご》けば訴訟牽連《そしようけんれん》す●騰蛇火爻金爻《とうだくわかうきんかう》に就《つ》けば火傷《くわしやう》することあり●騰蛇父《とうだふ》母《ぼ》に臨《のぞ》めば宅長忙《たくちやういそが》し●騰蛇水《とうだすゐ》爻《かう》の世《よ》に就《つ》けば産《さん》の驚《おどろ》きあり●騰蛇應爻《とうだおうかう》に就《つ》けば人讒詐《ひといつはり》あり●騰蛇《とうだ》火爻《くわかう》の官鬼《くわんき》に就《つ》けば火《ひ》の驚《おどろ》きあり●白虎金爻《びやくこきんかう》に屬《ぞく》すれば喪《も》を犯《おか》せば強健《きやうけん》の人《ひと》も病身《びやうしん》となるべし。

五黄命《わうめい》一白《ぱく》を犯《おか》せば兒子《じし》ありと雖《いへど》も生育《せいいく》せず且水火盜難劍難口舌《かつすゐくわとうなんけんなんくせつ》爭論公難等《さうろんこうなんとう》の災厄《さいやく》あり。

五黄命《わうめい》一白中宮《ぱくちうきう》を犯《おか》して一白中宮《ぱくちうきう》に生《うま》る丶兒《じ》子《し》あれば生育《せいいく》せず若生《もしせい》長《ちやう》すれば放蕩者《はうたうもの》となるべし。

五黄命《わうめい》三碧《べき》を犯《おか》せば二便《べん》の病症《びやうしやう》を發《はつ》し何事《なにごと》も纏《まとま》らず齟齬《そご》多《おほ》し。

五黄命《わうめい》四緑《ろく》を犯《おか》せば腹部《ふくぶ》脚部《きやくぶ》の病《やまひ》を發《はつ》し又《また》

を重《かさ》ぬることあり●白虎火爻《びやくこくわかう》に屬《ぞく》して旺相《わうさう》し世《よ》を剋《こく》すれば火難《くわなん》あり●白虎月建《びやくこげつけん》に臨《のぞ》みて動《うご》けば月内凶《げつないきよう》なり●白虎外卦《びやくこぐわいくわ》に在《あ》りて空亡《くうばう》すれば外戚《ぐわいせき》に考服《かうふく》のことあり●玄武金爻《げんむきんかう》の妻財《さいく》に就《つ》きて動《うご》けば口舌《くせつ》あり●玄武官鬼《げんむくわんき》に就《つ》きて動《うご》けば盜難《とうなん》を防《ふせ》ぐべし●玄武《げんむ》妻爻《さいかう》に就《つ》けば奸情《かんじやう》のことあり●玄武内卦《げんむないくわ》に動《うご》けば賊《ぞく》の來《きた》ることあり●玄武日月《げんむじつげつ》に臨《のぞ》みて動《うご》けば失脱《しつだつ》あり●玄武財爻《げんむざいかう》に就《つ》きて咸《かん》池《ち》を帶《お》ぶれば妻淫亂《さいいんらん》することあり●玄武木爻《げんむもくかう》に就《つ》きて動《うご》けば縊《い》死《し》する人《ひと》あり●玄武水爻《げんむすゐかう》に就《つ》きて動《うご》けば水《みづ》に投《とう》じて亡《はう》ぶる人《ひと》あり●玄武《げんむ》の父爻咸池《ふかうかんち》に臨《のぞ》めば家長《かちやう》亂《みだ》るべし。

●筮《せい》儀《ぎ》

凡《およ》そ世《よ》の筮法《せいはう》を論《ろん》ずるもの、衆説《しやうせつ》一致《ち》せずと雖《いへど》も、繫辭傳《けいぢでん》に記《き》する所《ところ》の十有《いう》八變《へん》の法《はふ》あるのみ、今中筮《いまちうせい》或《あるひ》は略筮《りやくせい》と稱《しよう》するもの

痳疾《りんしつ》を患《わづら》ふ婦人《ふじん》は産《さん》後《ご》の病《やまひ》あり。

六白命本宮《ばくめいほんきう》の三碧《べき》を衝《つ》けば劍難《けんなん》の厄《やく》あるべし但《たゞ》し本宮《ほんきう》の三碧《べき》とは二黑《こく》中宮《ちうきう》に乾《けん》を犯《おか》すを云《い》ふ

六白命《ばくめい》三碧《犯》中宮《ちうきう》を犯《おか》せば火難來《くわなんきた》るべし又貧《またびん》困《こん》に傾《かたむ》きて開運《かいうん》を妨《さまた》ぐ病亦頻々《やまひまたひん〳〵》襲《おこ》ふべし

六白命《ばくめい》四綠《ろく》の中宮《ちうきう》を犯《おか》せば小便閉塞《せうべんへいそく》の症《しやう》を患《わづら》ひ或《あるひ》は死《し》に至《いた》るべし。

六白命《ばくめい》四綠《ろく》を犯《おか》せば口舌《こうぜつ》爭論《さうろん》を免《まぬか》れず。

六白命《ばくめい》五黃《わう》を犯《おか》せば其《その》

は、簡便《かんべん》を主《しゆ》として創始《さうし》せるものにして、皆理《みなり》の詳《つまびら》かなりと雖《いへど》も、卦《くわ》を立《たて》て象《しやう》を論《ろん》じ、吉凶悔吝《きつけうくわいりん》を斷《たん》ずるは同《おな》じ、要《えう》は揲蓍《てうせい》の際神明《さいしんめい》に酬酢《しゆうさく》し、以《もつ》て神意《しんい》を感通《かんつう》する瞬間《しゆんかん》にあり、精神氣力《せいしんきりよく》を凝《こら》さゞれば、神《かみ》に通《つう》ずる事能《ことあた》はず、故《ゆゑ》に今《いま》十有《いう》八變《へん》の法《はふ》を左《さ》に述《の》べ、併《あは》せて中筮略筮《ちうせいりやくせい》を略記《りやくき》し、以《もつ》て讀者《どくしや》の用舍《ようしや》に任《にん》ず。

●本《ほん》筮《せい》法《はふ》

夫《そ》れ筮《せい》せんとするに當《あた》りては、先《ま》づ身《み》を淨《きよ》め心《こゝろ》を洗《あら》ひ、閑室《かんしつ》に端座《たんざ》し、謹《つゝし》んで筮竹《せいちく》を取《と》る可《べ》し、筮竹《せいちく》の數《すう》は五十本《ぽん》にして、即《すなは》ち大衍《たいえん》の數《すう》なり、之《これ》を爐上《ろじやう》に薰《くん》じ命《めい》じて曰《いは》く、爾泰筮《なんぢたいせい》の常《つね》あるに假《よ》る某姓名某事《ばうせいめいばうじ》云々《うん〳〵》未《いま》だ可否《かひ》を知《し》らざるを以《もつ》て爰《こゝ》に疑《うたが》ふ處《ところ》を神靈《しんれい》に質《たゞ》す吉 凶悔吝憂虞《きつきやうくわいりんゆうぐ》唯爾神《たゞなんぢしん》あらば尙《こひねが》はくは明《あきら》かに之《これ》を告《つ》げよと、乃《すなは》ち右手《みぎて》を以《もつ》て其《その》一策《さく》を取《と》り犢中《とくちう》に反《かへ》し、左右手《さうのて》を以《もつ》家《いへ》二代續《だいつゞ》かず若繼承《もしけいしよう》すれば主人《しゆじん》或《あるひ》は放蕩《はうたう》なり。

六白命《ばくめい》九紫《し》を犯《おか》せば火難《くわなん》眼病又頭《がんびやうまたづ》腦《のう》の病《やまひ》を患《わづら》ふ即《すなは》ち左《さ》の如《ごと》し。

年盤	月日盤
四九八	五一九
二七三	三八四
六五一	七六二

七赤命《せきめい》八白中宮《ばくちうきう》に南《みなみ》を衝《つ》けば火難《くわなん》あり。

七赤命《せきめい》三碧《べき》を犯《おか》せば脾胃《ひる》の病《やまひ》を患《わづら》ふ。

七赤命《せきめい》四綠《ろく》を犯《おか》せば腹部《ふくぶ》脚部《きやくぶ》の病《やまひ》を患《わづら》ふ。

七赤命《せめい》五黄《わう》を犯《おか》せば色《しき》

て額《がく》上《やう》に捧《さゝ》げ眼《め》を閉《と》じ氣《き》息《そく》を計《はか》り他《た》念《ねん》を空《おなしく》し誠意《せいい》正心之《せいしんこれ》を両分《りやうぶん》す、而《しか》して右手《みぎて》の一策《さく》を左手《さしゆ》の小《こ》指間《ゆびかん》に掛《か》け、右手《みぎて》を以《もつ》て左手《さしゆ》に在《あ》る所《ところ》の策《さく》を四揲《てう》す、餘《あま》る所《ところ》を左手无名《さしゆくすり》指《ゆび》と小《こ》指《ゆび》の間《あひだ》に挾《さしはさ》み、更《さら》に左《さ》手《しゆ》を以《もつ》て左手《みぎて》の策《さく》を亦《また》四揲《てう》す、其餘《そのあま》す所《ところ》の策《さく》を左手《さしゆ》中指《なかゆび》と无名《くすり》指《ゆび》との間《あひだ》に挾《はさ》み、以《もつ》て過揲《くわてう》の策《さく》と別《べつ》置《ち》す、餘《あま》す所《ところ》の策左《さくひだり》一なる時《とき》は右《みぎ》三なり、左《ひだり》二なる時《とき》は右亦《みぎまた》二なり、左《ひだり》三なる時《とき》は右《みぎ》一なり、左《ひだり》四なる時《とき》は右亦《みぎまた》四なり、掛《けい》一を通《つう》じて五ならざる時《とき》は九なり、之《こ》れを第《だい》一變《へん》とす、再《ふたゝ》び右左《さいう》の策《さく》四十四或《あるひ》は四十策《さく》を合《あは》せ、第《だい》一變《へん》の儀《ぎ》の如《ごと》く分掛揲扐《ぶんけいてうろく》倶《とも》に策《さく》を計《はか》るに、左《ひだり》一なれば左《みぎ》二、左《ひだり》二なれば右《みぎ》一、左《ひだり》三なれば右《みぎ》四、左《ひだり》四なれば右《みぎ》三、掛《けい》一を加《くは》へて四或《あるひ》は八なり、之《これ》を第《だい》二變《へん》と云《い》ふ、再《ふたゝ》び第《だい》一第《だい》二の過揲《くわてう》の策《さく》を合《あは》せ、或《あるひ》は四十或《あるひ》は三十六或《あるひ》は三十二策《さく》を取《と》情《じやう》の爲《ため》に家政《かせい》亂《みだ》る。
八白命本命中宮《はくめいほんめいちうきう》に三碧《べき》四緑《ろく》を犯《おか》せば中風症《ちうふうしやう》を發《はつ》す。
八白命《はくめい》九紫中宮《しちうきう》に乾《けん》を犯《おか》せば胸頸《けうけい》の病《やまひ》三碧中《べきちう》宮《きう》の月日《つきひ》に發《はつ》す。
八白命《はくめい》三碧《べき》四緑《ろく》を犯《おか》せば何事《なにごと》も纒《まとま》らず齟齬《そご》多《おほ》くして病災《びやうさい》あり。
八白命《はくめい》一白《ばく》を犯《おか》せば瘡毒《さうどく》を患《わづら》ふ或《あるひ》は公難《こうなん》口《こう》舌争論《せつさうろん》を免《まぬか》れず。
九紫命《しめい》一白《ばく》を犯《おか》せば火難《くわなん》盜難眼病《とうなんがんびやう》を免《まぬか》れず。
九紫命《しめい》一白《ばく》の中宮《ちうきう》を犯《おか》せば兒子幾人《じしいくにん》あるども存《そん》せ

りて四營《えい》する事第二《ことだい》變《へん》の儀《ぎ》の如《ごと》くす、其餘《このよ》策《さく》は第《だい》二變《へん》と同《おな》じ、之《こ》れを第《だい》三變《へん》と稱《しよう》す、凡《およ》そ三變《べし》を通《つう》じて各《かく》四を一にして奇《き》と爲《な》し、八は其《その》四を兩《りやう》にして偶《ぐう》と爲《な》す三變《へん》を見《み》て、或《あるひ》は遇《ぐう》か或《あるひ》は奇《き》多《おほ》きかを檢《けん》す、即《すなは》ち三變皆《へんみな》奇《き》を得《え》たるを三奇《き》として▭を畫《くわ》し重《ぢゆう》と云《い》ひ老陽《らうやう》と稱《しよう》す、三變中《へんちう》二奇《き》一偶《ぐう》を得《う》れば▭▭を畫《くわ》し折《せき》と云《ひ》ひ少陰《せういん》と稱《しよう》し。三變中《へんちう》二偶《ぐう》一奇《き》は▬を畫《くわ》し單《たん》と云《い》ひ少陽《せうやう》と稱《しよう》す、三變皆偶《へんみなぐう》は✕を畫《くわ》して交《こう》と云《い》ひ老陰《らういん》と稱《しよう》す、斯《かく》の如《ごと》く三變《べん》して下《した》より一爻《かう》を畫《くわ》し、九變《へん》して三畫《くわ》を表《あら》はし、十八變《へん》して六畫《くわ》を成《な》す、卦中老陰陽《くわちうらういんやう》は變《へん》じて、少陰陽《せういんやう》は變《へん》ぜず、乃《すなは》ち其卦變《そのくわへん》を案《あん》じ爻辭《かうじ》卦象《くわしやう》に依《より》て事《こと》を辨《べん》ず、卦爻《くわかう》已《すで》に得《う》れば、五十策《さく》を捧《さゝ》げ、敬《けい》を致《いた》して以《もつ》て神靈《しんれい》を送《おく》り奉《たてまつ》る。

●中《ちう》筮《せい》法《はふ》

す。

九紫命《しめい》本命《ほんめい》を衝《つ》けば必然《かならず》眼病《がんびやう》を患《わづら》ふ。

九紫命本命中宮《しめいほんめいちうきう》に艮方《ごんのかた》を衝《つ》けば手足《てあし》の活機《はたらき》を失《うしな》ふ病《やまひ》を發《はつ》す。

以上《いじやう》記《き》する所《ところ》は九星《せい》術傳書《じゆつでんしよ》の百分《ぶん》一に過《す》ぎずと雖《いへど》も元來《ぐわんらい》九星術《せいじゆつ》の秘書《ひしよ》と稱《しやう》する者其要《ものそのえう》は易理《えきり》に異《こと》ならず且其書《かつそのしよ》の不文《ふもん》なるに依《よ》り其《その》一斑《ぱん》を示《しめ》し他日増訂《たじつぞうてい》の期《き》を待《ま》つ
上欄終《じやうらんをはり》。


餘事《よじ》は本筮《ほんせい》の時《とき》と同《おな》じ、大極《たいきよく》一莖《けい》を除《のぞ》き、四十九策《さく》を左右《さいう》に兩《りやう》分《ぶん》し、右手《みぎて》の策中《さくちう》一策《さく》を左手小指《さしゆこゆび》に挾《はさ》み、左手《さしゆ》を四揲《てう》す、或《あるひ》は一或《あるひ》は二或《あるひ》は三は掛《けい》一を合《あは》せて一本殘《ぽんのこ》れば⚌太陽《たいやう》とし、二なれば⚍少陰《せういん》とし、三なれば⚎少陽《せうやう》とし、四なれば⚏大陰《たいやう》とす、一度《ど》卒《おは》れば四十九策《さく》を合《あは》せて亦以上《またいじやう》の如《ごと》くす、九變上《へんかみ》に爻《かう》を重《かさ》ねて已《や》む、而《しか》して此《こ》の十八爻《かう》を三畫卦《くわくわ》に分《わか》ち、乾《けん》を老陽《らうやう》□に、震坎《しんかん》艮《こん》を少陽《せうやう》⚊に、坤《こん》を老陰《らういん》×に、巽離兌《そんりだ》を少陰《せういん》⚋に畫《くわ》し、六爻《かう》の卦《くわ》を成《な》す依《よつ》て以《もつ》て吉凶禍福《きつけうくわふく》の幾《き》を決《けつ》す。

● 略筮法《りやくせいはふ》

筮竹《せいちく》五十策中《さくちう》、一策《さく》を去《さ》り、四十九策《さく》を中分《ちうぶん》し、卦《けい》一策《さく》を左手《さしゆ》に挾《はさ》み、左策《ささく》を八拂《はら》ひに揲《と》りて、直《たゞ》ちに左《さ》の如《ごと》く三畫《くわ》を下《しも》より畫《くわ》し、上下《じやうげ》二度《ど》にして一卦《くわ》を成《な》す。

一本殘《ほんのこ》れば乾《けん》☰　二本殘《ほんのこ》れば兌《だ》☱
三本殘《ほんのこ》れば離《り》☲　四本殘《ほんのこ》れば震《しん》☳
五本殘《ほんのこ》れば巽《そん》☴　六本殘《ほんのこ》れば坎《かん》☵
七本殘《ほんのこ》れば艮《こん》☶　八本殘《ほんのこ》れば坤《しん》☷

次《つぎ》に第《だい》三變《べん》は、左策《ささく》を六拂《はら》ひにして、一本殘《ほんのこ》れば初爻《しよかう》にして、二本殘《ほんのこ》れば二爻《かう》と、段々數《だん〳〵かぞ》へ終《おは》りに、六爻《かう》の滿數《まんすう》なれば、上爻《じやうかう》と見《み》るなり、其《その》一二三の位《くらゐ》は下《しも》より、逆《ぎやく》に數《かぞ》へ上《あが》るものとす。斯《かく》の如《ごと》くにして天地人物《てんちじんぶつ》の理《り》著《あら》はれ消息盈虚《しやうそくえいきよ》の數顯《すうあらは》る、占者卦《せんじやくわ》を逐《お》ひ爻《かう》に從《したが》ひ、灼《あきら》かに吉凶從違《きつけうじゆうゐ》の理《り》を見《み》て以《もつ》て、活潑礙《くわつぱつさは》り无《な》かるべし。

易の極意　終

跋

道德經曰、道生一、一生二、二生三、三生萬物、夫一炁蟠集、溟溟莫測、氤氳活動、含靈至妙、是爲太一、是爲未始之始、是謂道也、故曰無始、夫天地之有始、一炁動盪、虛無開闔、雌雄感召、黑白交疑、有無相射、混混沌沌、冲虛至聖、包元含靈、神明變化、恍惚立極、是爲太易、是爲有始之始、是謂道生一也、是曰元始、夫天地之太極、一炁斯析、眞宰自判、交映羅列、萬靈肅護、陰陽判別、是爲兩儀、是謂一生二也、是曰虛皇、陰陽既判、天地位焉、人物育焉、是謂二生三也、是曰混元、視之不見、聽之不聞、循之不得、是謂易也、易變而爲一、即太初也、一變而爲七、即太始也、七變而爲九、即太素也、九者炁變之窮也、一者形變之始也、炁之清輕者騰爲天、氣之濁重者疑爲地、天地既分、含精絪縕、而化生萬物、故物亦有始、有盛、有窮、皆以循天地、天地者陰陽之根本、萬物之祖宗也、物之最靈者爲人、與天地並立焉、是謂三才也、故曰有天道焉、有人道焉、有地道焉、兼三才而兩之、故六、六者非它也、三才之道也、因圖觀之、一六居下、二七居上、三八居左、四九居右、五十居中、依數測之、得天一、地二、天三、地四、天五、地六、天七、地八、天九、地十、天數五、地數五、五位相得、而各有合、天數二十有五、地數三十、凡天地之數、五十有五也、於是一畫爲奇以象陽、二畫爲耦以象陰、又於一陽之中、分爲太陽少陰、於一陰之中、配以少陽老陰、復以奇艮二畫、重而二之、取象爲卦、三連爲乾、天體也、六斷爲坤、地象也、離火中虛而四明、坎水旁流而內潤、根堅枝柔、震之所以爲木、石載土上、艮之所以爲山、巽風陽氣、始發於主陰之谷、兌澤寒潭、常伏惡毒之龍、就龜背文理、布之八方、是爲天地定位、山澤通炁、雷風相薄、水火不相射、觀象於天、效法於地、近參諸身、遠取諸物、以八卦各有三爻、重而衍之、爲上下六爻、於是、八分爲十六、十六化爲

三十二、三十二盪而爲六十四、共得三百八十四爻、皆法自然之妙、是所以成變化而鬼神之秘悉知焉也、乃敎民以之、定猶豫、決嫌疑、使不迷於吉凶悔吝之途、造化秘盡泄、聖人之統治、始於此矣、大哉易乎、散之在理、則有萬殊焉、統之在道、則无二致矣、遠在六合之外、近在一身之中、暫於瞬息、微於動靜、莫不有卦之象焉、莫不有爻之義焉、至哉易乎、其道至大、而无不包、其用至神、而无不存、時固未始有一、而卦亦未始有定象、事固未始有窮、而爻亦未始定位、一時而索卦、則拘於无變、非易也、以一事而明爻、則窒而不通、非易也、知所謂卦爻彖象之義、而不知有卦爻彖象之用、亦非易也、故得之於精神之運、心術之動、與天地合其德、與日月合其明、與四時合其序、與鬼神合其吉凶、然後可以謂之知易也、柄澤氏照覺、深造詣於此、探頤索隱、發秘闡藏、舍弊蒐粹、去難爲易、編纂一卷、名曰易之極意、文辭繁雜、語適於時、意極奥妙、事盡百般、大足以濟天下、小足以護一身、喟乎氏英才、觀古通今、用舊改新、頗有變通而自在者、是乃易之本旨也、得所謂運用之妙者哉、六藝之文、樂以和神、詩以正言、禮以明體、書以廣聽、春秋以斷事、五者蓋五常之道、相須而備、而易爲之原、故曰、易不可見、則乾坤、或幾乎息矣、言與天地爲終始也、易曰、君子終日乾乾、夕惕若、厲无咎、子曰、進德修業、忠信所以進德也、修辭立其誠、所以居業也、知至至之、可與幾德也、知終終之、可與存義也、是故居上位而不驕、在下位而不憂、故乾乾因其時而惕、雖危无咎矣、夫安而不忘危、存而不忘亡治而不忘亂、是以身安而國家可保也、詩曰、戰戰競競、如臨深淵、如履薄氷、如此而作天下之大事、雖厲无咎、雖難易成、蹇亦能通、况乎守正者哉、所以聖人崇德廣業者也、易道之用、在守其正、以通其變、以之當事足以解疑、以之觀往足以知來、斯爲善學者矣、梓版既備、脂機乘稿、聊附卷末、以副雅意、丁己秋九月、甲陽波上中山高藏、跋於都門江戸川、鴻蹤山房。

大正七年一月十五日印刷
大正七年一月十八日發行

正價金八拾錢

複製不許

著作者　柄澤照覺
東京市本郷區湯島四丁目五番地

發行者　柄澤正義
東京市本郷區湯島四丁目五番地

印刷者　深山一郎
東京市神田區雉子町三十四番地

印刷所　成章堂
東京市神田區雉子町三十四番地

發賣所　神誠館
東京市本郷區湯島四丁目五番地
（電話下谷三千六百〇九番）
（振替口座東京五三六五番）

定価　二八〇〇円＋税

易之極意

大正　七　年一月十八日　初版発行（神誠館）
平成十七年二月　七　日　復刻版発行

著者　柄澤照覚

発行　八幡書店
東京都品川区上大崎二―十三―三十五
ニューフジビル二階
電話　〇三（三四四二）八一二九
振替　〇〇一八〇―一―九五一七四